KB066313

학생과 교사가 함께 성장하는

교사 교육과정

학생과 교사가 함께 성장하는

교사 교육과정

초판 1쇄 발행 2022년 6월 30일

지은이 김덕년, 정윤리, 최미현, 김지연, 고승선, 이하영, 최윤정
발행인 최윤서
편집장 김미영
디자인 신미연
마케팅 지원 김수경, 최수정
펴낸 곳 ㈜교육과실천
도서 문의 02-2264-7775
인쇄 031-945-6554 두성P&L
일원화 구입처 031-407-6368 ㈜태양서적
등록 2020년 2월 3일 제2020-000024호
주소 서울특별시 중구 창경궁로 18-1 동림비즈니스센터 505호
ISBN 979-11-91724-14-1 13370

책값은 뒤표지에 있습니다.

표지 이미지 www.shutterstock.com

'교육과정-수업-평가-기록 일체화'의

실행 중심으로

학생과 교사가 함께 성장하는

교사 교육과정

김덕년·정윤리·최미현·김지연·고승선·이하영·최윤정 지음

교육과실천

교사가 교육과정을 고민하다

교육과정에 대한 논의가 제법 활발하다. 반가운 일이다. 국가 교육과정이 몇 차례 바뀌는 동안 지금처럼 교사들이 적극적으로 교육과정 논의에 참여한 경우는 거의 없었다. 하긴 그동안 국가 교육과정은 글자 하나 바꿀 수 없다는 인식이 팽배한 절대 불가침의 영역이었다. 그저 교과서 하나 달랑 들고 수업하는 것을 모범적인 교사상으로 알고 있던 교사들이 교육과정에 대한 논의를 하는 일은 언감생심이었다. 2010년대에 정책적으로 나온 '교육과정 재구조화*'라는 말이 그 단단한 벽에 금을 내는 시초였다면, '2022 교육과정' 논의에 국민 참여 방식을 도입한 것은 세간의 관심을 불러일으켰다. 그럼에도 교육과정 논의는 여전히 국가 차원에 머무르고 있다.

교육과정은 국가, 지역, 학교 수준에서 세운다. 그런데 아직까지 지역 교육과정이나 학교 교육과정에 대한 본격적인 고민은 활발하게 일어나지 않고 있다. 특히 학교 현장에서 학생들과 상호작용을 통해 이를 구현하는 교사 교육과정은 교사 개인적인 차원에 그치고 있는 실정이다. 똑같은 재료를 넣고 만들어도 비율이나 순서, 열을 가하는 정도에 따라 음식의 맛이 달라지는 것처럼, 교사가 교육과정을 어떻게 운영하느냐에 따라 천차만별의 수업과 평가를 만들어낼 수 있다. 하지만 교사들이 자신만의 수업-평가를 찾아내기 위해 함께 모여 교육과정을 고민하고 풀어가는 모습은 찾아보기 힘들다.

교사는 교육과정 구현의 주체이다. 아주 오랜 옛날, 할머니가 들려주던 이야기 속에서 마을과 집안의 역사를 배우던 그 시절부터 근대 교육이 자리 잡고 체계를 갖춘 최근에 이르기까지, 또 미래 교육에 대한 담론이 난무하는 오늘날에도 결국 배움을 실현하는 데 결정적인 역할을 하는 것은 교사들이다. 교사는 늘 학생들에게 배움이 일어나도록, 교육 내용을 잘 담을 수 있는 효율적인 방법을 탐색하고 있다.

교사들은 교육 방법을 선택하고 버무리는 이 과정에서 숱한 고민을 한다. 이런 일련의 일을 교사 교육과정이라고 한다면, 구체적으로 어떻게 수업과 평가로 담을 것인가에 방점이 찍힌다. 그리고 수업-평가는 성공적으로 실현되기도 하지만 종종 실패하기도 한다. 우리는 이렇게 성공한 이야기, 실패했다가 다시 일어선 이야기를 주고받으며 서로에게 힘을 북돋아주어야 한다.

애당초 이 책을 함께 쓴 교사들의 마음도 그러했다. 내가 제대로 하고 있는 건지 궁금했고, 여러 형태의 갈등을 겪을 때마다 잘하고 있다는 확신과 지지와 응원이 절실했다. 출발은 간단했다. 잘 가르치고 싶다, 내 앞에 있는 학생들이 성장할 수 있는 방법을 찾고 싶다는 마음 하나였다. 그 과정에서 수시로 벽에 부딪혔다. 벽은 교사 자신일 때도, 학생들이거나 동료 교사일 때도, 교육 여건일 때도 있었다. 그럴 때마다 위축되었지만 교사가 교육과정 운영의 주체라는 사실만은 놓지 못했다. 그리고 그것이 교사 교육과정을 만드는 데 피할 수 없는 일이라면 받아들이기로 했다.

이론적으로 정립해서 멋들어지게 만들려는 의도는 처음부터 없었다. 다만 숱한 고민의 파편을 함께 나누고, 공감하고, 새롭게 힘을 얻어 가길 원했다. 그렇게 만나다 보니 공통점이 보였다. 어떤 순간에도 우리의 고민은 학생들을 향해 있다는 사실이었다. 결코 학생을 놓지 않았구나, 하는 것을 깨닫는 순간 작은 행복을 느꼈다. 우리에게 놓인 여건이 다양한 만큼 교육과정에 대한 고민도 여러 색이었다. 이런 이야기를 하나하나 풀어놓다 보니 비슷한 고민을 하는 다른 교사들에게도 힘이 될 수 있을 거라는 확신이 생겼다.

1장에는 학교 교육과정에 대한 내용을 담았다. 교사 교육과정이 탄탄하려면 기본 틀이 되는 학교 교육과정의 의미와 설계가 있어야 한다. 우리 사회의 특성상 학교 교육과정은 그다지 중요하게 다루어지지 않고 있다. 입시의 광풍이 휘몰아치는 곳에서 학교별 교육과정은, 있어도 그만 없어도 그만인 셈이었다. 이 글에서 학교 교육과정은 각 학교의 실정 및 학생 실태, 학교 환경, 교원 상황 등을 고려해서 학교 단위가 결정의 주체가 되어 창출하고 운영하는 교육과정이라는 의미로 사용했다. 가장 먼저 학교 교육과정을 언급한 이유는 교사 교육과정을 도모하는 데 반드시 필요하기 때문이다.

2장에서는 교사 교육과정의 의미를 찾아보고자 했다. 교사 교육과정이라는 용어를 처음 들은 날 가슴이 설레었다는 정윤리 선생님은 학생들의 성장을 위해 개발·실행·성찰하는 교사들의 사례와 이를 시도하는 교사들의 삶을 들여다보는 것이 곧 교사 교육과정이라고 말한다. 교사 교육과정에 대한 논의를 먼저 기존 연구에서 찾아보고, 이를 실천하는 이유를 네 가지로 정리했다. 그것은 마주하는 학생이 다양하다는 것, 미래 사회의 요구라는 것, 교과서대로가 아니라 교과서를 이용해서 가르쳐야 한다는 것, 교사의 전문성 신장을 위해 필요하는 것 등이다. 여기서 특히 눈여겨보아야 할 부분은 교사 교육과정의 개발 단계이다.

3장은 새로운 과목을 맡은 교사가 교육과정을 통째로 개발하고 실행한 사례이다. 정윤리 선생님은 학교 교육과정에는 개설되어 있지만 지금까지 가르쳐본 적이 없는 과목을 맡았다. 더구나 교사가 재량껏 운영할 수 있었다. 가르쳐본 적이 없지만 당장 수업을 해야 하는 난감한 상황에서 한 학기 전체의 교육과정을 새로 개발하고 실행한 모습이 생생하게 담겨 있다. 앞으로 학교에서 학점제 또는 융합형 교과를 운영하는 경우, 유사한 사례를 많이 만나게 될 것이다. 선생님은 '과목에 대한 분석 → 학생의 특징 분석 → 수업 계획 → 함께 읽을 도서 선정 → 학교 교육과정 편제 분석'을 거쳐 내용 요소와 성취 기준을 개발하고, 실제 수업을 운영한 사례를 보여준다. 2장과 연결해서 살펴보면 더 도움이 될 것이다.

4장은 한 교사의 교육과정 성장기이다. 최미현 선생님은 매년 새롭게 수정하면서 지치지 않고 교사 교육과정을 만들어가는 과정을 기록했다. 끝없이 흔들리면서도 다시 일어서는 교사의 교육과정 성장기라고도 할 수 있다. 학생들의 사소한 반응에도 상처를 입는 여리디 여린 교사이지만 해를 거듭할수록 단단하게 여물어가는 교사, 수업-평가를 반복하면서 상처받고 치유하고 다시 출발하는 교사의 교육과정 이야기이다. 교육과정을 고민하는 교사라면 결코 남의 일로 치부할 수 없는 바로 자신의 모습을 만나게 될 것이다. 많은 교사가 학기 초에는 의욕적으로 시작했다가 학기 말에는 반쯤 포기하곤 하는데, 중요한 것은 언제나 다시 일어서는 용기라는 것을 직접 증명해준다.

5장은 학생을 중심에 놓는 교사 교육과정 사례이다. 김지연 선생님은 수업이 길을 잃은 이유와 학생들이 학습을 포기하는 이유를 자신의 수업에 '학생'과 '교육과정'이 빠져 있다는 사실에서 찾아낸다. 처음에는 학생들의 요구와 수준에 맞는 수업을 하려고 노력할수록 학생들과 더 멀어지는 느낌을 받기도 했다. 원재료가 무엇인지 가늠조차 안 되는 된장찌개가 돼버린 수업에서 다시 본질을 찾아나선 '김 선생의 교육과정'은 과연 무엇일까? 지금 내 수업이 혼란스럽거나 나만의 교육과정을 찾아나서기 위해 짐을 꾸린 교사라면 여행의 동반자로 삼을 법하다.

6장은 두 개의 과목을 연계한 교육과정의 기록이다. 어느 정도 경력이 쌓이다 보니 수업-평가 외에도 처리해야 할 업무에 치여 정신이 없는 가운데, 전공과 무관한 과목을 맡게 되면서 좌충우돌한 경험담이다. 고승선 선생님은 처음에는 그간의 경험을 바탕으로 학생 활동 중심 프로젝트 수업을 하면, 관찰과 기록까지 잘 해낼 수 있으리라는 자신감이 있었다. 그런데 막상 학기가 시작되자 내내 교과와 조화를 이루지 못한 불안감을 지우기 힘들었다. 3월부터 12월까지, 재미있게 써내려간 글을 읽다 보면 어느새 '교사는 그 자체로 매체가 된다'는 것을 깨닫고, '교사로서의 지속 가능성'을 찾아낸 고승선 선생님의 여정에 동참하게 될 것이다. '언젠가는 내 자체가 교육과정이 될 것'이라는 멋진 고백이야말로 교사 교육과정의 쾌거일 것이다.

7장은 아이들의 성장을 바라며 좋은 수업을 설계한 기록이다. 입시의 최전선에서 '교육다운' 교육을 통해 자신의 삶에 주체적으로 반응하고 도전하는 학생을 기르고자 하는 마음이 없는 교사가 어디 있을까. 문제는 이를 실천하는 용기이다. 입시라는 현실과 교육의 본질 사이를 끊임없이 오가던 이하영 선생님을 다잡아준 것은 수업하기 전에 기록한 '나의 다짐'이다. 선생님은 이 다짐을 매년 수정해서 교과서 앞에 새로 붙이며 수업을 준비할 때마다 읽는다. 학생들이 자신의 생각을 자신의 언어로 표현하도록 이끌고, 배움이 삶과 연결되도록 융합 수업과 학생 맞춤형 선택 학습을 구상한 이야기도 소중하다.

8장은 학생들과 자신의 교과 교육과정을 협의한 사례를 담고 있다. 교사가 교육과정을 세울 때마다 수업에 참여하는 학생들과 함께 협의·수정·개선하는 경우는 매우 드물다. 그러나 최윤정 선생님은 자신의 수업에 대한 고민을 교실에서 나누었다. 학생들과 교과 교육과정 운영에 대한 의견을 주고받았으며, 수업 활동에 대한 아이디어를 얻었고, 수행평가의 항목과 단계를 조정했다. 교사 교육과정을 고민하고 설계하면서 학교와 학생들의 상황을 살피는 것은 당연한 일이지만, 실제로 그 수업에 참여하는 학생들과 함께 고민해서 반영하는 모습을 보는 일은 드물다.

그렇다. 이 책은 출중한 교사 교육과정 이론서가 아니다. 일곱 명의 교사가 교육과정을 만들고 실천하면서 했던 고민의 결과, 끈질기게 수정하고 다듬어서 완성한 노력의 산물이다. 그리고 우리는 지금도 그 과정에 서 있다. 우리가 이 책을 세상에 내보내는 이유는 이런 고민을 하는 교사들이 있다는 것을 알리고 싶고, 비슷한 고민을 하는 교사가 있다면 손 내밀어 응원하고 싶어서이다.

우리에게는 언제나 지지와 응원이 큰 힘이 된다.

2022년 6월

저자들을 대표하여

김덕년

* 2010년대 교육정책 당국에서 주도적으로 사용한 '교육과정 재구조화'라는 용어는 교사들이 수업을 설계하고 재구성하자는 포괄적인 의미였다. 당시만 해도 성취 기준 재구조화에 더 가까웠으나 현장의 이해가 그리 높지 못했다. 오히려 교사들이 교육과정 전반에 대한 설계로 받아들임으로써 재구조화 작업이 학기 초에 활발하게 일어났다. 정확하게는 교육과정 재구성과 성취 기준 재구조화의 의미로 사용되었다고 할 수 있고, 이 글에서는 초기 정책적 접근이 주는 의미를 표현하기 위해 그대로 사용했다.

3장 교사 교육과정 이야기 : 과학사 및 과학철학

학생과 교사가 함께 성장하는 교사 교육과정

정윤리 / 수원 경기과학고등학교 교사

4장 교사 교육과정 이야기 : 세계사

나와 우리의 정체성을 찾아가는 세계사 여행

최미현 / 수원 효원고등학교 교사

5장 교사 교육과정 이야기 : 영어

조금 느려도 괜찮아, 속도는 달라도 함께 가는 길

김지연 / 수원 구운중학교 교사

7장 교사 교육과정 이야기 : 경제

배움이 아이들의 삶에 가닿기를

이하영 / 안산 부곡고등학교 교사

8장 교사 교육과정 이야기 : 역사

아이들이 따뜻한 시민으로 성장하기를

최윤정 / 수원 남수원중학교 교사

1장

학교 교육과정과 교사 교육과정

김덕년 / 구리 인창고등학교 교장

1. 시작하며

교육과정은 흔히 국가 교육과정, 지역 교육과정, 학교 교육과정, 교사(교과) 교육과정 등으로 구분한다.[1] 이는 교육과정 운영을 어디에서 하느냐에 따른 구분일 뿐 각 교육과정이 별개로 존재할 수는 없다. 교육과정 운영에서 가장 기본이 되는 것은 아무래도 국가 교육과정이고, 이를 기반으로 운영 범위에 따라 지역·학교·교사 교육과정이 결정된다.

교사 교육과정은 교사가 실제로 학생들을 만나서 실천하는 교육 활동이므로 교육 현장에서 가장 중요하다. 수업과 평가는 물론 학생들에게 배움이 일어나도록 하는 데 직접적으로 영향을 끼치는 과정이므로 교사들이 가장 신경을 써야 하는 부분이기도 하다.

---

1 혹은 국가 수준 교육과정, 지역 수준 교육과정, 학교 수준 교육과정, 교사 수준 교육과정이라고도 부르지만, 이 글에서는 '수준'을 제외하고 사용하고자 한다.

그러나 교사 교육과정을 실현하기 위해서는 넓게는 국가 교육과정, 좁게는 학교 교육과정이 근간이 되어야 한다. 지금까지 우리 교육은 국가 교육과정을 금과옥조처럼 여긴 경향이 있고, 이를 지나치게 엄격하게 적용한 탓에 교사 교육과정을 유명무실하게 만들기도 했다. 그 결과, 교사들을 단순한 지식 전달자로 전락하게 한 측면이 있다. 교육 자치를 말하는 이 시대에도 지침이 위세를 떨치거나 문구 해석을 놓고 좌충우돌하다가 결국 위에서 내려오는 해설에 따르는 모습을 보인다. 이는 교육과정 운영의 주체에 대한 자율성을 심각하게 손상하는 일이라고 할 수 있다.

교사 교육과정은 국가·지역·학교 교육과정을 바탕으로 교사들이 현장에서 자신의 눈앞에 있는 학생들과 주변의 교육 여건을 고려해서 운영해야 한다. 그러려면 학교 교육과정이 어떻게 구축되어 있는지를 아는 것이 매우 중요하다. 학교 교육과정은 해당 학교의 교육 활동에 대한 근거가 되므로 그 지향점과 교육철학, 구체적인 교육 방법 등을 포괄한다.

2. 학교 교육과정이란?

먼저 초·중등교육법(법률 제18461호, 일부 개정 2021. 9. 24.) 제23조를 보자.

> 第23조(교육과정 등)
> ① 학교는 교육과정을 운영하여야 한다.
> ② 교육부 장관은 제1항에 따른 교육과정의 기준과 내용에 관한 기본적인 사항을 정하며, 교육감은 교육부 장관이 정한 교육과정의 범위에서 지역의 실정에 맞는 기준과 내용을 정할 수 있다[개정 2013. 3. 23. 제11690호(정부조직법)].
> ③ 학교의 교과(教科)는 대통령령으로 정한다.

여기서 ②항의 '교육부 장관'은 '국가교육위원회'로 바뀌고, ③항은 ④

항으로 바뀌며, 대신 ③항에 '교육부 장관은 ①의 교육과정이 안정적으로 운영될 수 있도록 대통령령으로 정하는 바에 따라 후속 지원 계획을 수립·시행한다'는 내용이 신설, 2022년 7월 21일부터 적용된다.

그러나 제23조 ①항의 '학교는 교육과정을 운영하여야 한다'라는 내용에는 변함이 없고, 이 조항이 바로 학교가 교육과정을 운영해야 하는 근거가 된다. 그렇다면 학교가 운영하는 교육과정이란 무엇인가? 이 물음에 대답하려면 교육과정 총론을 살펴보는 것이 가장 빠르다. 2015 교육과정 총론[2]에는 학교 교육과정을 '학교에서 이루어지는 교육과정은 학생이 경험하는 총체 또는 학교가 제공하는 경험의 총체'라고, 넓은 의미로 정의해놓았다.

① 학생이 경험하는 총체

② 학교가 제공하는 경험의 총체

①항과 ②항은 매우 다르다. 우선 ①항 '학생이 경험하는 총체'란 경험하는 주체가 학생인 만큼 학생의 자기 주도성을 포함한다고 볼 수 있다. 다만, 학교에서 경험하는 총체인지, 아니면 학교 밖까지 포함하는지는 명확하지 않다. 그러나 앞부분에 '학교에서 이루어지는 교육과정'이라고 했으니, 문맥상 학교에서 경험하는 모든 것을 의미한다고 해석할 수 있다. 학교에서 이루어지는 교육과정은 그 범위가 상당히 넓을 수 있

---

2 이 원고를 쓸 당시에 교육부는 '2022 교육과정 주요 사항'을 발표했다(2021. 11. 24. 보도자료). 구체적인 내용은 계속 덧붙여질 것으로 보아 현재로서는 2015 교육과정 총론 해설을 중심으로 살펴보기로 한다.

다. 교육 활동의 확장성을 감안한다면, 학교가 구상하는 교육 활동의 영역을 제한할 수 없기 때문이다.

②항 '학교가 제공하는 경험의 총체'는 또 어떤가. 이 문장에서 경험을 제공하는 주체는 학교니까, 학교가 기획한 교육 활동을 학생들이 경험한다는 의미이다. 그렇다면 학교의 교육 활동 범위는 어떻게 규정할 수 있을까? 총론 해설을 조금 더 읽어보자. '학교에서 계획하고 실천하는 교육과정은 의도적이고 계획적인 행위'라고 밝히고 있다. 무목적적이거나 학교나 교사가 아무런 근거 없이 교육과정을 디자인한다는 뜻이 아니다. 여기에는 교육 행위가 달성하고자 하는 목적과 목표를 포함하고 있다. 결국 총론에서는 학교 교육과정을 다음과 같이 설명한다.

> 학교에서 계획하고 실천하는 교육과정은 학교의 교육 목적 및 목표를 달성하기 위해 교육 내용 또는 학습 경험을 선정하고 조직하고 실천하고 평가하는 제 행위(총론 해설 3쪽).

그러니까 학교에서 운영하는 교육과정은 학교의 교육 목적 및 목표를 달성하기 위해 '교육 목표와 경험 혹은 내용, 방법, 평가를 체계적으로 조직한 교육 계획'이라는 것이다.

최근에 '학교 자치'와 '학교 자율'을 강조하면서 교육과정의 운영 주체와 여기에 담는 내용에도 변화의 조짐이 보이고 있다. 중앙정부가 주도하는 방식, 시·도 교육청이 주도하는 방식, 학교와 교사들이 주도하는 방식에 따라 국가 교육과정, 지역 교육과정, 학교 교육과정 및 교사 교육과정에 대한 언급을 자주 하는데, 매우 반가운 일이다. 이 글에서는 학교 교육과정을 다음과 같은 의미로 사용하려고 한다.

> 학교 교육과정 : 각 학교의 실정 및 학생 실태, 학교 환경, 교원 실태 등을 고려해서 학교 단위가 결정의 주체가 되어 창출하여 운영하는 교육과정(2015 교육과정 총론 재편집).

3. 학교 교육과정과 교사 교육과정

교육 환경은 학교마다 다르다. 그 학교를 구성하는 학생들, 교사들 그리고 각각의 여건이 다르기 때문이다. 또한 교육 공동체가 지향하는 교육의 목표도 다르다. 일반적으로 학교 교육과정이라고 하면 교육과정의 편제만을 생각하기 쉬운데, 편제는 형식적인 측면이 강하다. 학교 교육과정에는 학교에 대한 믿음과 기대, 학교가 추구하는 가치와 인간상 같은 내용이 담겨야 하고, 이는 학교 구성원 몇몇의 역량에 따라 결정될 성질의 것이 아니다.

학교 교육과정을 세우는 일에는 그야말로 학교의 민주적 의사 결정 과정과 함께 그 학교의 문화가 반영되어야 한다. 따라서 교육 공동체가 함께 토론하며 쌍방향 또는 다방향 의사소통을 하는 과정을 꼭 거쳐야 한다. 학교 교육과정은 교육 공동체 간 다양한 가치관과 문제의식이 서로 부딪힌 끝에 새로운 모습으로 만들어낸 비전을 공유할 때 비로소 완성할 수 있다.

그렇다면 이렇게 어려운 과정을 거쳐서 세워놓은 학교 교육과정은 교사들의 수업-평가와 어떤 관계가 있을까? 교사들이 실제로 수업과 평가를 디자인할 때 그 내용과 방법, 과정을 설계하는 일은 매우 중요하다. 이를 통틀어 교사 교육과정이라고 하는데, 교사 교육과정이 학교 교육과정과 어떻게 연결되는지에 대한 답변 역시 2015 교육과정 총론 해설에서 찾아볼 수 있다.

> 학교 수준 교육과정을 도모하는 과정에서 교사는 교육과정 실행자로서뿐만 아니라 개발자로서의 역할을 수행하게 되는 것이며, 이에 필요한 전문성 신장이 지속적으로 요구될 것이다(7쪽).

학교 교육과정을 도모하는 과정에서 교사는 실행자이자 개발자 역할을 한다. 학교 교육과정을 만들기 위해서 국가 교육과정과 지역 교육과정을 자세히 분석하는 일도 중요하지만, 동시에 학교의 교육 여건을 잘 파악하는 것이 중요하기 때문이다. 뿐만 아니라 학교의 교육 환경과 학생들을 분석하고, 이를 고려한 교육 설계도를 마련해야 한다. 교사들이 '학생들에게 실천 가능한 교육 설계도를 마련하고, 이 설계도에 담긴 특색을 구현할 수 있는 운영 계획 및 세부 실천 계획을 수립'하기 위해서는 '학교의 여건과 실태에 대한 구체적인 인식'을 해야 한다. 그리고 학교의 여건과 실태는 학교 교육과정에 담긴다. 이렇게 교사 교육과정은 학교 교육과정을 밑바탕으로 구성된다. 지금부터 몇 개 학교의 사례를 통해 학교 교육과정과 교사 교육과정의 관계를 살펴보고자 한다.

4. 학교 교육과정 사례

(1) 남한산초등학교

'소통'을 가장 큰 장점으로 내세우는 남한산초등학교는 '다모임'을 통해 일방적인 소통 방식을 폐지하고, 전교생과 교사들이 모두 모여서 학교 전체의 문제를 토론하고 결정한다. 학교 홈페이지(http://www.namhansan.es.kr)의 '새 학교상'에는 2000학년도까지 전교생이 26명뿐이었던 작은 학교로서 폐교 위기에 처해 있던 남한산초등학교가, 새로운 교육의 희망을 만들어내기까지의 과정과 노력을 소개하고 있다. 학교의 분명한 비전을 담고 있는 2021학년도 교육과정은 다음과 같다.

Ⅰ. 바탕

1. 교육과정 구성의 과정
2. 교육과정의 성장과 성숙

경기도 광주시 남한산성면 남한산성로 770에 있는 남한산초등학교는 2022년 3월 1일 현재 학생 수 106명, 교직원 수 22명인 작은 학교다. 경기도 혁신 교육이 출발하는 데 중요한 영감을 준 학교이기도 하다.
사진 : https://ssuja.tistory.com/504

■ **교육 본질에 충실한 교육철학이 분명한 작은 학교**

근본적으로 가치 있는 삶과 교육, 아이들 배움의 행복을 깊게 생각한 교육철학적 지향이 분명한 학교를 가꾸어나갑니다. 사람이 보이는 작은 학교, 공교육의 새로운 희망을 만드는 학교를 꿈꿉니다.

■ **자율과 자유 그리고 창의적 삶을 생각하는 자주적인 학교**

우리 교육 현실, 사회 현실의 바탕 위에서 자율과 자유, 창의적 삶의 원리를 교육의 힘으로 구현하고자 합니다. 아이들은 두려움 없이 배우고, 자신 있게 행동하며, 학교와 교사는 기다림과 여유 속에서 어린이들의 자발적인 움직임을 중시합니다. 교육 희망을 생각하는 교육 주체들의 자주적 의지로 새로운 학교를 만들어나갑니다.

■ **자율의 힘이 있는 교사 문화를 만드는 학교**

자율의 힘, 교육의 힘을 믿는 교사들이 가르치는 신명으로 한데 묶여 새로운 교사 문화를 만들어나갑니다. 민주적인 토론과 협의를 중시하고, 교육에 대한 전문성을 스스로 신장하며, 팀워크 생산을 중심에 놓는 문화를 기반으로 교육을 계획하고, 이루며, 반성합니다. 또한 교사들의 튼튼한 전문적 팀워크를 기반으로 교육 프로그램의 대안을 함께 생산하고, 축적하며, 나아가 널리 공유하고자 합니다.

■ **학부모와 지역사회의 주체적인 학교교육 참여가 이루어지는 공동체 학교**

새로운 교육에 대한 학부모의 요구를 수렴하는 과정에서 새롭게 태어난 학교입니다. 학교교육의 권한과 책임을 동시에 갖는 주체적이고 자발적인 학부모 위상을 정립해나갑니다. 학교와 학부모가 서로에 대한 굳건한 신뢰를 바탕으로 함께 만들어나가는 학교가 되고, 학교·학부모·지역사회가 마음을 모아 모두 함께 행복해지고자 합니다. 또한 다양한 전문가 집단, 교육 관청, 시민 단체 등과 유기적인 협조 체제로 우리 학교교육의 보편타당성을 갖추려 합니다.

■ **학교 환경, 교육 환경을 어린이 교육의 눈으로 바로 세우는 학교**

어린이의 학습 리듬을 고려하는 학습 일정, 환경친화와 교육 친화를 중심에 두는 학교 환경과 교실 환경을 만들어갑니다. 아름답고 안전한 시설 환경, 다양한 체험을 염두에 둔 학교교육 공간을 생각합니다. 노작지와 숲 산책로가 있는 학교, 가정처럼 편안한 교실, 무거운 책가방과 신발주머니, 준비물 가방에서 벗어난 학교, 놀이 시간이 넉넉한 학교 등 어린이의 마음으로 구석구석을 살피는 학교를 만들어나갑니다.

II. 묻다

1. 교육이란 무엇인가?

2. 교육과정이란?

3. 교육의 과녁은 무엇인가?

4. '삶을 가꾼다'는 것의 뼈대는 무엇인가?

5. 배움과 나눔의 잣대는 무엇인가?

6. 체험 중심 교육과정이란 무엇인가?

7. 교육과정은 무엇으로 실현하는가?

8. 배움과 나눔의 과정은 무엇인가?

9. 이야기를 어떻게 펠 것인가?

10. 남한산의 글쓰기는 어떻게 할 것인가?

11. 소통의 형식과 절차는 어떠해야 하는가?

12. 자람을 어떻게 보아야 할까?

13. 교육의 질 관리와 평가는 어떻게 하는가?

14. 예술교육을 어떻게 볼 것인가?

15. 학년 프로젝트는 어떻게 볼 것인가?

16. 교육과정에 대한 교사의 역할은 무엇인가?

17. 온 작품 읽기 수업을 어떻게 볼 것인가?

18. 남한산의 원격 수업을 어떻게 바라볼 것인가?

III. 짜다

1. 상시 활동(6년 동안 꾸준히 하는 활동)

2. 월별 활동

3. 교과 활동

4. 교과 통합

5. 창의적 체험 활동

6. 방과 후 학교 특기·적성 교육

7. 편제 및 시간 운영

Ⅳ. 보태다

1. 교사(남한산교육연구회, 교환 수업, 수업 연구)

2. 학부모

3. 학부모가 함께하는 학교 밖 교실

4. 학습 공동체 활동(전국 연대, 지역 연대, 교사 모임)

Ⅴ. 되돌아보다

1. 평가의 바탕

2. 평가의 짜임(아이의 자람을 말하다)

3. 평가의 운영

학교 교육과정이 무엇인가는 이 차례만 보아도 알 수 있을 것이다. 학교의 교육 활동 전반을 상세하게 규정해놓았기 때문이다. 이렇게 상세한 학교 교육과정은 실제 운영에도 큰 영향을 미친다.

■ 새로운 학교 문화 만들기

- 전체 운동장 조회(애국·반성 조회), 주번 제도(어린이, 교사) 등 행

사 관행의 탈피. 작은 학교의 장점을 살리는 다모임 등 새로운 형식의 프로그램 개발 운영.
- 경쟁 중심, 선발 중심의 각종 대회와 시상 제도 폐지.
- 행사 중심의 계기 교육을 학교교육 프로그램으로 새롭게 접근.
- 반복 훈련형 단순 지식 중심의 학교 숙제 부과 자제.
- 컴퓨터실, 도서실, 운동장 등 학교 시설을 수업에 지장을 초래하지 않는 범위에서 어린이와 학부모, 지역사회에 전일 개방.
- 전시적 학교 환경 구성을 배제하고, 어린이의 정서와 교육적 타당성을 고려한 학교 환경 구성, 실적 생산 중심의 교사 잡무의 과감한 척결.

■ 새로운 연간 학사력

- 고지대인 남한산성 지역 기후의 특성(시원한 여름, 눈이 많고 추운 겨울 등)과 학습 효율성을 고려하여 학기를 시종 탄력적으로 운용(2월의 학교 학습 배제).
- 연 2회 사회복지 시설 봉사 체험 기간 운영.
- 연 2회 '계절 학교(각 7일~10일 내외, 총 15일 이내)', 연 1회 '숲속 학교' 운영.
- 연 1회 학교 축제 개최(교육 활동의 결과물 전시와 각종 공연을 중심으로 하는 학년 마감 축제).
- 연 2회 전교생 공동 체험 작업 기간 운영.

■ 새로운 리듬의 일일 시정

어린이의 신체와 학습 리듬, 놀이 욕구와 프로젝트 수행 학습의 원활함을 고려한 일일 블록 스케줄링 중심의 시정표 운영.

① 아침 활동(~09:10)

- 숲속 산책, 자유 학습, 자유 놀이, 사육동물 돌보기, 차 마시기, 시 낭송하기 등의 프로그램을 학년 특성과 시기 등을 고려해서 진행.

② 오전 활동

- 1블록(09:10~10:30, 80분) : 국어, 수학 등 지적 탐구 능력 신장 중심의 수업.
- 중간 놀이(10:30~11:00, 30분) : 자유 놀이 활동
- 2블록(11:00~12:30, 80분) : 수업(40분 2블록 병행)

③ 오후 활동

- 3블록(13:30~15:40, 120분) : 블록을 2회로 분할해서 수업(예 : 80분 1회, 40분 1회 등), 예술 교과와 체육 활동, 특기 적성 활동 등 예술과 감성의 표현, 신체 활동 중심의 수업.

(2) 가정중학교

가정중학교(gajeong.gwe.ms.kr)는 강원도 춘천에 있는 공립 대안 교육 특성화 학교이다. 가정중학교의 교육철학은 '스스로 삶, 더불어 삶, 배우는 삶'으로, 이를 바탕으로 '스스로 서고 더불어 배우는 행복한 학교'를 교육 방향으로 내세우고 있다. 이러한 교육철학은 학년별 학생 성장 로드맵에도 적용된다.

강원도 춘천시 남면 여우내길 20에 있는 가정중학교는 2017년 3월 1일에 설립했으며, 2022년 3월 1일 현재 학생 수 103명, 교직원 수는 28명이다.
사진 : 〈행복한 교육〉 2018년 04월호

스스로 삶(1학년)	배우는 삶(2학년)	더불어 삶(3학년)
▪ 나를 바로 세우는 기본 생활 태도 기르기 ▪ 생명의 소중함을 아는 녹색 감수성 기르기 '자연과 함께 나누는 품격 있는 도전' ▪ 공동의 참살이와 소속감을 위한 '청소년 평화 감수성 교육' ▪ 생명과 존엄의 약속을 기반으로 한 '4·16 기억과 약속의 길 프로젝트' ▪ 배움의 경계를 넘어서 창의적, 융합적 사고를 배우는 교과 융합 프로젝트	▪ 능동적 탐구로 배움의 기쁨을 경험하는 '배움의 자기이유(自己理由) 프로젝트' ▪ 역사의 길을 걸으며 우리 이야기와 마주하기 '배움을 찾아가는 품격 있는 도전' ▪ 생명의 가치 인식과 공존의 환경 만들기 '생명 평화 교육' ▪ 사회 참여 의지와 용기를 배우는 '5·18 기억 프로젝트' ▪ 천천히 읽기를 통해 확장된 배움을 경험하는 '선생님과 함께 책 친구 프로젝트'	▪ 역지사지(易地思之)의 상상력을 기르는 타자 감수성 수업 '좋은 이웃 프로젝트' ▪ 이웃의 삶 속으로 들어가 노동의 가치 배우기 '삶을 만나는 품격 있는 도전' ▪ 소통과 협력 체험, 공동체가 함께 꾸는 꿈 '여우내 이야기' ▪ 진정한 화해와 평화를 위한 진실 찾기의 여정 '4·3 기억 프로젝트' ▪ 진로를 구체적으로 탐색하고 자기 배움을 디자인하는 '나침반의 시간'

교육 공동체가 함께 세운 교육철학과 학생 성장 로드맵에 따라 가정중학교는 학교 특성화 교육과정을 다음과 같이 운영하고 있다.

① 자기 성장 프로젝트

- 학교 밖 체험 학습, 2~3일 주제별 프로젝트
- 학생 기획 및 운영, 발표
- 배움의 자기이유 프로젝트, 내면의 힘을 기르는 품격 있는 도전, 생존 수영 등

② 노작과 자연

- 생활협동조합
  - 윤리적 소비, 타인에 대한 배려, 사회적 책임 의식 함양
  - 자기 책임, 민주, 평등, 연대를 기반으로 한 협동조합 자치 기반
  - 학교 신용협동조합, 학교 매점, 학교 서점, 학교 카페 운영
- 생태 노작
  - 손으로 배우고 익히는 노작 활동을 통해 심리적 치유와 더불어 살아가는 삶에 대한 이해 도모
  - 목공, 도예, 요리, 옷 만들기, 텃밭 가꾸기 등
- 지역사회 봉사
  - 마을 공동체와 연계한 봉사 활동 중심
  - 지역사회 소외 계층 대상 마을 환경 정화, 마을 음악회, 경로 잔치 등
  - 자존감 회복 및 긍정적 자기 인식

③ 문화 예술 체험

- 개인별 흥미와 소질 계발, 자아 탐색 및 직업 탐구
- 몸과 마음으로 배우고 표현하는 다양한 문화 예술 체험 활동
- 전문가 연계 동아리 활동
- 밴드, 댄스, 쿠킹, 패션, 합창, 연극, 미술, 생활 스포츠 등

④ 마음 공부

- 성장 상담과 회복 프로그램 중심
- 소그룹 집단 상담 프로그램 운영
- 비폭력 대화법, 집단 의사소통 기법
- 감정 표현 수업, 감수성 훈련 등
- 치유 명상 프로그램과 마음 일기 쓰기

⑤ 생활철학

- 주제별 발표 프로그램 중심
- 학생 직접 기획, 조사, 발표
- 인권, 평화, 철학, 고전, 생태, 인물, 역사적 사건 등 이슈 중심의 토론식 발표 수업으로 공동체적 민감성 기르기
- 가정중학교 인문학교양학부 학점제 운영

학교 교육과정은 그 학교의 정체성과 관련이 있다. 가정중학교는 두 개의 전형으로 신입생을 선발하는데, 하나는 대안 교육과정 이수를 희망하는 다양성 그룹(30%), 또 하나는 소년·소녀 가장이나 학교생활 부

적응 등 어려운 환경의 아이들이 학교장의 추천을 받아서 입학하는 전형(70%)이다. 어려운 점은 기숙사 문제로, 남녀 비율을 50%로 맞춰야 하는 것이라고 한다.

이 학교의 학교 교육과정으로 학습한 학생들은 고등학교를 선택할 때 망설임 없이 자신의 희망에 따른다. 최근 3년간 고등학교 진학 상황을 보면, 대안 학교 진학률이 49.5%, 특목고 포함 특성화고 진학률이 30.6%, 일반고가 17.8% 비율이다. 일반적으로 중학교에서 고등학교에 올라갈 때 자녀를 좋은 대학에 보내기 위해 학부모들의 입김이 강한 편인데, 가정중학교는 전혀 그렇지 않다.

손진근 교장에 따르면 가정중학교 학생들은 중학교에서 익힌 여러 학습 과정을 지속적으로 이어갈 수 있는 고등학교를 선택한다며, 오히려 어른들이 대안 고등학교나 특성화고에 대한 오해를 크게 하고 있어서 이를 불식할 필요가 있다고 전한다. 가정중학교에서 학교 교육과정은 어떤 의미가 있을까? 계속해서 손진근 교장은 다음과 같이 말한다.

“학교는 관계를 통해 자아를 빚는 배움터입니다. 학생들은 자신의 고유성을 보호받아야 하는 존엄한 존재이기도 하고요. 이제는 학교에서의 교육과정에 대한 관점도 삶을 설계하는 체제로 전환해야 합니다. 아이들이 사회의 공동 주인으로서 참여와 책무를 공유할 수 있도록 가르쳐야 하지요.”[3]

---

3 교육부 발행 웹진 《행복한 교육》 2018년 4월호, ‘우리가 좋은 이웃, 우리가 희망이다!’

(3) 충남삼성고등학교[4]

충남삼성고등학교(https://www.cnsa.hs.kr/hpw)는 '학교는 서로 다른 학생들이 함께 모여 각자의 능력과 적성에 따라 즐겁게 배우고 더불어 성장하는 행복한 공간이어야 합니다. 또한 학교는 학생, 교직원, 학부모가 함께 만들어가는 교육 공동체로서 상호 존중과 배려 그리고 공감이 바탕이 되어야 합니다'라는 말을 홈페이지 맨 앞에 내세우고 있다.

충남삼성고등학교는 학생들을 예비 성인으로 바라보고, 권리와 책임을 주며 존중하고 있다. 재단의 막대한 지원과 구성원들의 협심을 바탕으로 '학생 선택 진로별 교육과정'을 구축하고 있다.
사진 : 교육 전문 신문 〈베리타스 알파〉

---

4 충남삼성고등학교의 교육과정은 '2021학년도 교육과정 운영 계획서'를 참고했다.

다른 학생, 각자의, 행복한, 상호 존중, 배려, 공감이라는 단어가 눈에 들어온다. 사실 이런 표현은 다른 학교에서도 많이 내세우고 있는데, 어떻게 실현하느냐가 문제일 것이다. 충남삼성고등학교는 학생 선택 진로별 교육과정을 가장 앞에 내세우며, 학교의 가치관을 실현해나가고 있다.

2015 교육과정에 의하면 고등학교의 학점 이수는 교과가 180단위, 창의적 체험 활동(창체)이 24단위이다. 아래 그림을 보면 교과와 창체의 이수 단위를 확실하게 구분하면서도 계열별 교과 선택에 대한 내용을 잘 알 수 있다. 교육과정 전문가인 교사가 아니라도, 학생이나 학부모가 보더라도 파악하기 쉽도록 해놓은 것이다. 또 학생들이 진학·진로에 적합한 역량을 갖출 수 있도록 3개 계열과 8개 과정을 운영하고 있다. 필

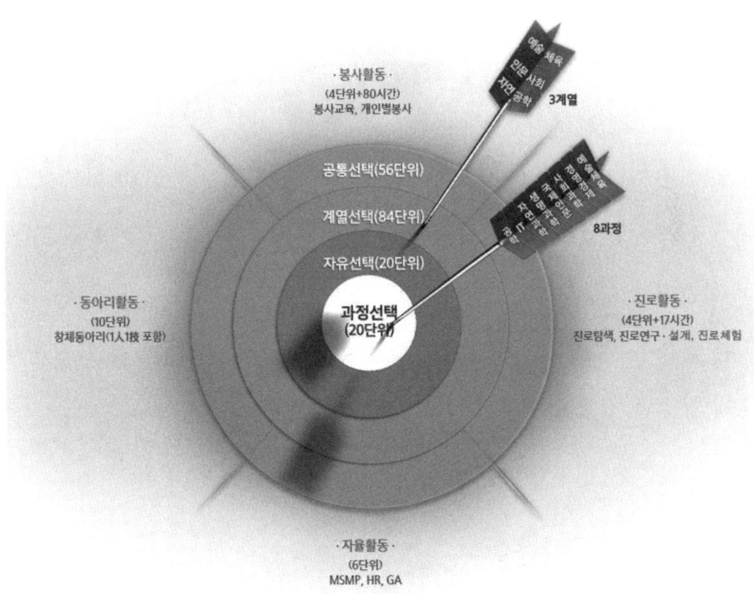

출처 : 충남삼성고등학교 홈페이지

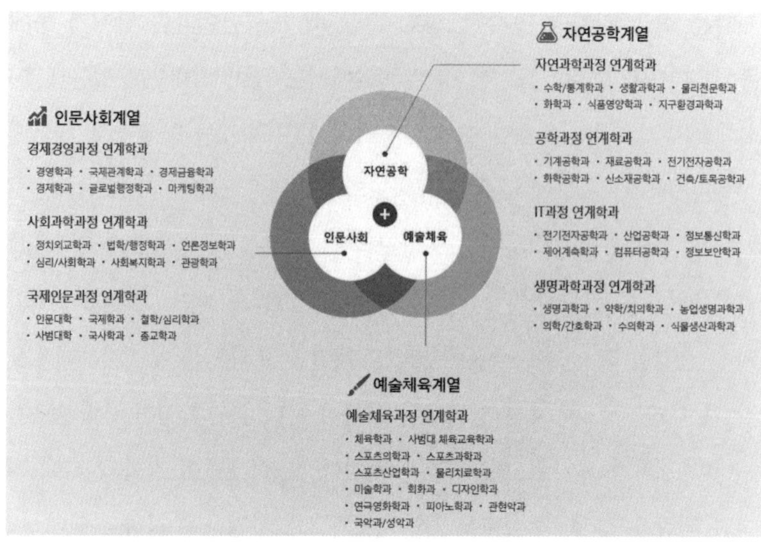

출처 : 충남삼성고등학교 홈페이지

요한 과목을 이수한 학생에게는 해당 과정의 디플로마(diploma, 과정 인증서)를 발급해준다고 한다.

지금 이 교육과정 편제가 국가 교육과정에서 제시한 기본 원칙을 지키고 있는가, 과연 대학 입시에 영향을 끼쳤는가를 보려는 것은 아니다. 한 학교에서 세운 학교 교육과정이 전반적으로 그 학교의 수업-평가에 깊은 영향을 미친다는 이야기를 하고 싶은 것이다. 교사는 학교 교육과정에 상당한 영향을 받을 수밖에 없기 때문이다.

5. 인창고등학교 교육과정 세우기와 적용의 실제

국가 교육과정이니 지역 교육과정이니 아무리 말해도 학교에 가장 큰 영향을 미치는 것은 역시 학교 교육과정이다. 학교 교육과정이 제대로 서야 교사(교과) 교육과정이 올바른 방향을 잡아나갈 수 있기 때문이다.

(1) 학교의 자율성은 학교 교육과정에서 나온다

초·중등교육법 제23조 ①항에는 '학교는 교육과정을 운영하여야 한다'라고 되어 있다. ②항에는 '교육부 장관은 ①항에 따른 교육과정의 기준과 내용에 관한 기본적인 사항을 정하며, 교육감은 교육부 장관이 정한 교육과정의 범위에서 지역의 실정에 맞는 기준과 내용을 정할 수 있다'라고 되어 있다. 이것이 곧 지역 수준 교육과정 운영에 대한 근거이다. 앞으로는 2022년 7월 21일 시행 예정인 법률에 따라 교육과정 기준과 내용에 관한 기본적인 사항은 국가교육위원회가 정하게 된다.

교육부가 발표한 2022 개정 교육과정 총론의 주요 사항(2021. 11. 24.) 가운데서 유난히 눈에 들어온 문구가 있으니, '지역·학교 교육과정 자율성 확대 및 책임 교육 구현'이었다(교육부 공식 블로그 https://if-blog.tistory.com/12821).

학교 교육과정의 자율성은 어떻게 확보할 수 있을까? 그 이전에 자율성이란 과연 무엇일까? 국어사전에는 '외부의 구속이나 제약을 받지 않고 자기의 행동을 스스로 제어하는 성질'이라고 나와 있다. 우리는 흔히 학교에서 교사와 학생의 자율성을 말하곤 하는데, 그렇다면 학교는 어떻게 자율성을 확보할 수 있을까? 더 정확히 말하면 학교 교육과정 운영의 자율성일 것이다. 교육행정기관의 말단 기구에 불과한 학교가 자율성을 확보하려면 행정기관과의 유기적 연결을 끊고, 말 그대로 교육과정 중심으로 학교 체제를 구현해야 한다. 우리가 학교 교육과정을 고민해야 하는 이유도 여기에 있다.

무엇이든 거저 생기는 것은 없다. 자율성도 어디 하늘에서 뚝 떨어지는 것이 아니다. 학교가 자율성을 확보할 수 있는 기회는 바로 지금이며, 특히 교육 리더들이 앞장서야 한다. 우리가 준비만 잘한다면 충분히 확보할 수 있고, 성경에 나오는 말처럼 등잔과 함께 기름을 준비한 '슬기로운 처녀'의 지혜를 실현할 수 있을 것이다.

이제 학교 교육과정은 단순히 교과 편제에만 그쳐서는 안 된다. 그 학교의 정체성과 추진하고자 하는 교육의 방향성을 담아야 하고, 여기에 당연히 교육 공동체가 참여해서 찬찬히 깊이 있게 토론하는 과정을 거쳐야 한다. 따라서 절대 하루아침에 되는 일이 아니다.

그럼 교육 리더들은 언제 준비해서 일을 진행해야 할까? 다음 해의 학교 교육과정을 세우기 위해서는 학년 말에 작업을 시작해야 한다. 그런데 이 시기에 교사들은 숨 쉴 틈도 없을 정도로 바쁘다. 그러니 교사들에게 지시하고 명령할 것이 아니라, 리더가 한 단계 한 단계 치밀하게 로드맵을 그려나가야 한다. 12월에서 2월 사이에 준비를 못하면 학교 일정상 학교 교육과정은 또다시 전년도 것을 짜깁기한 내용을 되풀이해서 적용할 수밖에 없다. 학교 교육과정을 제대로 세웠을 때 교사들은 교육 공동체가 합의한 학교의 정체성, 교육의 방향성을 참고해서 자신의 수업과 평가를 디자인할 수 있다는 사실에 다시 한 번 유념할 필요가 있다.

거듭 강조하지만 학교 교육과정에는 그 학교가 추구하는 가치와 인간상을 담아야 한다. 물론 지금까지도 그렇게 하지 않았던 것은 아니다. 운동장 한구석 돌탑에 교훈을 새겨놓는다거나 학교 홈페이지 첫 화면에 온갖 미사여구로 목표 등을 써놓았다. 그런데 그걸 제대로 보는 사람은 거의 없을 것이다. 게다가 자신의 수업과 평가를 디자인할 때 그걸 의식하는 교사도 없을 거라고 확신한다. 매년 3월에 제작하는 학교 교육과정 운영 계획의 첫 장에도 이런 내용들을 멋지게 도식화해서 넣곤 하는데, 그걸 보는 학부모나 학생도 아마 없을 것이다. 교장이나 리더라는 사람도 마찬가지다. 여태까지 학교 교육과정 운영 계획은 제출용으로 예쁘게 제작하는 데 그치는 경우가 많았다. 이제는 정말 그래서는 안 된다고 생각한다. 학교 교육과정은 학교의 자율성을 확보하는 가장 중요한 일이기 때문이다.

학교 교육과정은 교육 공동체가 함께 토론해서 세워야 하고, 학교의 리더는 공동체에 이런 취지와 일정을 잘 안내해서 충분한 토론이 이루어질 수 있도록 해야 한다. 여기서 말하는 학교의 리더란 교장, 교감 그리고 학교에서 교육 이슈를 이끌어가는 사람이다. '관리자'라는 말은 최근의 경향에 맞지도 않거니와 교육과정 운영에 영향력을 발휘할 수 있는 사람이 반드시 교장과 교감에 국한되는 것도 아니다. 리더는 가치관과 문제의식 등을 중심으로 학교의 비전을 형성하기 위해 학교와 관련 있는 공동체들과 다양한 의사소통을 촉진하고 합의를 이끌어내야 한다. 학교 교육과정을 세우는 단계에서 리더는 그런 역할을 하는 사람이어야 한다.

(2) 리더는 구체적으로 무엇을 해야 하나?

리더란 먼저 보고, 먼저 움직이는 사람이다. 그리고 반 발 정도 앞서 나가는 사람이다. 학교에서도 마찬가지다. 학교의 상황을 두루 살펴 구성원들이 함께 갈 수 있도록 안내하는 역할을 해야 한다. 교장이라고 해서, 이미 전문성을 충분히 갖춘 교사들에게 일방적인 지시를 하면 문제를 더 꼬이게 할 수 있다. 또한 교육의 3주체 가운데 어느 한 편의 입장만을 두둔해서도 안 된다.

학교 교육과정을 세우는 과정에서 리더는 과연 무엇을 해야 할까? 학교마다 여건이 다르고, 중요하게 여기는 부분도, 필요로 하는 것도 다르기 때문에 가장 먼저 해야 할 일은 당연히 '진단'이다. 진단이 제대로 이루어진다면 그때부터는 비교적 쉽게 풀린다. 진단 과정에서도 물론 공동체의 의견을 들어야 한다. 혼자 판단하면 항상 놓치는 부분이 생기기 마련이고, 우리가 흔히 말하는 집단 지성의 힘은 다양한 사람이 모였을 때 발휘된다. 그냥 단순히 여러 사람이 모이는 것이 아니라 교사를 비롯해 행정직, 공무직, 무엇보다 중요한 학생과 학부모들의 의견까지 들어보아야 한다.

다음은 인창고등학교가 학교 교육과정을 세우기 위해 고민할 때, 가장 먼저 함께해본 그림 그리기 작업이다. 그림이라고는 했지만 그냥 백지인데, 이 백지 위에 자신이 바라는 학교의 모습을 그려보도록 했다. 눈이 하얗게 내린 운동장에 발자국이 하나도 없으면 누구라도 거기에 자신의 발자국부터 내고 싶어질 것이다. 첫 발자국을 내는 사람은 교장일 수도, 교사일 수도, 어쩌면 가장 어린 학생일 수도 있다. 바로 그런 학교를 그려보면 어떨까, 그런 그림들이 모여서 학교 전체의 모습이 된다면 얼마나 좋을까, 이런 발상에서 해본 작업이다.

우리가 그리는 인창고의 모습

이번에는 조금 더 구체적으로 나아갔다. 첫 번째 그림이 여러 사람이

막연하게 그린 우리 학교의 모습을 담은 것이라면, 두 번째는 리더 입장에서 우리가 함께 인식하고 공유해야 할 문제들을 직접 제시해보았다. 일종의 로드맵에 해당한다고 할 수 있는데, 로드맵은 우리의 목표와 아울러 일의 진행 상황을 알게 해준다. 리더는 이렇게 로드맵을 제시함으로써 공동체가 하나의 목표를 향해 나아갈 수 있도록 해주어야 한다.

문제를 인식하고 기본 목표를 제시하는 리더

1. 함께 공유한 문제 인식

- 우리 학교가 기르고자 하는 학생상은 무엇인가?
- 교직원들은 우리 학교에서 근무하는 데 자부심을 느끼고 있는가? 있다면 그렇게 생각하는 까닭은 무엇인가?
- 우리 학교를 졸업한 학생들은 어떻게 살아가고 있는가?

2. 학교 교육과정 세우기 기본 목표

- 2018년 : 모든 교육 활동은 정규 교육과정 안으로 끌어들인다.
- 2019년 : 각 교과는 학생들이 살아가는 데 필요한 기본적인 과목을 정하고, 여기서 확장하고 심화할 과목을 단계를 고려하여 정한다.
- 2020년 : 이수 단위를 통일하여 학생들이 선택할 수 있는 폭을 넓힌다.

학교 교육과정은 반드시 필요하다. 그리고 학교 자치와 자율화는 우리 스스로 획득하는 것이다. 아기가 성장하는 과정에서 가장 큰 변화가 오는 순간은 뒤집기를 할 때인데, 보통 태어나서 3개월에서 6개월 사이에 신체적 힘이 강해지면서 몸을 뒤집을 수 있게 된다. 아기는 뒤집기를 하면서 방향 감각을 키우고, 이때부터 신체 기관들이 독립적으로 움직이기 시작한다. 자기 스스로 몸을 뒤집으려는 아기를 억지로 도와주면 역효과가 나는 것처럼, 지금 학교도 스스로 뒤집기를 하기 위한 힘을 길

려야 하는 단계에 와 있다. 한번 몸을 뒤집으면 그다음은 독립적으로 움직일 수 있게 될 것이다.

(3) 학교 공동체 토론을 거쳐 열린 교육과정 구현

2021년 7월 7일, 한 신문은 인창고등학교의 학교 교육과정을 전면에 실었다. 이 기사의 제목이 바로 '학교 공동체 토론 거쳐 열린 교육과정 구현'이다. 우리 학교의 교육과정을 세우는 과정과 특징을 단적으로 보여주는 표현이기도 하다. 우리는 학교 교육과정을 제대로 세우기 위해 3년 동안 토론을 진행했다. 그 결과, 개방형 교육과정으로 학생들이 선택의 폭을 넓힐 수 있도록 만들었다. 물론 교과 간 치열한 줄다리기로 인해 이 과정이 순탄치만은 않았다. 그럼에도 갈등을 극복할 수 있었던 가장 큰 이유는 '문제를 인식하고 기본 목표를 제시하는 리더' 1항에서 제시한 것처럼, 함께 공유한 문제 인식 덕분이었다. 이러한 문제 인식을 전면에 내걸고, 2항에서 밝힌 대로 3년 동안 단계적으로 학교 교육과정을 다듬어나갔다. 지금부터 어떻게 학교 교육과정을 만들었는지, 실제로 어떤 결과를 얻었는지, 구체적으로 소개하겠다.

■ 진단

가장 먼저 해야 할 일은 진단이다. 지금까지 시행된 교육정책은 여건과 상황을 무시하고 일단 밀어붙이기식, 강제로 접목하는 식이 많았는데, 이렇게 해서는 안 된다. 학교마다 구성원도, 교육 여건도, 놓인 상황도 다 다르기 때문이다. 최근에는 학교 교육과정이 필요하다는 인식은 자리를 잡은 편이지만, 이 또한 반가운 한편으로 걱정이 되기도 한다.

학교 교육과정이야말로 개별 학교의 상황이 특히 중요한데, 여전히 현장에 남아 있는 구태의연한 방식 때문이다. 2018년, 우리가 처음 출발할 당시에 진단한 대략적인 내용은 다음과 같다.

인창고등학교에 대한 진단

우리 학교는 서울에 인접한 중·소도시에 있는 26학급 규모의 일반고이다. 2011년에 혁신학교로 지정되어 현재까지 운영되고 있으며, '과학 중점 학교'이기도 하다. 또 학점제 선도 학교이다. 학생 수가 계속 줄어들고 있으며, 고교학점제 시행과 맞물리는 상황에서 그동안 축적한 혁신학교의 철학을 다시 살펴보고, 교육과정을 재구성해야 할 시점이다.

■ 다양한 협의체 가동

학교 교육과정은 어느 한 부서의 전유물이 아니다. 교육 공동체가 함께 고민하고 수립해야 전체가 공감하는 가운데 학교를 주체적으로 운영할 수 있다. 2018년 12월 10일에 열린 대토론회는 우리가 공유한 문제 인식을 바탕으로 이루어졌다. 토론회 참가자들은 우리가 그리는 인창고의 모습을 떠올리는 단어로 '자율, 소통, 토론, 조화'를 골랐다. 이때부터 이들 핵심어는 우리 학교를 운영하는 기본 원리로 자리매김했다.

우리는 소통을 강화하기 위해 필수적인 '학교교육과정위원회'를 비롯, 3주체 회의와 교사 대토론회를 진행했다. 물론 코로나로 인해 대면과 비대면을 오갔다. 비대면의 경우에는 온라인을 적극적으로 활용했으나, 3주체 회의는 반드시 대면으로 진행했다. 그것도 한 달에 한 번씩 꼭 모

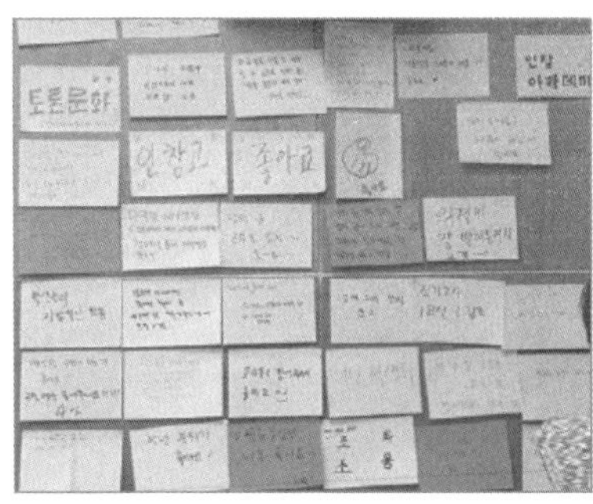

토론회 참여자들은 우리 학교를 '자율, 소통, 토론, 조화'의 모습을 갖춘 것이 장점이라고 표현했다.

매달 모여서 다양한 의견을 교환한 3주체 회의. 특히 코로나19 시기를 넘기는 데 큰 도움이 되었다.

여서 학생회와 학부모회 그리고 교사들의 의견을 함께 듣고 조율했다.

■ 정확한 정보 공유

학교 교육과정을 세우는 과정에서 어느 한쪽의 견해가 강하게 작동하기 시작하면 왜곡이 일어날 확률이 높아진다. 영향력이 강한 학교의 리더가 교육이라는 이름으로 욕심을 부리거나, 특정한 과목의 영역을 확장하기 위해 일부 교사가 목소리를 높이면, 자기에게 불리한 정보는 감추고 유리한 내용만 드러내면서 일이 꼬이게 된다. 학교의 리더는 협의가 난관에 부딪히면 빨리 원인을 파악해서 대책을 마련해야 한다. 빠른 판단이 필요한 위기 상황에서는 단독으로 결정할 수도 있지만, 공동체의 의견을 모아야 할 때는 다양한 의사소통의 장을 마련해서 정확한 정보를 제공해야 한다. 때로는 그 필요성을 충분히 이해할 때까지 깊고 오랜 토론을 할 필요도 있다.

인창고등학교의 사례

학교 교육과정을 진행하면서 3차 연도에 어려운 고비가 닥쳤다. 학생들이 선택 과목을 다양하게 신청할 수 있도록 하려면 이수 단위를 통일할 필요가 있었는데, 당연히 모든 교과에서 반발이 일어났다. 이를 해결하기 위해 긴 시간 토론을 세 차례나 했고, 급기야 모든 교사에게 긴 글을 써서 보냈다. 그 내용은 하나, 우리 학교의 정체성인 혁신학교, 과학 중점 학교, 덴마크 류슨스틴 고등학교와의 공동 수업, 길 위의 학교를 유지하자는 것. 둘, 2020학년도 교육과정 수립의 기본 방향을 그대로 지키면서 2021학년도에는 공교육의 중심을 회복하고, 살아가는 힘을 키우는 행복한 학교와 자존감·호기심·책임감·자주성·삶과 연계라는 5대 역량을 지키자는 것. 셋, 학점제 전환을 위한 형식적인 면을 고려해달라는 것이었다. 이를 실현하기 위해 이수 단위를 통일하고, 학생들이 살아가는 데 가장 기본이 되는 과목과 심화·확장할 과목을 각 교과에서 정해 과목별 단계성을 확보해달라고 부탁했다. 이와 같은 과정을 거친 다음에야 비로소 우리의 학교 교육과정은 현재와 같이 정착되었다.

■ 학교 교육과정의 기본 완성

2021년 3월, 우리 학교 교육과정 운영 계획에는 3년 동안 토론 과정을 거쳐 완성한 학교 교육과정의 기본이 실리게 되었다. 그 구성은 다음과 같다.

- 교육 활동의 기본
- 2021학년도 중점 추진 과제
- 학교 교육과정의 구성(아름다운 숲 교육과정)
- 교과 편성 기본 방향
- 입학 후 3개년 교수·학습의 기본 원칙

2021학년도 인창고등학교 학교 교육과정 운영 계획 기본편(일부)

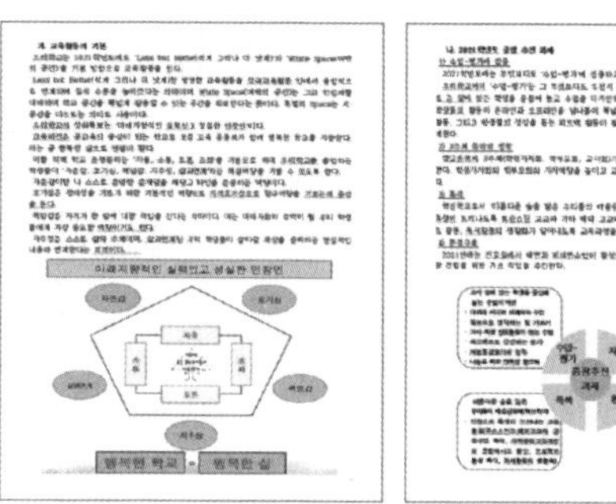

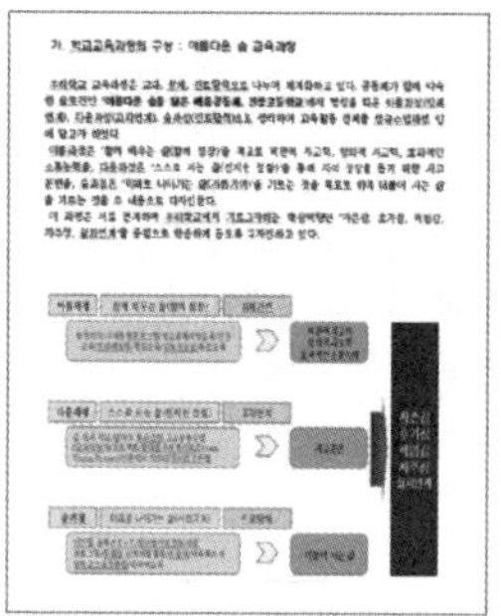

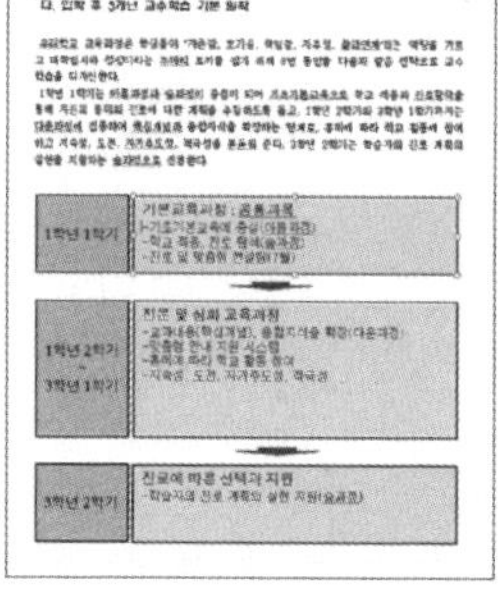

학교 교육과정은 학년도가 교체되는 시기를 놓치면 교사 교육과정을 디자인하는 데 도움을 주지 못한다. 2월에 교원 인사가 발표되고 나서 시작하면 시간에 쫓긴 나머지 영락없이 예전의 자료를 베끼게 되기 십상이다. 더욱이 고등학교의 경우, 2023학년도에 1학년이 되는 학생들은 현재의 '단위'가 '학점'으로, 204단위로 운영하던 교육과정 단위 수가 192학점으로 바뀐다. 단순히 시수만 조정할 생각이 아니라 제대로 된 교육과정을 시도할 계획이라면 지금 당장 시작해야 한다.

학교 교육과정은 그 학교의 근간이 된다. 중등교육은 대학 입시 때문에 교육과정을 바꾸는 데 자신감을 갖기 어렵다고 하지만, 우리 학교는 실제로 학교 교육과정을 학생 선택 중심으로 바꾸는 과정에서 교사들은 수업-평가에 대한 자부심을, 학생들은 좁은 꿈이 아니라 전 세계로 뻗어가는 자신감을 얻었다. 또 이런 결과가 대학 입시로 이어지는 모습을 보면서 '꼬리가 몸통을 흔드는 격'이 아니라 중등교육이 공교육으로 어떻게 자리매김해야 하는지를 확인할 수 있었다. 대입에 쩔쩔매지 않아도 된다는 확신을 갖게 되었다고 해도 지나치지 않을 것이다.

2장

교사 교육과정이란 무엇인가?

정윤리 / 수원 경기과학고등학교 교사

1. 교사 교육과정의 등장 배경

학생들의 특성은 다양하다. 각자 가지고 있는 유전자가 다르고, 살아온 가정 환경이 다르기 때문이다. 최근에는 온라인을 통해 색다른 사회와 문화를 접할 기회가 늘어나면서 그 양상이 더 심해지고 있다. 따라서 똑같은 수업을 듣고도 각기 다른 태도와 변화, 결과를 보여서, 교사는 학생들의 특성에 맞는 교육과정과 수업이 무엇인지를 고민하지 않을 수 없다. 이것이 교사가 국가 교육과정을 있는 그대로 실행하는 것이 아니라, 학습자의 특성에 맞게 교사 교육과정을 개발해야 하는 이유이기도 하다.

교육과정의 실행 주체는 교사이다. 하지만 현행 교육 관련 규정을 살펴보면 교사의 교육과정 개발권 보장에 대한 사항은 미흡한 편이다. 국가에서 개발하는 교육과정은 의도한 교육 목적 및 목표를 달성하기 위해 교육 내용과 교수·학습 및 평가, 교육 활동 지원을 체계적으로 명시해놓은 문서이다. 우리나라의 국가 수준 교육과정은 초·중등교육법 제23조 제2항에 따라 초·중등학교 교육과정의 기준과 내용에 대한 기본적인 사항을 교육부 장관이 정하고 있다. 또 시·도 교육감은 교육부 장관이 정한 바에 따라 지역의 실정에 적합한 기준과 내용을 정할 수 있으며, 학교는 초·중등교육법 제23조 제1항에 근거하여 학교 교육과정을 운영할 수 있다.

이처럼 교육과정을 실행하는 주체는 교사임에도 교육과정 개발이라는 행위는 교사가 아닌 상위 기관에서 하고 있다. '교육부 장관 → 시·도 교육감 → 학교'로 하달되는 구조적 한계로 인해, 교사가 학교 현장의 다양성과 특수성, 예측하기 어려운 상황 등에 대응하기 어렵게 되어 있다. 또 교사를 상급 기관에서 개발한 교육과정을 전달하는 수동적 존재에 머물게 함으로써 다양하고 창의적인 교육과정을 개발하기 위한 교사의 자율성을 저해할 수 있다.[1]

교사는 만들어진 교육과정을 충실하게 전달하는 것을 넘어서 교육과정 실행의 주체자로서 이를 적극적으로 해석하고 만들어내는 역할을 해야 한다. 스나이더 등(Snyder, Bolin & Zumwalt)이 언급한 교사의 교육과정 실행 관점에 대한 논의는 교사의 교육과정 실행 과정을 이해할 때 교사가 교육과정을 생성하는 관점까지 확장해서 바라보아야 한다는 것을 시사한다.[2]

---

1 정영근·이근호, 교육과정 자율화 정책 수용에 대한 교사의 인식 고찰, 교육과정연구, 2011.

2 Snyder J. Bolin F. & Zumwalt K., Curriculum implementation. In P. Jackson(Eds.), Handbook of research on curriculum. New York : McMillan, 1992.

미래 사회에 필요한 내용을 담을 교육과정을 개발하고 실행하기 위해서는 교사의 자율성이 확보되어야 한다. 우리나라의 교육과정은 1차부터 꾸준히 개정·고시되면서 그 성격이 미래 사회를 대비하기 위한 내용들로 채워지고 있다. 7차 교육과정에서는 교육의 다양성, 학습자 중심, 학교 구성원이 함께 실현하는 교육과정, 교육과정 중심의 학교, 교육의 질적 수준 향상이라는 국가 교육과정의 성격을 규정하고 있다. 이러한 입장은 지금까지도 견지되고 있으며, 2015 개정 교육과정에서는 핵심 역량을 제시함으로써 학습 자체를 넘어서 학습자가 학습한 것을 토대로 '무엇을 할 수 있는가?'까지로 담론을 확장하고 있다.

그동안 국가 교육과정을 꾸준히 개정해왔지만, 그 안에 담는 교육의 다양성과 학습자 중심의 가치는 변하지 않고 일관성 있게 강조되고 있다. 그런데 잘 살펴보면 교육의 다양성을 발휘할 수 있는 교사의 교육과정 개발에 대한 언급은 부족하다. 이러한 상황에서 '교육의 다양성'이나 '학습자 중심' 같은 주요 과제들은 구호에 그칠 가능성이 크다. 국가에서는 줄곧 교육과정의 자율화를 강조하고 있지만, 자율성을 발휘해야 하는 교사에게 실질적인 자율성이 없는 '제한된 자율성'이라는 측면에서 교육과정 자율화의 모순과 상통한다.[3]

국가 교육과정이 추구하는 교육의 다양성과 학습자 중심이라는 방향으로 나아가기 위해서는 교육과정을 실행하는 주체에게 의사 결정을 할 수 있는 실질적 권한을 부여해야 한다. 교육과정 결정의 분권화

---

3 정영근·이근호, 교육과정 자율화 정책 수용에 대한 교사의 인식 고찰, 교육과정연구, 2011.

와 교육과정 대강화 같은 논의도 이런 맥락 속에서 나타나고 있는 것이다.[4] 현행 교육과정인 2015 개정 교육과정에서도 교육과정 분권화로 교육부, 교육청, 학교 수준의 분권화를 언급하고 있으며, 지역 및 학교에서 실정에 맞도록 교육과정을 개발하고 운영하는 것이 매우 중요한 과제임을 강조하고 있다.

하지만 학교 교육과정을 실질적으로 편성하고 운영하는 교사의 교육과정 개발권에 대한 언급은 찾아보기 힘들다. 이로 인해 몇몇 지역 교육청에서는 교사의 교육과정 개발권을 보장하기 위해 교사 교육과정이라는 용어를 지역 교육과정 총론에 명시하고 있다. 경기도교육청(2021)은 교사 교육과정을 학생의 삶을 중심으로 국가·지역·학교 수준의 교육과정을 공동체성에 기반하여 교사가 적극적으로 해석하고 학생의 성장과 발달을 촉진하도록 편성·운영하는 교육과정으로, 전라북도교육청(2020)은 교원이 교육과정 문해력을 바탕으로 학생의 삶을 중심에 두고 국가·지역·학교 교육과정의 기반 위에 학교 공동체의 철학을 담아 계획하고 실천하면서 만들어가는 교육과정으로 규정하고 있다. 지역 교육청들의 이러한 교사 교육과정에 대한 관점은 국가·지역·학교 수준의 정적인 교육과정에서 벗어나 개발과 실천이 함께 일어나는 동적인 행위의 교사 교육과정으로 나아가야 함을 시사하고 있다.

교사의 교육과정 개발은 교육 현장의 필요성뿐만 아니라 미래 사회에 필요한 인재를 양성하기 위해서도 필요하다. 미래 사회는 변혁적 역량을

---

4 이승미 외, 교육과정 대강화를 위한 교육과정 구성 방안 연구, 한국교육과정평가원 연구 보고 CRC 2018-9, 2018.

갖춘 창의적인 인재를 필요로 한다. OECD(2016)는 미래 사회를 복잡하고 불확실한 세계로 규정하고, 미래 세대가 자신의 삶 속에서 주체적인 행위자로 살아갈 수 있도록 교육과정을 통해 훈련해야 한다고 주장한다.[5] 이는 과거 표준화된 지식을 효율적으로 전달하기 위한 교육과정이 아닌 학습자의 흥미와 적성을 고려하여 학습자가 주체적으로 선택하고 배워가는 활동을 위한 교육과정으로 변해야 한다는 것을 뜻한다.

OECD는 또 교사가 가진 교육과정에 관한 권한을 확대해야 한다고 주장한다. 이러한 권한 확대로 교사가 자신의 지식과 기술, 전문성을 발휘하여 교육과정을 개발해나갈 수 있도록 도와야 한다는 것이다.[6] 이러한 주장은 교육과정을 정적인 것이 아니라 조정 가능한 동적인 것으로 바라보는 것이며, 미래 사회에서는 교사가 진화하는 학습자들과 사회적 요구에 발맞춰 지속적으로 교육과정을 개선하고 조절할 수 있는 능력을 갖추어야 한다는 의미이기도 하다.

학령인구의 감소는 더없이 시급한 문제이다. 한국 청소년 데이터 아카이브(2021)의 우리나라 전국 학령인구 추이에 따르면, 2000년에 810만 정도였던 학령인구가 2030년에는 420만 정도로, 절반가량 감소하는 것으로 나타났다. 학령인구의 감소는 미래의 생산과 소비 인구 감소를 뜻하며, 저성장 시대의 도래라는 불안감을 증대한다. 이와 같은 양적 감소에 대응하기 위해서는 미래를 살아갈 학생들의 역량을 질적으로 향상해야 하며, 그러려면 학생들의 소질과 흥미, 적성을 살리는 질 높은

---

5 OECD, *Supporting teacher professionalism : Insights from TALIS 2013.*, OECD Publishing, 2016.

6 OECD, *The future of education and skills : Education 2030.*, Position Paper, 2018.

교육을 제공할 필요가 있다. 그리고 교육의 다양성을 확보하기 위해서는 학생들의 특성에 걸맞는 교육과정을 제공해야 한다. 이를 가장 잘 실현할 수 있는 곳은 학생이 교육과정을 경험하고 있는 학교 현장이며, 이를 가장 잘 실현할 수 있는 사람은 그곳에서 함께 교육과정을 경험하고 있는 교사들이다.

교사의 자율성을 기반으로 한 교육과정 개발과 실행은 2022 개정 교육과정에서 언급한 고교학점제와 중학교 자유·진로 연계 학기 시행과도 관련이 있다. 예측하기 어려운 미래 사회가 도래하고, 학습자의 다양성을 고려한 고교학점제를 도입하면서, 교사들은 지금까지 가르쳐본 경험이 없는 수업을 맡게 될 가능성이 커졌다. 학교는 학생 수요 조사를 거쳐 개설 과목을 정하고, 학생들은 수강 신청을 통해 이수할 과목을 확정해야 하기 때문이다. 김현미 등은 고교학점제 연구 학교에 재학 중인 학생들의 평균 선택 과목 수가 34% 증가했음을 보고하고 있으며, 교육부는 학생들의 수요에 부응하는 과목을 개설하기 위해 다과목 지도 전문성을 갖춘 교사들을 양성하고 배치하려는 계획을 세우고 있다.[7,8] 또한 2015 개정 교육과정에서 명문화한 자유학기제는 2022 개정 교육과정에서 자유 학기, 진로 연계 학기로 개선해서 운영할 예정이다. 즉, 교사는 기존에 가르쳐본 적이 없는 과목이나 내용에 대해 각자의 자율성을 발휘해서 개발하고 가르쳐야 하는 상황을 맞이하게 된 것이다.

---

7 김현미 외, 고교학점제 연구 학교 운영 현황 분석, 한국교육과정평가원 CRC 2020-11, 2020.

8 교육부 교육과정정책과, 2022 개정 교육과정의 총론 주요 사항(시안), 2021.

2. 교사 교육과정을 만나다

'교사 교육과정(teachers' curriculum)'이라는 용어는 여러 기관과 책에서 언급하고 있다. 교육과정디자인연구소는 《교사 교육과정을 디자인하다》에서 '교사 교육과정'을 다음과 같이 정의한다.

> 국가 수준에서 제시하는 표준화된 교육과정을 기반으로 하되 교사가 교육과정 전문성을 발휘하여 새롭게 수정·개발한 교육과정이며, 주로 교실 속 학생들과의 직접적인 만남에서 실제적으로 실행되는 교육과정.

몇몇 지역 교육청에서도 교사 교육과정이라는 용어를 지역 교육과정 총론에서 언급하고 있다. 다음 표는 지역 교육청에서 규정하고 있는 교사 교육과정에 대한 내용인데, 학생의 성장과 교사의 교육과정 개발권을 강조하고 있음을 알 수 있다.

지역 교육청에서 언급하고 있는 교사 교육과정

경기도교육청[9]	서울특별시교육청[10]	전라북도교육청[11]
학생의 삶을 중심으로 국가·지역·학교 수준의 교육과정을 공동체성에 기반하여 교사가 적극적으로 해석하고, 학생의 성장과 발달을 촉진하도록 편성·운영하는 교육과정.	국가·지역·학교 교육과정에 대한 교사의 해석과 번역을 통해 만들어지는 각양각색의 실천 교육과정이며, 교사가 개발·실행하는 교육과정.	교원이 교육과정 문해력을 바탕으로 학생의 삶을 중심에 두고 국가·지역·학교 교육과정의 기반 위에 학교 공동체의 철학을 담아 계획하고 실천하면서 만들어가는 교육과정.

나는 교사 교육과정이라는 용어를 처음 들은 날 가슴이 설레었던 것을 기억한다. 지금까지 교사 교육과정처럼 교사가 표면에 드러난 정책적·학술적 용어를 접해본 적이 없었기 때문이다. 교육과정 재구성, 배움 중심 수업, 학생 중심 교육과정, 과정 중심 평가 등 학생들의 성장을 위해 교사가 '해야만 하는' 당위적인 정책 용어들은 많았지만, 실제로 이를 실행하는 주체인 교사들에 대한 관심은 찾아보기 힘들었기 때문이기도 하다.

교사 교육과정은 교육을 실행하는 주체가 교사임을 강조하면서 교사의 자율성과 전문성을 존중한다. 이는 교사의 자율성과 전문성이 어떻

---

9 경기도교육청, 2021 경기도 교육과정 총론, 경기도교육청 고시 제2021-486호, 2021.

10 서울특별시교육청 교육연구정보원, 초·중·고 학교 교육과정 편성·운영 안내서(학교 교육과정과 교사 교육과정), 2021.

11 전라북도교육청, 2020 전라북도 초등학교 교육과정 총론, 전라북도교육청 고시 제2021-12호, 2020.

게 형성되고 발현되는지에 대한 관심으로 이어질 수 있기에, 그 의미가 크다고 할 수 있다. 즉, 교육과정, 수업, 평가를 열심히 시도하고 성찰하는 교사들을 보면서 그 결과물에만 관심을 두는 것이 아니라 교사들이 그렇게 열심히 하는 이유가 무엇인지, 그런 자발성과 열정은 어떻게 생겨난 것인지에 대해 관심을 갖게 만든다. 그리고 그 관심에 호응하고 고민에 대한 대답을 찾으려는 교사들의 노력은 결국 학생들에게 질 높은 배움으로 환원될 것이다.

교사 교육과정은 학생들의 성장을 위해 교육과정을 개발하고 실행하며 성찰하는 교사들의 사례뿐만 아니라, 이를 시도하는 교사들의 삶을 들여다보는 일이기도 하다. 그래서 이러한 논의가 교사들 사이에서 회자되는 것을 넘어 '교사 교육과정'이라는 정책적 용어로 제시되었다는 사실이 감격스럽다. 물론 이 용어가 구호에 그치지 않고 교사들에 대한 실질적인 지원과 지지로 이어질지는 두고보아야 할 문제이다.

3. 교육과정 재구성과 교사 교육과정

교육과정과 관련한 논의 중 학교 현장에 잘 알려진 용어는 '교육과정 재구성'이다. 처음 '교사 교육과정'이라는 용어를 접하고 그 의미를 살펴보면서 든 생각은 '교육과정 재구성과 뭐가 다른가?' 하는 것이었다. 그 차이점을 이해하고 교사 교육과정의 의미를 정확히 파악하기 위해, 교육과정 재구성과 교사 교육과정이라는 용어가 생겨난 배경과 이 용어가 가진 한계에 대해 간단히 정리해보고자 한다.

우리나라의 교육과정은 지역과 단위 학교에 교육과정에 대한 의사 결정 권한을 확대해주는 방향으로 개정되어왔다. 6차 교육과정에서는 교육과정의 분권화를 시도했고, 7차 교육과정에서는 교육과정의 지역화를 강조했으며, 2007 개정 교육과정에서는 단위 학교 교육과정 편성·운영의 자율권을 실질적으로 확대했다. 2009 개정 교육과정에서는 교육과정 자율화라는 용어를 도입했으며, 2015 개정 교육과정에서는 이러한

자율화 조치를 유지, 안착하는 형태로 나타났다.[12]

이러한 흐름과 함께 2015 개정 교육과정 총론에서 교육과정 재구성이라는 용어를 제시했다. 교육과정 재구성은 국가 교육과정을 바탕으로 교과 목표를 성취할 수 있도록 교육 내용을 시기, 지역, 학교, 학습자 특성 등 교육 여건을 고려해서 재조직하는 것을 말한다.[13] 역량 중심 교육과정이나 배움 중심 수업, 과정 중심 평가가 강조되고, 대학 입시에서는 학생부종합전형이 도입되는 등 교육과정의 다양화와 학생을 중심에 둔 수업을 요구하는 시대적 흐름은 학교 현장에서 교육과정 재구성이라는 활동을 구현하는 데 힘을 보태주었다.

하지만 교육과정 재구성은 이 용어가 지닌 종속성과 의존성 때문에 비판을 받기도 했다. 교사가 국가 교육과정 문서를 읽고 학생들에게 실행할 교육과정을 만드는 행위를 재구성이라고 한다면, 이러한 행위는 '재구성'이라는 용어에 담긴 한계로 인해 국가 교육과정이라는 틀에서 벗어날 수 없다는 것을 의미하기 때문이다.[14]

이러한 상황에서 경기도교육청과 전라북도교육청이 지역 교육과정 총론에 '교사 교육과정'이라는 용어를 명시함으로써 교사와 학교 교육과정 개발권의 확대를 시도하고 있다는 사실은 무척 고무적이다. 경기도교육청은 교사 교육과정을 '학생의 삶을 중심으로 국가·지역·학교 수준의 교육과정을 공동체성에 기반하여 교사가 적극적으로 해석하고,

---

12 정광순, 교육과정 자율화를 위한 기반 탐색, 통합교육과정연구, 2021.

13 교육부, 2015 개정 교육과정 총론, 2015.

14 김현규, 국가 교육과정 문서에 나타난 교육과정 재구성의 의미, 한국교원대학교 석사 학위 논문, 2016.

학생의 성장과 발달을 촉진하도록 편성·운영하는 교육과정'으로 규정하고 있으며, 전라북도교육청은 '교원이 교육과정 문해력을 바탕으로 학생의 삶을 중심에 두고 국가·지역·학교 교육과정의 기반 위에 학교 공동체의 철학을 담아 계획하고 실천하면서 만들어가는 교육과정'으로 규정하고 있다. '교사 교육과정'에 대한 이러한 규정들은 교사가 '교육과정 재구성'이라는 행위를 넘어서 '공동체성에 기반한 교육과정 개발'로까지 나아갈 수 있음을 보여준다.

4. 교사 수준 교육과정과 교사 교육과정

교사 교육과정이라는 용어는 국가 수준, 지역 수준, 학교 수준, 교사 수준 교육과정에 대한 논의와도 관련이 있다. 국가, 지역, 학교, 교사, 학생 수준에 따른 교육과정을 이론가에 따라 분류하면 다음에 제시한 표와 같다. 이들에 따르면 교사 수준 교육과정은 '의도한 이상적인 목표를 공식화한 국가, 지역, 학교 수준의 교육과정을 교사가 수업 속에서 학생들과 실행한 교육과정'이다.

그런데 교사 수준 교육과정에 담긴 '수준(level)'이라는 단어는 '사물의 가치나 질 따위의 기준이 되는 일정한 표준이나 정도'를 의미함으로써 국가, 지역, 학교, 교사로 내려오는 위계성을 포함하고 있다. 이러한 위계성은 교사가 국가, 지역, 학교 수준의 교육과정을 학생들에게 잘 전달하는 행위에만 초점을 맞추게 하며, 교사를 교육과정 개발과 실행의 주체로 보기보다 국가, 지역, 학교 수준의 교육과정을 전달하는 수동적

수준에 따른 교육과정 개념 모형들의 비교[15]

<table>
<tr><th>분류
이론가</th><th>국가
수준</th><th>지역
수준</th><th>학교
수준</th><th colspan="2">교사
수준</th><th>학생
수준</th></tr>
<tr><td>아이즈너
(Eisner)</td><td colspan="3">의도된 교육과정</td><td colspan="3">실행된 교육과정</td></tr>
<tr><td>김호권</td><td colspan="3">공약된 목표로서의 교육과정</td><td colspan="2">수업 속에 반영된
교육과정</td><td>학습 성과로서의
교육과정</td></tr>
<tr><td>김종서
곽병선</td><td colspan="3">국가 및 사회 수준의 교육과정</td><td colspan="2">교사 수준의
교육과정</td><td>학생 수준의
교육과정</td></tr>
<tr><td rowspan="4">굿래드
(Goodlad)</td><td colspan="3">국가 수준</td><td colspan="2">교사 수준</td><td>학습자 수준</td></tr>
<tr><td colspan="3">의도</td><td colspan="2">과정</td><td>산출</td></tr>
<tr><td colspan="2">이론 영역</td><td>이론+실천</td><td colspan="3">실천 영역</td></tr>
<tr><td>이상적+
공식적
교육과정</td><td colspan="2">공식적
교육과정</td><td>인지된
교육과정</td><td>실행된
교육과정</td><td>경험된
교육과정</td></tr>
</table>

인 존재로 바라보게 만든다.[16]

최근에 교사 수준 교육과정에 대한 몇몇 연구자들의 정의는 '수준'이라는 위계성을 넘어 교사의 능동적인 교육과정 개발 행위를 강조하고 있음을 볼 수 있다. 서명석은 《C & I 교육과정과 수업의 탈주선》에서 교사 수준 교육과정을 '교사가 교실에서 국가 수준 교육과정과 지역 수준 교육과정을 기초로 독자적으로 만들어가는 창조적 교육 활동'이라

---

15 조미라·김경자, 국가 수준, 지역 수준, 학교 수준, 교사 수준의 제7차 재량 활동 교육과정에 관한 연구, 교육과학연구, 2003.

16 에듀쿠스, 교사 수준 교육과정, 북랩, 2018.

밝히고 있으며, 기존의 국가 교육과정을 충실하게 전달하는 교사의 역할에서 벗어나 교사가 국가 교육과정을 적극적으로 해석하여 자신만의 교육과정을 창조해나갈 것을 제안하고 있다. 또 박승열은《교사를 세우는 교육과정》에서 교사 수준 교육과정을 '공식적으로 법령에서 규정하고 있는 교육과정 편성·운영 기준과 교과별 성취 기준, 시·도 교육청의 교육과정 편성·운영 지침을 반영하여 교실 수준에서 최종적인 교육과정 의사 결정권을 교사가 교육과정 전문성으로 발휘하는 것'이라고 말한다.

이러한 연구들은 교육과정을 다루는 교사에 대한 관점이 수동적인 실행자에서 능동적인 조정자, 개발자로 이동하고 있음을 보여주며, 교사의 교육과정 개발 활동이 수준이라는 위계성에 벗어나 자율적이고 창의적인 활동임을 시사하고 있다. 몇몇 지역 교육청에서는 교사 교육과정의 필요성을 인지하고 관련 연구와 정책을 진행하고 있기도 하다.[17, 18]

---

17 경기도교육청, 2020학년도 초등학교 교육과정 편성 안내 기초 자료, 학교교육과정과-14739(2019. 12. 6.)

18 전라북도교육청, 교육과정 개발자로서의 교사 : 교사 교육과정 개발을 통한 학교 교과목 생성의 의미, 전라북도교육청 학술 대회 주제 발표 2, 2019.

5. 왜 교사 교육과정을 실천해야 하는가?

(1) 마주하는 학생은 다양하다

앞에서도 언급한 것처럼 교사의 눈앞에 있는 학생들은 다양하다. 교사가 똑같이 실행한 수업이라 할지라도 참여하는 학생들은 수업 태도, 학습 과정, 학습 결과에서 각기 다른 모습을 보여준다. 여기에 더해 서로 다른 교육 여건과 매 순간 예측하기 힘든 학생들과의 상호작용은 교실 상황을 더욱 복잡하게 만들기도 한다. 이같은 상황에 대응하는 방법은 교사별로 학생들의 특성을 고려해서 교육과정을 창의적이고 다양하게 개발하는 것이다. 경직된 교육과정은 경직된 수업을 낳고, 학생들의 다양성과 개별화를 제한할 수 있기 때문이다. 따라서 교사가 교육과정을 개발하는 것은 교육활동에 있어서 꼭 필요한 행위라고 볼 수 있다.

어느 연구에 따르면 교사의 수업 전문성이란 '수업의 계획, 전개, 평가, 관리 등 전반적인 수업 활동을 펼치고, 다양한 변화에 대응할 수 있도록 갖추어야 할 기술 및 태도에 대한 모든 능력'이다.[19] 즉, 교육과정은 학교에서 학생들이 가지는 경험의 총체이다. 학생들은 학교생활 대부분을 수업으로 보내므로 교사가 학생들의 특성을 반영하여 수업을 계획하고, 실행, 평가하는 것은 교육과정을 개발하는 과정 중 중요한 부분이라고 할 수 있다. 그렇기에 교사가 교육과정을 개발하는 행위는 교사가 가져야 할 중요한 전문성 중 하나이기도 한 것이다.

(2) 미래 사회의 요구

4차 산업혁명 시대는 양적 성장, 표준화, 획일화보다 질적 성장, 개별화, 다양화가 중요하다. 지금과 같은 저출산 시대에는 특히 학생 한 명 한 명이 소중하며, 이들이 자신의 꿈과 적성을 찾아서 개성과 창의성을 갖춘 인재로 성장할 수 있도록 지도해야 한다. 배움의 방향으로써 핵심역량이나 내용 요소를 제시하는 것은 필요하지만, 국가에서 일괄적으로 내려보내는 획일화된 성취 기준은 학생들의 다양한 요구나 삶과는 괴리되어 있다는 한계를 보인다. 따라서 교사가 학생들의 특성을 고려하여 성취 기준을 개발하는 수준까지의 능력이 요구된다. 국가 교육과정 문서에서도 이런 점을 강조하고 있는데, 학교의 교육과정 재구성권을 2차 교육과정부터 명문화해놓았고, 6차 교육과정부터 7차 교육과정, 2015 개정 교육과정으로 개편되면서 교육과정의 자율화와 다양화, 대강화를 더욱 강조하고 있다. 최근, 교육부가 발행한 2018 학교생활기록

---

19 조호제·윤근영, 교사의 발달 단계에 따른 수업 전문성의 차이 분석, 열린교육연구, 2009.

부 작성 요령에서는 '성취 기준 재구조화'라는 용어를 설명하면서, 내용 요소가 삭제되지 않는 범위에서 교사가 성취 기준을 개발, 수정할 수 있도록 안내하고 있다.

(3) 교과서대로 가르치기? 교과서를 이용해서 가르치기!

교과서는 교사가 교육과정의 성취 기준을 중심으로 수업과 평가를 할 때 필요한 교수·학습 자료를 찾아서 활용할 수 있도록 만든 것이다. 교과서를 집필하는 사람들은 당연히 성취 기준을 해석하고 숙의하는 과정을 거쳤겠지만, 여기에 학생들의 다양한 학습 수준, 문화적 배경까지 고려해서 담을 수는 없다. 일반적인 학생, 가상의 학생을 대상으로 만든 것이기 때문이다.

하지만 교사가 수업에서 마주하는 학생들은 현실이자 실제이다. 교사는 나와 마주하고 있는 학생들이 성장할 수 있도록 교육과정을 해석하고, 이에 맞는 학습 내용과 경험을 선정하고 조직해서 가르쳐야 한다. 그래서 교사는 교과서를 보기 전에 교육과정의 성취 기준과 내용 요소가 무엇인지를 살펴야 하고, 국가에서 학생들이 학습하기를 바라는 내용과 기능은 무엇인지, 교과서의 어떤 부분을 활용하고 덜어내야 할지 판단해야 한다.

교과서를 있는 그대로 가르치려면 수업 시간이 부족한 것은 어찌 보면 당연하다. 교과서는 모든 학생이 교사의 말을 잘 듣고 제대로 이해했을 때 제 기능을 발휘하도록 만든 모범 답안 같은 것이기 때문이다. 하지만 현실의 학생들은 너무나 다양하고, 지역이나 학교의 학생들 특성과 문화에 따라 어떤 수업 방법은 전혀 통하지 않기도 한다.

교과서는 지침서가 아니라 교사의 참고 자료일 뿐이다. 교사는 교육과정에 담긴 내용을 중심으로 학생들의 특성을 고려하고 사회가 요구하는 것을 참고해서, 교사의 교육철학과 가치관에 따라 선별해서 가르쳐야 한다. 교사가 교과서의 내용을 검토하여 적정화하는 것은 살아 있는 수업을 하기 위해 꼭 필요한 과정이다.

(4) 교사의 전문성 신장

교사 교육과정은 교사의 실천적 지식을 확장할 수 있는 정책이기도 하다. 김영천은《교육과정 1》에서 교사의 실천적 지식에 대한 논의를 통해 학생들에게 실행할 교육과정을 개선하기 위해서는 교사의 실천적 지식을 살펴보고, 이를 이해하는 과정이 필요하다고 말했다. 즉, 교사 교육과정은 교사가 자신의 교육과정을 개발하고 실행하는 행위이므로 교사는 이 과정을 통해 자신의 실천적 지식을 살피고 확장할 수 있다는 것이다. 교육과정 개발과 실행 과정에서 교사 자신의 문제 상황은 무엇이었는지, 문제 상황이 생긴 원인은 무엇인지, 이를 해결하기 위해서는 어떻게 해야 할 것인지 등을 생각하고, 이를 바탕으로 더 나은 교육과정을 만들어갈 수 있을 것이다. 교사의 교육과정 개발과 실행, 성찰의 순환 과정은 교사의 실천적 지식을 확장하게 해주고, 교사가 교육과정의 개발과 실행의 주체가 되게 함으로써 능동적인 연구자의 길로 안내할 것이다. 이제 우리나라도 하향식 교육과정 실행의 메커니즘에서 벗어나 현장 교사가 주체가 되는 상향식 교육과정 정책으로 변화할 필요가 있다(73쪽 그림 참조).

또한 교사 교육과정은 교사 리더십을 신장하고 발휘할 수 있는 정책

교사 교육과정과 교육과정 개발·실행·평가의 관계[20]

이기도 하다. 교사는 학교라는 조직의 구성원이기도 하지만 수업이나 학급의 리더이기도 하기 때문이다. 물론 교사들끼리 만든 학습 공동체에서도 리더 역할을 수행할 수 있다. 교사 리더십의 개념을 정립하기 위해 연구를 진행한 김병찬은 교사 리더십을 '교사들이 학교에서 학교의 목표 달성을 위하여 수업 지도, 생활지도, 학급 운영, 동료 교사 관계, 행정 업무, 학부모 관계 영역에서 학생, 동료 교사, 학부모에게 목표 지향적이며 공동체적이고 과업 주도적이며 전문적으로 미치는 영향력'으로 정의하고 있다. 이러한 교사 리더십은 공동의 목표를 위한 구성원들의 공동체성과 교사의 과업 주도성, 전문성을 바탕으로 발휘된다.[21]

교사 리더십에 대한 논의는 교사가 교육 활동의 주체가 되고, 리더로서 교육의 변화를 이끌어야 할 능동적인 존재로 자리매김해야 한다는

---

20 정윤리, 교사 교육과정의 실천 과정과 의미 탐색에 관한 실행 연구, 한국교원대학교 석사 학위 논문, 2022.

21 김병찬, 교사 리더십 개념 모형 구안 연구, 한국교원교육연구, 2015.

것을 의미한다. 교사는 학교 구성원이라는 팔로워인 동시에 학교교육의 변화를 추동하는 리더이기도 하다. 앞으로는 교육 개혁을 위하여 교사들을 교육의 주체로 바라보고, 교사들이 책임 의식을 갖고 교육과정을 실행해나갈 수 있도록 제도적 여건을 마련해주어야 한다.

교사 교육과정은 교사의 실천적 지식을 확장하고, 교사 리더십과 전문성을 높일 수 있게 해준다. 그리고 이를 기반으로 교사 교육과정을 개발 및 실행함으로써 학생들에게 질 높은 배움을 제공할 수 있다. 이러한 선순환적 구조는 학생들에게 더 나은 교육과정을 제공할 수 있을 뿐만 아니라, 사람들에게 교사가 교육 변화의 주체가 될 수 있음을 보여줌으로써, 스스로 성장하고 연구하는 전문가로서의 교사상을 확립할 수 있도록 해줄 것이다.

6. 교사 교육과정 개발 방안

(1) 성취 기준 중심의 교육과정 개발

앞에서도 언급한 것처럼 교사 교육과정은 지역과 학교, 교사와 학생의 다양성 존중과 개별화 교육에 기반하므로 이를 발휘하는 과정이 어떤 한 모델에 맞추어서 이루어진다고 볼 수는 없다. 다만, 교사 교육과정을 개발하고 실행하는 과정을 탐색하는 일은 학교 현장에서 교사가 실천할 방법을 제시해줄 수 있다는 점에서 의미가 있다.

성취 기준 중심의 교육과정 개발 과정은 이명섭 등이 쓴 《교육과정-수업-평가-기록 일체화 : 실천편》에서 자세히 볼 수 있다. 일체화의 실천 단계는 다음 표에서 확인할 수 있는데, 특히 '성취 기준의 재구조화'를 소극적 재구성, 적극적 재구성, 적극적 변형, 창조 등 구체적으로 제시하고 있다.

교육부는 2015 개정 교육과정 총론에서 성취 기준에 근거한 수업과 평가, 학생들의 특성을 고려한 교육과정 재구성을 강조했지만, 국가에서 제시한 성취 기준의 변용에 대해서는 언급하지 않았다. 그런데 2018년에 발행한 '2018 학교 생활기록부 작성 요령'에서는 성취 기준 재구조화라는 용어를 도입했고, 교사가 각 교과의 내용 요소를 삭제하지 않는 범위에서 성취 기준을 재구조화할 수 있도록 안내했다.

'교육과정–수업–평가–기록 일체화' 실천 단계

교과에 대한 정체성(교과 목표) 확인하기	한 학기 공부할 성취 기준 재구성하기	재구성한 성취 기준으로 수업–평가–기록 설계하기	평가 부분만 별도로 설계하기	실천하면서 성찰하기	환류하기

성취 기준을 재구성하는 방법

성취 기준 재구조화 방법	내용
소극적 재구성	성취 기준을 단순히 분류하거나 구체화하는 것
적극적 재구성	성취 기준을 +(합치거나 더하기), –(빼거나 덜어내기), ×(융합하기), ÷(나누거나 쪼개기) 하는 것
적극적 변형	성취 기준 내용을 다른 것으로 바꾸는 것
창조	성취 기준 자체를 새롭게 만드는 것

박보영은 주제 중심 통합 학습을 성취 기준에 근거하여 개발하는 성취 기준 중심의 교육과정 재구성 방법을 제시했다.[22] 구체적으로는 성

22 박보영, 주제 중심 통합 학습을 통한 공간 표현 지도 방안 연구 : 초등학교 5~6학년 성취 기준 근거 교육과정 재구성을 중심으로, 제주대학교 석사 학위 논문, 2019.

취 기준 분석, 성취 기준 구분, 성취 기준 통합 및 주제 선정, 소주제 및 학습 내용 선정, 주제망 작성, 목표 설정, 학습 계획, 학습 실행, 평가의 단계로 이루어져 있다. 각 단계별 교사의 지도 방법은 다음 표와 같다.

성취 기준을 근거로 재구성한 주제 중심 통합 학습의 지도 단계

단계	교사의 활동
성취 기준 분석	- 국가 수준 교육과정에서 제시한 성취 기준의 내용을 분석하고, 학급 학생들의 수준 및 흥미 등의 요구를 반영하여 학생들이 도달해야 하는 기본적인 지식, 기능, 태도 등을 판단함. - 교과의 성취 기준을 나열하고 내용의 위계를 확인함. - 성취 기준에 추가해야 할 내용 또는 구체적으로 제시해야 할 내용을 확인하여 성취 기준을 재구조화함.
성취 기준 구분	- 시기에 따라 집중적으로 지도되어야 하는 성취 기준, 학기 또는 연간 지속적으로 다루어져야 할 성취 기준, 학생들이 결과물을 통해 최종적으로 도달해야 할 성취 기준 등을 분류함.
성취 기준 통합 및 주제 선정	- 성취 기준 분석을 통해 내용이 유사하거나 서로 연계 가능한 성취 기준을 범주화함. - 타 교과의 성취 기준 또한 함께 분석함으로써 학생들의 흥미 및 학부모의 요구, 학교 및 지역사회의 요구, 활용 가능한 인력 풀 및 물적 자원 등 우선순위를 고려하여 주제를 선정함. - 학생들의 의견을 충분히 반영하고 동의 후 주제 선정.
소주제 및 학습 내용 선정	- 주제에 포함 가능한 하위 주제를 각 교과에서 선정함. - 지식, 기능, 태도 영역의 균형을 맞추어 학습 내용을 선정함. - 학생들의 의견을 듣고 반영하는 과정이 필요함. - 교과 내용이 주제 학습에 포함된 경우 교과의 시수를 반영하여 주제 중심 통합 학습에 필요한 시수를 배정함.
주제망 작성	- 소주제와 관련된 학습 내용들을 유의미하게 조직함. - 마인드맵 형식을 활용할 수 있으나 자유롭게 할 수 있음. - 이 과정에서 새로운 소주제 및 학습 활동이 제시될 수 있음.
목표 설정	- 성취 기준 재구조화를 통해 주제 중심 프로젝트의 목표를 진술.

학습 계획	– 학습 목표 달성을 위해 학습 내용을 조직하며 학습 조직(개인별, 소집단별, 전체 학습 또는 학년별) 또한 계획하고, 적합한 교수 방법의 얼개를 구성함. – 학습 목표를 달성하기 위한 시간과 시기를 결정함. – 평가 기준과 평가 방법을 계획함.
학습 실행	– 계획에 따라 교수 학습을 실행함. – 주제망을 제시하고 실행 과정에서 학습 내용을 추가 가능.
평가	– 평가는 학생의 성장과 발달을 돕기 위해 학습 결과뿐만 아니라 학생들의 학습 전반적인 과정을 중요시하여 실시함.

교육과정디자인연구소가 펴낸 《교사 교육과정을 디자인하다》에서는 교사 교육과정의 개발 단계를 다음과 같이 제시하고 있다. 물론 저자들은 이 단계가 정답이라기보다 교사에게 도움을 주기 위한 참고 자료임을 강조한다.

교사 교육과정 개발 단계

1단계 교사 교육과정 개발 준비하기
1. 교육과정 조망도 확인하기
2. 철학을 반영한 교육 목표 세우기
2단계 교육과정 계획하기
step 1. 교육과정 계획 틀 만들기
step 2. 주제 만들기
step 3. 성취 기준 배치하기
step 4. 수업 시수 조정하기

3단계 수업 만들기
step 5. 수업 계획 틀 만들기
step 6. 주제 목표 정하기
step 7. 평가 계획하기
step 8. 차시별 수업 구상하기
⇩
교사 교육과정 실천 및 피드백

지금까지 설명한 교사의 교육과정 개발 과정들은 그 안에 성취 기준을 중심에 두고 있다는 것을 알 수 있다. 또한 교육과정 개발의 시작은 국가 교육과정에서 제시하고 있는 내용과 교사의 철학, 학생들의 특성이라는 것도 알 수 있었다. 이는 타일러(Tyler)를 중심으로 한 전통적인 교육과정 개발 모형에서 나타나는 '요구 분석 단계'와도 유사하다고 볼 수 있다.

(2) 전통적 교육과정 개발 모형

타바(Taba)는 타일러의 지나친 목표 지향적, 평가 지향적 교육과정 개발 관점에서 벗어나고자 했고, 교육과정 개발의 이론과 실제가 일치하지 않는 현상에 주목했다. 타바 모델은 교육과정 개발의 출발을 교수-학습 단원 개발에서 시작해 교과 형성으로 진행하도록 한다는 점에서 교사 중심의 교육과정 개발 모델이라고도 할 수 있다.[23]

---

23 김영천, 교육과정 1 : Curriculum Development, 아카데미프레스, 2009.

타바는 교육과정 개발 모형을 7단계로 제시했다. 1단계는 요구의 진단, 2단계는 교육 목표의 설정, 3단계는 내용의 선정, 4단계는 내용의 조직, 5단계는 학습 경험의 선정, 6단계는 학습 경험의 조직, 7단계는 학습 성과의 평가이다.

1단계인 요구의 진단은 학생들이 무엇을 알고, 무엇을 이해할 수 있으며, 그들이 어떤 기능을 가지고 있느냐, 혹은 어떤 정신적 과정을 성취했느냐 등을 진단하는 단계이다. 2단계인 교육 목표의 설정은 사회·문화·개인의 발달, 교과와 같은 자원의 검토·해석·선정 과정을 통해 균형 잡힌 목표를 이끌어내는 작업을 의미한다. 3단계와 4단계, 학습 내용의 선정 및 조직은 설정한 목표로부터 가르치고자 하는 학습 내용을 선정하고 조직하는 것을 의미하며, 이는 곧 무엇을 가르칠 것인가라는 물음에 대한 답이라고 할 수 있다. 이에 비해 5단계와 6단계, 학습 경험의 선정 및 조직은 어떻게 가르칠 것인가에 대한 답이라고 할 수 있다. 끝으로 7단계 학습 성과의 평가는 교육과정을 경험한 학생들의 성장 정도와 교육 목표의 달성 정도를 판단하는 것으로, 개발한 교육과정을 실행한 후에 어떤 의미가 있었는지를 탐색하는 것이라고 할 수 있다. 이렇게 성찰한 내용은 다음 교육과정을 개발할 때 참고 자료로 활용된다.

타바 모델을 학교 현장에서 교사가 교육과정을 개발하는 상황에 대입해볼 수 있다. 먼저 교사는 교육과정을 개발하기 위해 마주하는 학습자의 특성은 어떠한지, 학교나 사회에서 요구하는 역량은 무엇인지를 파악할 것이다. 그리고 국가 교육과정과 지역·학교 교육과정이 제시하는 교육 목표와 성격, 편제 및 운영, 내용 체계를 읽고 해석하여 교사의 교육 목표와 수업 목표를 설정할 것이다. 교사는 설정한 목표를 토대로 학습 내용과 학습 경험을 선정 및 조직하고, 이를 실행한 후 평가할 것이며, 이러한 평가 결과를 토대로 교사 교육과정을 성찰하고, 수정·보완하게 된다.

(3) 교사 실천 중심의 교육과정 개발

기존의 교육과정 개발은 교육 정책가와 연구자들에 의해 큰 틀, 심지어 구체적인 지침까지 결정된 다음에 각 학교 현장의 교사와 학생들에게 전달되어, 이를 충실히 실천하도록 했다(김영천, 주 23 참조). 이러한 교육과정 개발은 역동적이고 현실적인 교육 현장을 반영하지 못했고, 교사의 역할을 축소함으로써 수동적 존재에 머물게 했다. 또 이로 인해 교육과정 개발 과정에서 교사가 점점 소외되어가는 현상을 야기했다.

여기에 대한 반성으로 등장한 교사의 실행 연구는 교사 연구자, 교육과정 개발자로서의 교사라는 개념을 낳으며 정체된 교사가 아니라 연구하는 교사라는 적극적인 이미지를 제시했다. 교사 실천 중심 교육과정은 교사 교육과정 개발의 한 모습으로 볼 수 있으며, 교사의 실천적 지식을 교육과정에 반영함으로써 궁극적으로는 지속적인 교육과정의 개발과 실행, 개선과 발전, 반복적인 연구 방법으로 유용하다는 인식을 정착시켰다.

이러한 연구 방법은 교사 교육과정과 크게 다르지 않다. 교사 교육과정은 학생의 삶을 중심으로 국가·지역·학교 수준의 교육과정을 공동체성에 기반하여 교사가 적극적으로 해석하고, 학생의 성장과 발달을 촉진하도록 편성·운영하는 교육과정이기 때문이다(경기도교육청, 2021). 구체적으로 학교 현장의 교육 활동에 접목해보면 다음과 같이 설명할 수 있다.

먼저 교사는 학교 상황에 따라 가르쳐야 할 과목의 교육과정을 개발한다. 이 과정은 학습자, 교과, 학교 교육과정을 고려할 수 있다. 이어서 개발한 교육과정을 실행한다. 이것은 학생들에게 수업과 평가를 실시하는 과정이라고 볼 수 있다. 교육과정 실행이 끝나면 실행 과정에서 나타난 수업의 의미나 수업 진행을 방해한 문제점들에 대해 평가한다. 이렇게 파악한 정보와 교사의 반성적 성찰 과정을 통해 더 나은 교육과정을 개발한다. 교사의 교육과정 개발, 실행, 평가의 순환은 결국 다양한 학생에게 적합한 교육과정으로 되돌려줄 수 있을 뿐만 아니라, 교사의 전문성 차원에서도 그 범위가 더 넓어질 수 있음을 보여준다.

7. 교사 교육과정이 이루어지기 위해서는

지금까지 교사 교육과정의 필요성과 의미 그리고 개발 방안에 대해 살펴보았다. 그렇다면 교사 교육과정은 어떻게 발휘될 수 있을까? 오롯이 교사의 자발성과 열정에만 기대어야 하는 것일까? 그렇지 않다. 지금부터 교사 교육과정을 발휘할 수는 방안에 대해 성취 기준의 성격, 교사의 근무 여건과 동기 부여, 교육 공동체의 참여를 중심으로 정리해 보겠다.

먼저 국가 교육과정은 교사의 교육과정 전문성이 높아질 수 있도록 교사 교육과정에 대한 자율권을 확보해주어야 한다. 교사 교육과정은 교사의 자율성과 공동체성을 중심으로 교사가 국가 교육과정 및 학교 교육과정을 읽고, 교과와 학습자를 분석하여, 학생들에게 가장 적합한 수업과 평가 계획을 설계하는 것이기 때문이다. 즉, 교사의 교육과정 전문성은 교사가 교육과정을 개발·실행·성찰하는 과정을 통해서 신장될 수 있다는 의미이다. 이러한 방향은 2022 개정 교육과정에서 말하고 있는 교사와 학교의 자율성을 중시하는 교육과정 운영의 방향성과도 상통한다.

그런데 현행 교육과정에서는 국가가 제시한 성취 기준에 근거해서 교수·학습과 평가가 이루어지도록 안내하고 있다(교육부, 2020). 몇몇 과목에서는 교육 내용(성취 기준)을 과도하게 설정해놓아서 교육과정에 편제된 시수로는 교육 내용을 전달하기에도 빠듯한 실정이다(교육부, 2015). 이러한 상황에서 교사에게 교육과정에 대한 자율성을 발휘하라고 하는 것은 자율화의 모순이다(정영근·이근호, 2011).

따라서 첫째, 국가 교육과정에서는 교과의 목표만 제시해두거나 성취 기준을 제시하되 예시의 성격으로만 둠으로써 교사가 지나치게 세세한 교과 내용이나 성취 기준에서 자율성을 침해받지 않도록 그 권한을 보장해야 할 필요가 있다.

둘째, 교사들이 교육과정을 개발하고 실행하며 성찰할 수 있도록 근무 여건을 개선해줄 필요가 있다. 2020년 초등학교 교사의 주당 평균 수업 시수는 21.7시간, 중학교 교사는 17.3시간, 고등학교 교사는 16.4시간이다(한국교육개발원, 2020). 그런데 통계에서 보여주는 시간은 실제 수업 시간일 뿐, 1시간 수업을 진행하기 위해 이를 준비하는 시간, 수업 후에 학생들이 제출한 결과물과 수업 운영을 살피는 시간은 포함하고 있지 않다. 이 시간을 각각 1시간씩 설정하더라도 통계에서 제시한 시간에 비해 3배가 증가한다. 하루 8시간씩 5일이면 40시간이 근무시간이지만 수업 준비, 실행, 피드백을 고려한 교사의 평균 주당 수업 시수는 한국교육개발원에서 조사한 시간의 3배인 초·중·고 각각 65.1시간,

51.9시간, 49.2시간에 이른다. 교사들이 공강 시간에 적극적으로 수업 준비와 학생 결과물에 대한 피드백을 할 수 있도록 수업 시수를 적정화하고, 불필요한 행정 업무를 간소화할 필요가 있다.

셋째, 교사들이 교육과정을 능동적으로 개발, 실행, 성찰할 수 있도록 동기부여를 해주어야 한다. 교사들의 연구 활동을 적극적으로 지원하기 위해서는 연구 수당을 높이고, 교육과정 개발과 실행에 대한 연구물을 자발적으로 생성해서 동료 교사들과 공유할 수 있도록 여건을 보장해주어야 한다. 또한 연구물을 학내에서뿐만 아니라 다른 학교 교사들과도 공유할 수 있도록 환경을 조성해서 교육과정을 개발하는 데 도움을 주고받을 수 있도록 해야 한다. 교사 교육과정 개발과 실행 경험을 공유하고 확산한다면 더 많은 교사가 쉽게 접근하고 시도해볼 수 있을 것이다. 아울러 필요한 정보를 찾아보면서 학교의 상황과 학생의 특성, 교과 목표에 어울리는 교육과정을 개발해나갈 수도 있을 것이다.

끝으로 교육과정의 질 관리를 위해 학교 교육과정 개발 과정에 교육 공동체의 적극적인 참여를 독려해야 할 것이다. 학교 교육과정을 교사만 만드는 것이라는 인식에서 벗어나 이제는 학부모와 학생들도 참여해서 가르치고 싶은 것과 배우고 싶은 것, 사회에서 요구하는 것의 합의점을 찾아나가야 한다. 교사뿐만 아니라 교육 공동체가 함께 힘을 모아 교육과정의 질 향상과 관리에 힘써야 하는 것이다. 학교 간, 지역 간 교육과정과 관련한 공유의 장을 만들어서 지속적으로 소통하며 함께 성장해나가는 교육 공동체의 모습을 갖춘다면, 교육과정의 자율화와 질 관리라는 두 가지 목표를 동시에 이룰 수 있을 것이다.

3장

교사 교육과정 이야기 : 과학사 및 과학철학

학생과 교사가 함께 성장하는 교사 교육과정

정윤리 / 수원 경기과학고등학교 교사

1. '더 나은 수업'을 고민하는 이유

(1) 처음으로 함께 공부해보다

나는 학창 시절에 수업을 잘 듣지 않는 학생이었다. 어릴 때부터 개념만 이해하고 나면 혼자 엄청난 분량의 '문제 은행'을 풀며 공부하던 습관이 배어 있어서 누군가에게 뭘 물어보거나 다른 사람의 말을 잘 듣지 못했다. 그래서 수업 시간에도 선생님 말씀에 집중하지 못하는 편이었다.

처음으로 누군가와 함께 공부를 해본 것은 임용 고사 스터디 모임에서였다. 내가 공부한 내용을 설명하고, 상대방의 이야기를 듣고, 서로 물어보며 고쳐나가는 식이었는데, 이때의 경험이 함께하는 공부의 중요성을 깨우쳐주었다.

하루는 내가 공부한 부분을 설명하는데 듣고 있던 사람들의 반응이 이상했다. 설명을 마치고 물어보니 내가 잘못 이해했다는 것이다. 이런 일을 처음 겪어서인지, 피드백의 의미를 제대로 알지 못했기 때문인지, 결과에 대한 평가만 받아본 경험 때문인지, 스터디원들의 의견을 받아들이기가 힘들었다. 같은 책을 읽고 공부했는데 내게 오류가 있다는 거야? 처음에는 방어하기에 바빴는데, 여러 명의 이야기를 듣다 보니 결국 내가 잘못 이해했다는 걸 인정할 수밖에 없었다. 마음이 불편하고 자존심이 상했지만, 시간이 지날수록 이런 경험이 나를 성장하게 한다는 사실을 깨달았다.

이때의 경험은 교사가 되어 수업을 설계하고 운영하는 데 많은 영향을 끼치고 있다. 공부를 잘하든 못하든, 학생들이 자신의 언어로 설명을 하고, 친구들의 이야기를 들으면서 생각이 넓어지고 정교해질 것이라는 믿음을 갖게 되었기 때문이다.

(2) 미안한 마음을 달래는 방법

교사가 되고 나서 함께하는 공부의 중요성을 알고 그런 수업을 구상하고 실천해보고 싶었지만, 현실은 녹록지 않았다. 내가 맡은 과목의 수업과 평가, 학생 지도만으로도 버거웠다. 수업 시간에 집중하지 못하고 잠드는 학생은 늘어가는데, 불행히도 당시의 나는 그런 학생들에게 신경을 쓸 여유가 없었다. 무엇을 어떻게 해야 할지 모르는 상태에서 한 학기, 일 년이 지나갔다. 공부를 안 하는 학생들은 어쩔 수 없다고 생각하면서 교직 첫해를 보낸 것이다.

그래서 나는 항상 마음의 짐을 안고 산다. 내게는 많고 많은 수업 중 한 번이지만 그 아이들에게는 인생 첫 고등학교의 과학 또는 화학 수업이었을 것이다. 누군가의 소중한 시간을 제대로 살피지 못했다는 죄책감이 있다. 물론 당시에는 최선을 다했다고 생각했지만 지금 돌이켜보면 아쉬운 마음이 드는 것을 어쩔 수 없다. 첫해보다는 덜해도 지금도 수업이 끝날 때마다 여전히 더 잘할 수는 없었을까, 정말 최선을 다했나 하는 아쉬움에 사로잡힌다. 인생을 너무 피곤하게 사는 것도 같지만, 이것이 누군가의 시간을 제대로 살피지 못한 미안한 마음을 달래는 나만의 방법이다.

(3) 학생부종합전형이 던진 고민

2년차 여름방학 때 교사들을 대상으로 하는 '학생부종합전형 연수'에 참여했다. 입학사정관은 수업이 가장 중요하고, 점수로 보이지 않는 부분을 '교과 세부 능력' 및 '특기 사항' 같은 교사의 글 평가에서 살핀다고 했다. 학교생활의 대부분이 수업 활동이니 수업 시간에 학생들이 어떤 모습을 보이는지, 어떤 활동을 하는지 알려야 한다는 것이다.

근무하던 학교의 학생들은 대부분 학생부종합전형에 지원하고 있어서, 자신이 원하는 대학에 가려면 학교생활기록부와 자기소개서에 어떤 경험을 했는지, 그 경험에서 무엇을 배우고 느꼈는지를 드러내야 했다. 그렇다 보니 수업에서 학생들에게 다양한 경험을 제공하고, 그 안에서 무엇을 하고 있는지를 파악하는 것이 중요했는데, 강의식 수업에서는 열심히 듣고, 정리하고, 문제를 푸는 것이 전부라서 학생들의 다양한 모습을 보기가 어려웠다. 대학에 잘 보내기 위해서, 자기소개서에 쓸 거리를 만들어주기 위해서, 또 재미있는 경험을 했으면 좋겠다는 생각에 시도한 것이 '화학 UCC'라는 수행평가였다. 우수팀에 선정된 작품은 연말에 있을 학교 행사에서 상영도 하기로 했다.

그런데 학생들 일부는 모여서 열심히 이야기를 나누고, 촬영하고, 동영상을 편집하고, 함께 보면서 즐거운 시간을 보냈지만, 일부는 외롭고 불편한 시간을 보내야 했다. 모든 학생이 만족하는 수업을 만들기란 불가능에 가깝다는 것을 알고 있었으나, 새롭게 시도한 수업에서 그런 모습을 보니 내 능력 부족 때문에 이런 상황이 벌어진 것은 아닌가 하는 자책감에 시달려야 했다. 게다가 '화학 UCC'라고는 해도 대부분의 시간과 노력을 영상 촬영과 편집에 할애해야 하는 수행평가를 화학 수업에서 하는 게 맞는지, 입시에서 이런 과정을 평가하지 않는다면 과연 이런 수업을 계획했을까 하는 생각으로 머릿속이 복잡했다.

'화학 UCC 만들기'라는 수업에서 학생들은 무엇을 배웠을까? 교사인 나는 학생들이 수업에 참여하는 모습을 제대로 바라보고 있었을까? 도대체 학생들이 무엇을 배우기를 기대한 것일까? 공허한 수업 활동을 진행해놓고 개인적 고민이 입시와 연결되자 더 심란해졌다.

(4) 다시, 함께 공부하기

3년차 여름, '교육과정-수업-평가(기록)의 일체화로 학교 문화 바꾸기'라는 제목을 가진 한 장의 공문을 보았다. 당시의 나는 교육과정이나 학교 문화 같은 거대한 이야기에는 감히 관심을 두지 못했지만, 여전히 수업과 평가와 기록을 연계하고 학생들의 성장을 이끄는 일에는 고민이 많았다. 그래서 경기도 각 지역에서 모임을 연 '교육과정-수업-평가-기록 일체화 교사 동아리' 활동에 열심히 참여했다. 동아리 활동을 하면서 수업과 평가에서 한 발 더 나아가 교육과정에 담긴 핵심 역량과 성취 기준을 읽어보기 시작했고, 교육과정 재구성이라는 것을 시도하게 되었다. 무엇을 어떻게 가르칠 것인지, 학생들은 무엇을 어떻게 배우고 있는지에 대해 고민하는 시간이었고, 이때의 경험은 지금까지도 내게 큰 영향을 미치고 있다.

그해 가을에는 EBS에서 진행하는 '수업 나눔'과 '수업 혁신'이라는 주제의 다큐멘터리에서 우리 학교 선생님들의 성장 과정을 촬영하고 싶다고 하여, 연구부장님의 권유로 세 달간 참여했다. 촬영을 한다고 해서 다르게 하고 싶지는 않았기에 평소처럼 나의 고민과 실천을 있는 그대로 보여주고, 있는 그대로 수업 나눔을 하려고 애썼다. 물론 수업을 공개하고 나누는 데 두려움과 어색함, 불편함을 느꼈다. 하지만 수업 나눔을 통해 나의 고민을 들어주고, 내가 의도한 수업이 잘되었는지를 봐주고, 격려해주는 선생님들이 계셔서 힘을 낼 수 있었다. 함께한 선생님들은 내 수업을 평가하지 않고 이해해주셨다. 학교 밖 동아리 활동과 학교 내 수업 나눔 활동은 내게 위로와 격려가 되었고, 더 깊은 고민을 하게 만드는 계기가 되었다.

(5) 누구를 위한 수업인가?

4년차에는 '교육과정-수업-평가-기록 일체화 교사 동아리' 활동을 하면서 교육과정 재구성을 적극적으로 시도했다. 지금까지 고민하고 배운 것을 토대로 수업 차시, 교과 내용들을 조정하고, 학생들이 다양한 경험을 펼칠 수 있도록 문항 제작 및 발표, 자연 탐사 프로젝트, 실험, 협동 학습 등을 추진했다. 다양한 수업이 학생들의 성장을 이끌어낼 것이라 믿고 실천했는데, 수업을 해나갈수록 점점 힘이 들었다. 보람은 느꼈지만 다양한 수업을 디자인하고 실행하려니 쏟아지는 학생들의 결과물을 평가하는 과정이 무척 힘들었다. 나뿐만 아니라 학생들도 힘들어 했다. 각양각생의 수업과 그때마다 이루어지는 평가가 학생들과 나를 지치게 한 것이다. 이게 과연 맞는 것일까, 또 회의가 찾아왔다.

숨가쁘게 달려온 수업에서 학생들은 어떤 생각을 했는지 궁금해서 한 학기 수업을 마치고 의견을 받아보았다. 좋은 이야기도 있었지만 우려했던 반응이 나왔다. '수업을 즐겁게 하고 싶은데 너무 촘촘하게 계획돼서 힘들었다', '무언가를 이해하기도 전에 여러 수업이 진행된다', '수업 진행 속도가 너무 빠르다', '보충수업을 듣지 않으면 따라가기 힘들다' 등 수업 시간에 학생들이 마냥 행복하지 않았다는 것을 알았다.

학생들의 피드백을 받고, 내가 수업에서 너무 많은 것을 하려 했던 것은 아닌지 되돌아보았다. 학생부종합전형과 2015 개정 교육과정, 4차 산업혁명 등 사회적 분위기는 학생들에게 다양한 역량을 요구하고 있다. 이에 부응해보려고 지나치게 다양한 수업과 평가를 시도했던 것은 아닐까 하는 생각이 들었다. 그것은 마치 식사가 끝나면 무슨 음식을 먹었는지는 기억에 없고 그저 종류만 많은 뷔페와 같은 것이 아니었을까, 현란한 음식의 가짓수로 정작 중요한 맛을 잃어버린 그런 수업은 아니었을까, 하는 성찰이었다.

(6) 내가 생각하는 교육과정, 수업, 평가

이러한 경험은 내가 교육과정을 디자인하고 수업과 평가를 실천할 때 나침반 같은 역할을 하고 있다. 그래서 나는 교사가 자신이 어떤 교사인지 이해하는 과정이 무척 중요하다고 생각한다. 이 과정은 교사가 교육과정을 전달하는 수동적인 존재에서 교육과정을 개발하고 실천하는 능동적인 존재로 변화하는 출발점이기도 하다.

내가 생각하는 교육과정은 '미성숙한 학생들이 성숙한 존재로 거듭날 수 있도록 경험을 제공해주는 과정'이다. '미성숙'함이란 존 듀이가 《민주주의와 교육》과 《경험과 교육》에서 말한 것처럼, 무언가 부족하다는 것이 아니다. 더 잘 배울 수 있고 유연함을 지닌 '배움의 최적화'된 모습이다. 인간은 과거부터 지금까지 이루어놓은 정선된 경험들을 가지고 있다. 정선된 경험이란 인간들이 쌓아올린 지식일 수도, 사회 체제일 수도, 문화일 수도 있다. 내가 생각하는 교사는 이런 정선된 경험을 학생들의 특성과 미래 사회의 요구를 고려해서 교육과정으로 디자인하고 실행하는 사람이다.

수업은 단순할수록 좋다고 생각한다. 읽고, 쓰고, 말하고, 듣기, 이것이면 충분하지 않을까. 교사가 쉽게 디자인하고 운영할 수 있으며, 학생들도 쉽게 참여할 수 있는 수업. 그리고 학생들이 서로의 생각을 나누고, 교사는 그런 학생들을 바라보며 도와줄 수 있는 수업. 나는 이런 수업이 좋고, 이런 수업을 하려고 노력한다.

나는 평가는 학생들의 배움을 도와주는 역할을 했으면 좋겠다. 학교 수업에서 이루어지는 평가가 학습의 결과를 보여주는 기능을 할 수밖에 없다는 점은 인정하지만, 선발의 도구나 학생을 판단하는 용도로 쓰이는 것이 안타깝다. 학습의 과정을 도와주는 평가의 기능이 더 커졌으면 좋겠고, 이런 평가가 좋은 평가라고 생각한다.

물론 내 생각이 정답이라거나 고정된 것이라고 여기지는 않는다. 교사 생활을 하면서 계속 바뀔 수도 있을 것이다. 끊임없이 이어지는 고민이 '교육에는 정답이 없다'는 허무함으로 다가올 때도 있다. 그래서 이렇게 고민하고 노력하는 것이 두렵기도 하지만, 실천과 성찰을 반복하며 동료 선생님들과 이야기를 나누다보면 어떤 고민이든 또 풀어나갈 수 있을 것 같은 힘을 얻는다. 그렇게 두려움을 극복하면서 교육과정, 수업, 평가에 대한 고민을 계속하고 있다.

2. 교사 교육과정-수업-평가 일체화 : 과학사 및 과학철학

(1) 과학사 및 과학철학 교육과정 개발하기

나는 화학교육을 전공했다. 복수 전공으로 공통 과학 자격증도 가지고 있지만, 교사가 된 이후 줄곧 고등학교에서 화학을 가르쳤다. 2018년에 과학고등학교로 전입한 뒤에도 화학과 관련한 다양한 과목을 가르쳤다. 그러다 2020년 2학기에 화학과 관련성이 적은 과학사 및 과학철학이라는 과목을 맡게 되었다. 처음에는 막막했다. 한번도 가르쳐본 적이 없는 과목, 교과서도 찾기 어려운 과목이었기 때문이다. 게다가 과학을 좋아하고 잘하는 학생들을 대상으로 새로운 과목을 가르치려니 부담감이 컸다.

교육과정을 재구성하고 새로운 성취 기준을 개발하는 일은 먼저 근무한 고등학교에서도 해왔다. 초임 교사 시절에는 기존의 교육과정을 충실하게 실행하는 데 집중했지만, 경력이 쌓이면서 학생들의 특성에 맞춘 성취 기준을 개발하거나 기존의 성취 기준을 통합하고 구체화해서 수업과 평가의 방향을 정하기도 했다.

문제는 가르쳐본 적이 없는 과목이라는 데 있었다. 처음 교사가 되어 화학 수업을 할 때도 교육과정을 재구성하기보다 기존의 교육과정, 수업, 평가를 충실하게 실행했고, 1~2년이 지난 뒤에야 교육과정을 살펴보면서 다양한 수업과 평가를 시도할 수 있었다. 그런데 이번에는 여름방학이 끝나면 당장 2학기부터 수업을 해야 했다. 게다가 한 학기 중 일부가 아니라 한 학기 전체의 교육과정을 통째로 개발하고 실행해야 한다는 점에서 큰 부담으로 다가왔다.

그래도 어쩌겠는가, 당장 다음 학기에 가르쳐야 하니 방학 동안에 열심히 준비해보기로 했다. 먼저 과거에 이 과목을 가르친 선생님들의 강의 계획서와 평가 계획서를 들여다보았다. 사용한 교재와 평가 계획을 읽어보고, 직접 연락해서 수업 운영에 대한 조언을 들었다. 일반 학교에서는 보통 과목 하나당 교재가 교과서 한 권인데, 이 과목은 주제에 따라 사용한 교재가 다양했다.[1]

과학사 및 과학철학 교육과정을 개발하기 위해 먼저 과목에 대한 분석을 했다. 2015 개정 과학과 교육과정에 담긴 과학사 과목의 내용과 우리 학교 교육과정에 담긴 과학사 및 과학철학 과목의 내용을 살펴보았다. 이를 통해 과학사 및 과학철학이 과학의 발달 과정을 역사적으로 고찰하고, 과학의 사회적 특성과 과학·기술·사회의 관계를 종합적으로

---

1 영재학교는 영재교육 진흥법 제13조(교육과정 및 교과용 도서)에 따라 교육과정과 교과용 도서를 학교장 승인 하에 개발하여 운영할 수 있다.

이해하는 것을 목표로 한다는 것을 확인했다. 과학의 발달은 그 당시의 문화적·사회적 배경에 영향을 받으므로 온전히 이해하기 위해서는 전체적인 흐름을 공부하는 것이 중요하다고 판단했다. 과학의 역사를 다루는 과목이다 보니 2015 개정 역사과 교육과정도 살펴보았는데, 역시 학생들이 역사적 맥락을 파악하며 공부하는 것을 강조하고 있었다.

그다음으로 학생들의 특성을 분석했다. 학교에서 학생들이 공부하는 모습을 지켜보면 교과서나 책을 온전히 집중해서 읽기보다 요약본이나 짧게 정리해놓은 글로 공부하는 것을 알 수 있었다. 이런 방법은 효율적일지는 몰라도 전체적인 흐름에서 지식이나 생각을 만들어가는 학습을 저해할 수 있다. 또 현재 우리 학교의 과학과 교육과정을 살펴보면 학생들의 문식성(文識性, literacy)을 신장시킬 수 있는 학습 기회가 부족해 보였다. 게다가 2015 과학과 교육과정에서는 과학적 의사소통 능력을 제시하면서 과학을 배우는 학생들이 말, 글, 그림, 기호 등 다양한 양식의 의사소통 능력을 함양하도록 안내하고 있지만, 소위 수학이나 과학을 좋아한다는 학생들이 글을 온전히 읽거나 써서 자기 생각을 표현하는 것을 어려워하는 경우가 종종 있었다.

과목과 학생들에 대한 분석을 토대로 2020학년도 2학기 과학사 및 과학철학 수업을 독서, 토론, 글쓰기 활동을 중심으로 계획했다. 학생들이 함께 책을 읽으며 토론하고, 발표하고, 글을 쓰는 학습을 통해 과학의 발달 과정을 전체적인 흐름 속에서 이해하기를 기대했다. 아울러 논술 평가 및 독서 일지 작성으로 학생들의 문식성을 기르고자 했다.

수업의 주 교재로 피터 보울러 등이 쓴 《현대과학의 풍경 1》을 선정했다. 2018년과 2019년 과학사 및 과학철학 수업을 한 교사들이 독서 토론에 적합하다고 추천해주신 책이기도 했다. 이 책은 16세기부터 근현대에 이르기까지 물리, 화학, 생명과학, 지구과학 이론을 다양하게 제시하며, 과학 이론의 발달을 다채로운 관점으로 해석하고 있다. 또한 저자의 생각도 잘 드러나 있어서 학생들이 읽고 논의하기에 좋을 것이라 판단했다. 앞서 수업을 운영한 교사들의 조언은 교재 선택부터 수업과 평가를 계획하는 데 큰 도움이 되었다. 그분들은 그때까지의 수업 자료와 평가 자료를 공유해주셨으며, 참고가 되는 책들도 추천해주셨다. 많은 자료를 통해 주 교재만으로는 부족한 고대 과학사, 동양 과학사, 과학철학 부분을 보완할 수 있었다.

끝으로 학교 교육과정 편제를 살펴보았다. 2015 개정 교육과정에서 과학사의 성취 기준은 총 30개였고, 권장하는 기본 단위 수는 5단위로 한 학기를 15주로 보면 75시간이었다. 본교의 과학사 및 과학철학은 2학점으로 주당 2시간씩 15주차, 총 30시간으로 편성되어 있었다. 만약 국가 교육과정에서 제시하는 성취 기준을 그대로 사용한다면 1시간 동안 1개의 성취 기준을 달성해야 했다. 이러한 상황에서 국가 교육과정에서 제시하는 성취 기준을 그대로 사용한다면 학교 교육과정 편제에도 맞지 않을뿐더러 편제에 비해 성취 기준이 지나치게 구체화되어 있어서 수업이 진도 중심, 내용 중심으로 진행될 가능성이 컸다. 또 과학 독서 수업은 학생들이 글을 읽고, 말하고, 쓰는 과정과 강의, 논술, 발표 수업 등 다양한 형태의 수업과 평가를 진행해야 해서 기존의 성취 기준을 수정할 필요가 있었다. 이런 고민을 바탕으로 내용 요소와 성취 기준을 다음 표와 같이 개발했다.

과학철학과 과학적 방법론은 강의를 중심으로, 고대, 중세, 현대의 과학 사례들은 독서, 토론, 발표를 중심으로 가르치고자 했다. 아울러 과학, 사회, 기술, 인간의 관계를 이해하고 과학의 역사를 바른 관점으로 바라볼 수 있도록 자신의 생각을 정리하는 글쓰기 활동을 계획했다. 앞서 언급한 것처럼 과학사 및 과학철학은 과학의 역사를 전체적인 흐름 속에서 이해하고 다양한 관점으로 해석할 줄 아는 능력을 키우는 것이 중요하다고 생각해서, 세세한 과학사의 사례들을 주요 내용 요소로 개발하지는 않았다.

2020학년도 과학사 및 과학철학의 내용 요소 및 성취 기준

내용 요소	성취 기준
– 과학철학 – 과학적 방법론	– 과학철학이 무엇인지 알고 과학적 방법론에 대하여 설명할 수 있다.
– 반증주의 – 과학혁명의 구조 – 연구 프로그램	– 포퍼, 쿤, 라카토슈의 주장을 이해하고 설명할 수 있다.
– 과학, 사회, 기술, 인간의 관계	– 과학, 사회, 기술, 인간, 윤리의 관계를 통합적으로 이해하고 설명할 수 있다.
– 과학의 본성과 과학의 역사를 보는 시각	– 과학사와 과학철학이 어떤 학문인지 이해한다. – 과학의 본성에 대한 바른 관점을 통해 합리적 인식과 과학의 출발점을 알고 과학, 기술, 사회의 관계를 이해할 수 있다.
– 고대 및 중세의 서양 과학	– 고대와 중세의 과학, 르네상스와 과학혁명 및 그 사회적 영향의 맥락을 이해하고, 과학사의 흐름을 설명할 수 있다.
– 과학혁명 및 현대 과학	– 현대 물리학, 화학, 생물학, 지구과학의 발견을 알고 설명할 수 있다.

개발한 내용 요소와 성취 기준을 바탕으로 전체 15주차의 수업 주제, 수업, 평가 활동을 정리했다. 2~6주차, 9~12주차에는 독서 토론 활동을, 1, 13, 14주차에는 강의를, 7, 8주차에는 논술과 고쳐쓰기를, 15주차에는 자유 주제 발표 수업을 계획했다.

2020학년도 과학사 및 과학철학 주차별 수업 주제-수업-평가 일체화

<table>
<tr><th>주차</th><th>수업 주제</th><th>수업 활동</th><th>평가 활동</th></tr>
<tr><td>1</td><td>1장 서론 : 과학, 사회 그리고 역사</td><td>강의
독서 토론 활동</td><td></td></tr>
<tr><td>2</td><td>2장 과학혁명</td><td rowspan="5">독서 토론 활동</td><td rowspan="5">논술 평가
관찰 평가</td></tr>
<tr><td>3</td><td>3장 화학 혁명</td></tr>
<tr><td>4</td><td>4장 에너지 보존</td></tr>
<tr><td>5</td><td>5장 지구의 나이</td></tr>
<tr><td>6</td><td>6장 다윈 혁명</td></tr>
<tr><td>7</td><td rowspan="2">과학혁명</td><td>논술</td><td rowspan="2">논술 평가</td></tr>
<tr><td>8</td><td>고쳐쓰기</td></tr>
<tr><td>9</td><td>7장 새로운 생물학</td><td rowspan="4">독서 토론 활동</td><td rowspan="4">논술 평가
관찰 평가</td></tr>
<tr><td>10</td><td>8장 유전학</td></tr>
<tr><td>11</td><td>9장 생태학과 환경보호주의</td></tr>
<tr><td>12</td><td>10장 대륙이동설</td></tr>
<tr><td>13</td><td rowspan="2">과학철학</td><td rowspan="2">강의</td><td rowspan="2">논술 평가
(2차 지필 평가)</td></tr>
<tr><td>14</td></tr>
<tr><td>15</td><td>학생 선택 주제</td><td>자유 주제 발표</td><td>논술 평가
관찰 평가</td></tr>
</table>

이와 같은 고민과 내용을 바탕으로 강의 계획서와 평가 계획서를 작성했다. 강의 계획서는 주차별 주제, 수업, 평가 계획 구상의 내용과 거의 같았으며, 평가 계획서는 성취 기준과 내용 요소, 구체적인 평가 방법과 영역에 대한 내용을 담았다.

2020학년도 과학사 및 과학철학 교육과정 개발 과정

단계	내용
1	교재 선정 및 내용 확인
2	과목의 목표 확인
3	학습자 특성 분석
4	수업 디자인(학습 경험 선정)
5	학교 교육과정 확인(과목의 편제 및 시수)
6	내용 요소 및 성취 기준 개발
7	주차별 주제, 수업, 평가 계획 구상
8	강의 계획서, 평가 계획서 작성

(2) 교육과정 실행하기 : 교육과정-수업-평가 일체화

수업 중에서 가장 많은 부분을 차지한 독서 토론 활동은 '읽기-쓰기-말하기'라는 기초를 바탕으로 설계했다. '읽기'는 20~30쪽에 해당하는 교재의 정해진 단원을 읽고 오는 것이었다. '쓰기'는 독서 일지로, 첫째 '읽은 단원의 내용 정리하기', 둘째 '인상 깊은 문장 선정하고, 그 이유 쓰기', 셋째 '읽은 내용에 대해 궁금한 점 질문하기', 넷째 '단원에 대한 자기 생각을 정리하고, 저자의 생각 평가하기'로 구성했다. 다음 표와 같은 독서 일지 양식을 제공했고, 학생들은 매주 독서 수업 하루 전까지 작성한 독서 일지를 교사에게 제출했다.

독서 일지 양식

도서명	지은이, 옮긴이	단원
현대과학의 풍경 1	지은이 : 피터 J. 보울러, 이완 리스 모러스 옮긴이 : 김봉국, 홍성욱, 서민우	
읽으며 기록	내용 정리 (글, 그림, 마인드맵, 표 등 다양하게 가능)	
	인상 깊은 문장	
	질문 2개	
	감상 또는 나의 생각	

학생이 작성한 독서 일지 예시

지은이	단원
	7장 새로운 생물학
내용 메모 (글, 그림, 마인드맵, 표 등 다양하게 가능)	생물과학은 19세기부터 근대적인 형태를 띠기 시작했으며, 살아 있는 생물에 대한 연구를 물리학에 버금가는 위상으로 끌어올리기 위해 많은 노력이 행해졌다. 퀴비에는 동물의 구조를 이해하려면 기관들이 어떤 기능을 하는지를 알아야 한다고 주장한 바 있지만, 그 구조가 생명체의 삶에서 수행하는 실제 기능은 너무 자주 무시되었다. 이는 비판자들이 형태학자들을 비난하는 데 쓰이는 근거였다. 발생의 토대로 수정란을 주목함에 따라 발생학에 관한 연구가 활발해졌다. 생리학과 생물의학은 개별 기능을 최대한 물리학과 화학의 관점에서 설명하려고 노력했다. 새로운 생물학은 생의학 분야에서 우리의 인생을 바꿀 엄청난 기회를 만들었으나, 환경 위기와 관련해서도 해야 할 역할이 있다면 재고의 대상이 되어야 할 것이다.

인상 깊은 문장	'실험을 중시한 분과들은 일반적으로 형태학적 전통과 19세기 초 주류에서 밀려난 채 구습을 따르는 자연사에 적대적이었다.' 이유 : 어느 분야에서나 실험을 추구하는 사람들과 이론을 추구하는 사람들은 충돌하는 것 같아 보이는 것이 인상적이었기 때문이다.
질문 2개	1. 생물학의 여러 분과들이 서로 완전히 다른 전문 집단으로 세분화된 이유는 무엇일까? 2. 생명과학을 물리학과 화학의 용어들을 사용하여 설명하는 것은 어떤 의미를 가지는가?
감상 또는 나의 생각	이 책에서 지금까지 가장 어려웠던 부분인 것 같다. 실험 기술의 발전과 관점의 변화에 따른 생명과학의 발전, 생명과학이 여러 가지 전문적인 분야들로 세분화되는 과정까지 책에서 담아내려다 보니, 내용이 알찼지만 너무 많았던 것 같다는 생각이 들었다. 초기에 생리학과 형태학이 대립했으나, '살아 있는 생물'의 실험적인 가치가 높아지면서 생리학이 우세를 점했다는 것이 가장 흥미로웠다.

'말하기'는 작성해온 독서 일지를 바탕으로 모둠원들끼리 그리고 모둠 간 대화를 하는 활동이었다. 먼저 같은 모둠원들끼리 읽은 단원 중 인상 깊었던 문장과 그 이유를 설명하고, 각자 만들어온 질문에 대해 서로의 생각을 말했다. 모둠에서의 생각이 정리되면, 이 내용을 모둠의 대표들이 학급 구성원 전체에게 발표하는 시간을 가졌다. 교사는 모둠 활동을 할 때 '모둠 발표 자료' 양식을 주고, 학생들이 모둠 대화를 하면서 양식에 내용을 작성할 수 있도록 지도하고, 수업이 끝난 후에 제출하도록 안내했다.

모둠 발표 자료 양식

도서명	지은이, 옮긴이	단원
현대과학의 풍경 1	지은이 : 피터 J. 보울러, 이완 리스 모러스 옮긴이 : 김봉국, 홍성욱, 서민우	

대화하며 기록	인상 깊은 문장과 이유	이름 : 문장 : 이유 :
		이름 : 문장 : 이유 :
		이름 : 문장 : 이유 :
	모둠의 질문 (중복, 흐름에 맞춰 정리해서 3개) 질문이 정리되면 패들렛에 질문 입력(발표자)	질문 1 : 모둠 의견 :
		질문 2 : 모둠 의견 :
		질문 3 : 모둠 의견 :
	작가가 이 단원에서 말하고자 하는 바는?	

발표가 끝나면 학급 구성원들은 각 모둠에서 제시한 질문과 생각에 대해 자신의 생각을 나누는 토론 활동 시간을 가졌다. 이 활동에는 온라인 수업 도구인 패들렛(Padlet)을 활용했다. 모둠별 발표자는 모둠 활동을 하면서 모둠에서 선정한 질문과 관련한 의견들을 패들렛에 작성했다. 모둠 활동과 발표가 끝나면 모든 학생은 페들렛에 접속해서 발표자들이 작성한 각 모둠의 질문과 의견을 보고, 개인 의견이 있는 경우

에는 댓글로 작성하도록 지도했다. 이러한 토의·토론 방식은 온라인 수업에서 특히 활용 가능성이 높지만, 가장 큰 장점은 학생들이 각 모둠의 질문과 의견을 천천히 읽어보고 자신의 의견을 남길 수 있어서, 독서 토론 활동의 깊이를 더할 수 있다는 것이다.

패들렛을 활용한 토의·토론 활동

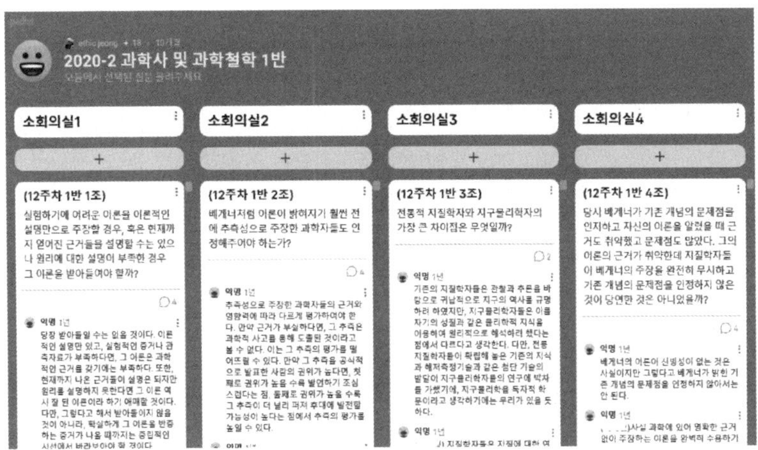

독서 토론 활동을 교사의 수업 계획, 학생의 활동, 학생의 배움으로 구분해서 모식도로 정리하면 다음과 같다.

한 주차에 진행하는 독서 토론 수업 모식도

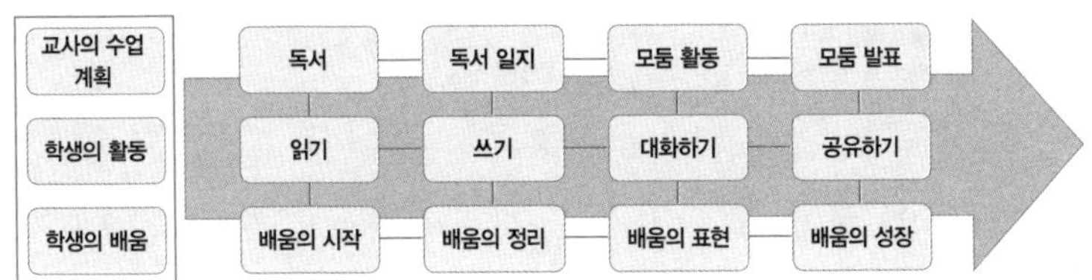

6주차까지의 학습 활동을 전체적으로 조망하고 자신의 생각으로 정리해볼 수 있도록 7주차에는 논술 평가를 진행했다. 주제는 '과학사에서 과학혁명은 존재하였는가?'였으며, 독서 토론 활동을 통해 정리한 내용과 아울러 교재를 활용해서 글을 쓸 수 있도록 한 오픈북 테스트였다. 100분 동안 1500자를 작성하는 과제였으며, 대부분의 학생이 시간 안에 마무리했다.

과학사 및 과학철학 논술 수행평가 문항

2020학년도 과학사 및 과학철학 수행평가

분반: 학번: 이름:

[논술형] 다음은 과학혁명에 관한 내용이다.

16, 17세기를 거치는 동안 고대 그리스의 과학을 뛰어넘어 근대 과학의 토대가 형성되는 큰 변화가 일어났는데 이를 과학혁명이라고 한다. 과학혁명기에는 천문학, 역학, 생리학, 화학, 지질학 등에서 내용상의 큰 변화가 있었다. 또한 과학이 행해지는 방법, 과학의 목적, 과학이 행해지는 제도적 장치 등에서도 큰 변화가 있었다.

-과학사 및 과학철학(서울특별시교육청)

쿤은 정상과학과 과학혁명이 교체되는 과정을 통해 과학이 변화한다는 견해를 피력하고 있다. 여기서 정상과학은 누적적 성격을 띠는 반면, 과학혁명은 비누적적 성격을 보인다. 이와 관련하여 쿤은 과학학명을 "옛 패러다임이 그것과 양립하지 않는 새 패러다임에 의해 전체적으로 혹은 부분적으로 대체되는 비누적적인 에피소드들"로 규정하고 있다. 과학의 역사는 벽돌을 차곡차곡 쌓아 커다란 건물 하나를 짓는 과정이라기보다는 그러한 건물을 어느 날 포크레인으로 밀어버리고 그 옆에 새로운 건물을 짓는 과정에 해당하는 셈이다.

-과학의 본성과 과학철학 (송성수)

역사학자들은 17세기 과학에 관해 이야기하는 것이 의미가 있다는 견해를 예전처럼 달갑게 받아들이지 않는다. 스스로를 과학지식인 혹은 자연 철학자라고 칭했을 17세기 사람들이 실은 근대적 과학 개념에 부합하지 않을 수도 있는 온갖 종류의 활동에 종사했다는 사실이 밝혀졌기 때문이다. 또한 이제 중세의 지식 생산활동에 관해서도 더 많은 것이 알려졌고, 그 결과 많은 역사학자들이 중세와 후대의 관념 및 실행 사이에 존재하는 중요한 연속성을 논할 수 있게 되었다. 따라서 17세기에 일어난 일이 결국 과거와의 완전한 단절이었다는 주장이 설득력을 잃은 것이다.

-현대 과학의 풍경 1 (피터보울러 외)

"과학사에서 과학혁명이 실재로 존재하였다고 볼 수 있는가?" 이 물음에 대한 자신의 의견을 다음에 <조건>에 맞추어 서술하시오.

< 조 건 >

- ㅇ서론-본론-결론의 형태를 갖출 것
- ㅇ'현대과학의 풍경1'에서 제시한 과학사 내용을 3가지 이상 활용하여 자신의 생각을 논리적으로 전개할 것.
- ㅇ책이나, 인터넷 등에서 인용한 문장, 내용은 각주로 표현할 것
- ㅇ글자 크기 11p, 1500±150자로 서술할 것

논술 평가 후 8주차에는 학생들이 모둠별로 서로의 글을 읽고 피드백을 해주는 고쳐쓰기 활동을 진행했다. 학생들이 친구들의 글을 읽으면서 이해가 잘 안 되는 문장이나 근거가 더 필요한 주장, 인상 깊은 내용에 표시를 하도록 지도했다. 학생들은 이러한 피드백을 바탕으로 글을 고치는 과정을 거쳤고, 논술 수행평가의 우수작은 교지에 실을 수 있도록 추천했다. 다음은 교지에 실린 학생들의 글이다.

논술 우수작 1

온 우주가 지구를 중심으로 움직인다는 천동설을 뒤엎은 갈릴레이의 지동설, 당시 사회에서 당연하게 받아들여지던 플로지스톤의 존재를 부인한 라부아지에의 실험, 인간과 침팬지가 지구의 역사를 놓고 보면 그리 먼 관계가 아니라는 파격적인 주장을 내세운 다윈의 진화론…. 우리가 어릴 때부터 위인전과 각종 교양 도서를 통해 접한 과학의 역사는 혁명의 역사였다. 더 이상 과학이 진보를 이루지 못하고 정체되었던 시기에 통념에서 벗어난 몇몇 과학자의 참신한 생각이, 특별한 실험이 만들어낸 역사 말이다. 하지만 '과학혁명'이라고 불리는 엄청나고 특별해 보이는 사건들은 사실 현대의 우리들이 만들어낸 화려한 포장지에 불과하다. 새 이론을 정립하고, 우리와 우리를 둘러싼 세상에 대해 조금이라도 더 '진실'된 사실을 밝히려 했던, '혁명'을 일구어낸 몇몇 과학자들의 피나는 노력을 무시하고자 하는 것이 아니다. 다만 현대 과학의 역사는 이 몇몇의 혁명가들이 아닌, 훨씬 더 많은 사람들의 고민과 연구가 만들어낸 산물임을 간과해서는 안 된다는 것이다.

'과학혁명'이라는 용어를 배격하고자 하는 가장 주요한 이유는, 혁명적인 연구와 혁명이 아닌 연구를 구분 지을 기준을 세우는 것이 불가하다는 것이다. 현대 과학자들의 시점에서 과학의 발전에 크게 기여했다고 평가받는 연구가 과연 몇백 년 후에도 똑같이 평가될지 생각해본다면, 그렇지 않을 가능성이 농후하다. 과거 당연하게 받아들여졌던, 종들이 우열이 정해진 채로 신에 의해 창조되었다는 '존재의 사슬'이 현재에는 터무니없는 학설로 받아들여지는 것처럼, 현대 과학이 신봉하는 어떤 사실이라도 앞으로도 반증되지 않을 영원한 진리일지 알 수 없다는 것이다.

혁명의 기준을 '우리를 진리로 이끈 연구'가 아니라 '현대 과학의 성립에 크게 기여한 연구'라고 삼더라도 애매하기는 다를 바 없다. 수많은 과학자들의 연구 성과들은 각각 어떤 식으로든 과학의 역사에 기여했다. 이 수많은 연구의 가치를 우리가 판단하여 '더 기여한 연구'와 '덜 기여한 연구'를 구분 짓는 것은 의미 없는 줄세우기에 불과하다. 지구의 역사를 연구한 퀴비에의 격변설과 라이엘의 동일과정설은 모두 현대 지질학의 모형에 반영되고 있다. 둘 중 어느 연구는 혁명이며, 어느 연구는 혁명이 아니라고 과연 우리가 판단할 수 있는가? 만약 특정 개인이 판단한다 하더라도, 모두가 보편적으로 동의할 수 있는 기준이 될 수는 없을 것이다. 더 나아가 현대 과학에 직접적으로 기여한 연구가 아닐지라도 해당 연구가 과학사에 전혀 기여하지 않았다고 이야기할 수는 없다. 현재 우리가 생각하는 '틀린 연구'라도 그 연구를 둘러싼 과학적 논쟁과 반증의 과정에서 과학의 발전에 기여하였을 가능성이 있기 때문이다. 예를 들어, 플로지스톤설은 현대 과학에서 틀렸음이 밝혀졌지만, 이를 연구하는 과정에서 과학자들의 끊임없는 토의를 통해 물질의 실체에 대한 이론은 크게 발전하였다. 플로지스톤설이 없었다면 감히 예상하건데 산소의 발견 또한 꽤나 지연되었을 것이다.

분명 과학은 변화한다. 인간의 '알고자 하는 욕구'는 끊임없이 새로운 이론을 만들어내었고, 또한 끊임없이 기존의 연구를 반증해가며 발전을 거듭하였다. 이러한 발전의 토대는 단지 몇몇 과학자들의 혁신적인 연구가 아닌, 수많은 과학자들의 노력에서 비롯하였다. 현대의 시점에서 특정 사건만을 혁명으로 규정짓는 것은 길고 복잡한 과학의 역사를 기승전결을 갖춘 한편의 동화책처럼 정리하고자 하는 것에 불과하다. 과학혁명은 없다.

논술 우수작 2

나는 과학혁명은 실제로 존재하였다고 생각한다. 역사의 전체적인 부분을 볼 때 그 영향력은 분명하기 때문이다. 하지만 논쟁이 일어나는 많은 이유 중 하나는 '혁명'이라는 단어에 객관성이 없기 때문이라고 생각한다. 국어사전에 나온 혁명의 뜻은 '이전의 관습이나 제도, 방식 따위를 단번에 깨뜨리고 질적으로 새로운 것을 급격하게 세우는 일'이라고 한다. 하지만 과학계에서는 이전의 지식의 틀을 단번에 깨뜨리기가 굉장히 힘들다. 따라서 나는 혁명이라는 기준을 조금 낮추어 새로운 것을 급격하게 세운 것은 대부분 혁명이라고 생각하였으며, 이를 통해 과학사에서 과학혁명은 빈번하게 일어났음을 알 수 있었다.

과학사에서 과학혁명이 존재하였다는 증거는 유명한 과학자의 일생을 통해 쉽게 볼 수 있었다. 물론 과학혁명은 한두 번의 커다란 발견을 통해 이루어졌다고 볼 수는 없으나, 과학혁명이 존재하였다는 것을 거시적으로 확인할 수 있는 대중적인 역사적 발견들이 몇몇 있다.

첫 번째로 뉴턴을 예로 들 수 있다. 그가 쓴 책《프린키피아》와《광학》에 나와 있듯이, 그가 실험적 방법과 수학적 방법을 사용하여 물리학적 대이변을 일으켰다는 사실은 무시할 수 없다. 물론 뉴턴 전에도 수학이란 언어로 과학을 해석하려는 혁명의 움직임이 있었으며 뉴턴 후에도 수많은 과학자가 물리학적 이론을 발달시켰지만, 혁명에는 커다란 파급력이 있어야 한다. 따라서 뉴턴의 파급력은 이전의 이론들을 뒤집었고, 전세계 과학자들에게 과학을 보는 새로운 관점을 열어주었기 때문에 분명히 과학혁명이라고 볼 수 있다.

두 번째로 라부아지에를 예로 들 수 있다. 하지만 많은 사람이 라부아지에가 일으킨 화학 혁명은 여러 가지 이유를 통해 혁명이라 부르기 어렵다고 말한다. 물론 라부아지에 전에도 많은 화학 혁명이라 불릴 만한 발견들이 있었으며, 라부아지에의 이론은 현대에 와서는 살아남은 부분이 거의 없다는 점은 사실이다. 하지만 단순히 플로지스톤 이론을 완강히 거부한 그의 움직임 자체는 혁명이라 불러도 좋다는 것이 나의 생각이다. 그가 원소에 대한 새로운 정의를 세우고 플로지스톤이라는 틀을 뒤집음으로써 화학이라는 학문이 정상적인 학문이 되어가는 시발점이 되었다고 말할 수 있다. 만약 라부아지에가 없었더라도 플로지스톤 이론은 언젠가 깨졌겠지만, 역사는 라부아지에가 바로 그 일을 행하였다는 점에 주목한다.

마지막으로 다윈을 예로 들 수 있다. 물론 많은 사람, 특히 창조론자들이 '다윈 혁명'이라는 단어에 '혁명'을 붙이면 안 된다고들 말한다. 또한 다윈의 이론에는 반드시 후속 근대 연구인 유전학이 포함되어야 완전하다고 볼 수 있다. 하지만 다윈이 생물학에 남긴 학문 자체의 영향력을 무시할 수는 없을 것이다. 다윈이 이전까지 생물학에 존재하였던 창조론과 관련된 틀을 뒤집음과 동시에 혁명이 시작되었다고 볼 수 있으며, 그의 책《종의 기원》의 파급력이 이를 증명해준다. 그리고 다윈 이후에 진화론은 유전학과 분자생물학과 연결되어 생물학의 한 분야를 차지하기까지에 이르렀다. 다윈 이전에 일어났던 작은 혁명들과 다윈 이후에 일어난 크고 작은 혁명들이 융합되어 하나의 과학혁명이 일어났다는 점은 역사가 증명해준다.

모든 과학사를 살펴보면 공통점을 찾을 수 있다. 바로 큰 혁명이 일어날수록 이전에 존재하던 학문, 사람, 제도 등이 크게 반발한다는 점이다. 이를 통해 어쩌면 '논쟁이 일어났다는 것을 혁명이 발생하였다는 것을 확인하는 또 하나의 방법으로 볼 수 있지 않을까?'라고 생각한다. 코페르니쿠스가 로마 가톨릭의 큰 핍박을 받은 것처럼 커다란 발견을 한 과학자들은 대부분 많은 논쟁에 시달렸다. 나는 이들이 바로 과학혁명의 존재성을 증명해준다고 생각한다. 그리고 혁명은 무언가를 뒤바꾸려는 생각으로부터 시작된다. 나비효과처럼 혁명의 작은 불씨가 커다란 영향력을 가지게 되는 자연의 법칙은 과학사에서도 물론 적용될 수 있을 것이다. 이렇듯 과학혁명이 과학사에서 남긴 발자취와 학문과 인류에 남긴 영향력은 분명히 존재하기 때문에 과학혁명은 분명히 존재하였고, 지금도 계속되고 있다고 생각한다.

13~14주차에는 과학철학과 관련한 내용을 강의로 설명했다. 서울특별시교육청(2012)에서 발간한 교과서 《과학사 및 과학철학》의 과학철학 단원을 참고했다. 2차 지필 평가는 지금까지의 독서 토론 활동에서 나온 핵심 질문들과 과학철학 강의 부분을 참고해서 논술 평가로 진행했다.

마지막인 15주차에는 지금까지의 수업 경험을 토대로 개인이 원하는 주제를 선정하고, 간단한 강의 자료와 함께 자신의 생각을 발표하는 활동을 진행했다. 발표 준비는 과제로 하고, 수업 시간에는 1명당 5분 내외로 발표하게 했다. 학생들이 주제를 선택하고 발표 준비를 하는 데 부담을 덜어주기 위해 지금까지 활동했던 패들렛 내용을 참고할 수 있도록 안내했다. 패들렛에는 학생들이 책을 읽고 작성한 다양한 질문과 생각들이 남아 있기 때문이다. 발표를 준비하는 과정이 큰 역할을 했는지, 발표하는 내용들이 상당히 깊이 있고 재미있었다.

평가는 2차 지필 평가 40%, 수행평가 60%로 계획하고 실행했다. 먼저 지필 평가는 서·논술형으로 총 5문제를 출제했다. 시험 2주 전에 학생들에게 수업 시간에 다룬 핵심 질문을 15개 제시하고, 그 안에서 5문제를 선택했다. 논술형이다 보니 수강생 25명의 답안을 채점하는 데 꼬박 이틀이 걸렸다. 학생 수가 많아지면 문제 수를 줄이는 것도 하나의 방법일 것 같았다.

수행평가 60%는 발표 20%, 독서 일지 20%, 토론 20%로 구성했다. 발표는 독서 토론 후에 진행한 모둠 발표와 15주차에 진행한 개인 발표를 바탕으로 평가했다. 독서 일지는 제시한 항목들을 단원 내용에 맞도록 성의 있게 작성한 경우, 점수를 부여했다. 토론은 앞에서도 언급했듯이 패들렛으로 진행했는데, 모둠 질문에 대한 자신의 생각을 논리적이고 성의 있게 작성했는지와 의견을 달은 횟수를 중심으로 평가했다.

수업과 평가 과정에서 보여준 학생들의 모습은 크게 글쓰기, 토론, 발표 세 개 영역으로 나누어 관찰하고 기록했다. 논술 수행평가(글쓰기)에서는 학생들이 제출한 글을 읽으면서 글의 구조가 논리적이거나 전달력이 높은 경우, 자신의 주장에 맞는 적절한 근거를 잘 활용한 경우, 고쳐쓰기 활동에서 친구들의 글을 열심히 읽고 성의 있게 의견을 제시한 경우에 글로 남겼다. 독서 일지와 모둠 발표 자료(글쓰기)는 성실하게 자신의 생각을 잘 표현한 부분을 글로 남겼다. 토론에서는 학생들이 어떤 질문에 의견을 달았는지와 댓글로 표현한 의견이 성의 있고 참신한 경우에 글로 남겼다. 독서 토론 활동에서의 발표는 발표 내용과 발표력이 특별하게 뛰어난 경우에만 글로 남겼고, 개인 주제 발표는 발표에 참여한 학생들 모두 기록으로 남겼다. 개인별로 개성 있는 주제와 준비 과정, 발표력 등을 보여주었기에 다양한 글 평가를 할 수 있었다.

학생들에 대한 영역별(글쓰기, 토론, 발표) 글 평가

F	I	L	N	P
글쓰기(논술 수행평가) *5	토론(패들렛) *20	발표(독서) *3회 *5	글쓰기(독서일지. 모둠발표자료) *3회 *5	발표(개인주제) *5
본인의 주장과 근거로 활용한 과학사의 사례들을 짜임새 있게 서술함. 말하고자 하는 바가 명확함. 인용한 부분의 출처를 명확히 밝히고, 과학자의 비과학적인 연구활동이 과학혁명과 어떤 관계가 있는지를 자세히 설명할 필요가 있음.	의견이 짧음.			산소를 발견한 사람은 누구인가라는 주제로 발표함. 시간, 내용 부족.
주장과 근거가 잘 연계됨. 적절한 비유로 전달력을 높임. 왜 과학혁명이 존재하지 않는지 이유와 과학사 사례들을 잘 제시함. 친구들의 글을 읽고 피드백 주는 활동에서 솔직한 이야기들로 글의 완성도를 높임.	유전자 조작을 통한 완벽한 인간은 필요한가?', '다윈의 진화론은 빅토리아 자본주의, 멜서스의 인구론에 영향을 받았는가?', '동양에서는 왜 과학혁명이	독서일지 지연제출(11/23)	독서일지를 성실하게 작성하고, 내용정리 뿐 아니라 내용에 대한 자신의 생각과 감상을 잘 표현함.	과학과 사회라는 주제로 발표함. 사회적 요구(갈릴레이 메디치 가문), 사회적 모델(빅토리아 자본기와 다윈, 천동설과 인간중심적 사고), 과학과 기술의 관계(맞춤형 아이, 복제, 자연 파괴) 사회가 과학 발전에
결론 부분에 서술한 내용이 글의 논지와 맞지 않음. 논술형 평가에서 명확한 주장과 정확한 근거를 활용한 논리적인 글이 인상적임.	맞춤형 아기는 필요한가?', '베게너의 주장을 받아들이지 않았던 당시 지질학자들에 대해 어떻게 생각하는가?', '산소의 최초 발견자는 누구인가?'라는 질문	모둠발표내용이 훌륭함.	독서일지를 성실하게 작성하고, 내용정리 뿐 아니라 내용에 대한 자신의 생각과 감상을 잘 표현함.	실재론이라는 주제에 대해 발표함. 어려운 개념을 예를 들어 설명함으로써 전달력을 높임. 과학의 목적에 대한 견해를 반실재론, 실재론과 비교하면서 이야기를 잘 풀어나감.
논술평가에서 과학혁명의 정의를 그 이유와 함께 명확하게 제시함. 논제에 대해 자신의 생각을 분명하게 밝힘. 친구들의 글을 읽고 피드백 주는 활동에서 분석적, 논리적인 모습이 보여짐.	동양에서는 왜 과학혁명이 발생하지 않았는가?', '과학 이론이 사회적 맥락의 영향을 받는 것에 대해 어떻	발표내용, 발표력 모두 훌륭함.		결정론이라는 주제에 대해 발표함. 패들렛 질문에서 시작하여 발표주제를 정하고 시작함. 결정론의 역사를 어리스토테레스, 뉴턴, 라플라스

(3) 교육과정 평가하기 : 수업 성찰하기

교사가 개발하고 실행한 교육과정을 평가하기 위해 교사의 수업 일지와 학생들의 학습 결과물 그리고 학생들과 수업에 대해 인터뷰했던 내용을 분석했다. 먼저 수업 개발 과정에서 교사 개인 차원의 활동이 많았다. 물론 과거의 평가 계획과 강의 계획, 수업 자료들을 다른 선생님들께 받았으며, 면담을 통해 교재 선정과 수업 운영에 대한 여러 조언을 들었다. 또 교과협의회를 통해 교육과정 편성과 운영을 논의했고, 구체적인 수업과 평가에 대해서도 협의하는 과정을 거쳤다. 하지만 2020학년도 과학사 및 과학철학 수업을 실행하는 것은 혼자였으므로, 교사 학습 공동체 활동이 지속적으로 이루어졌다고 보기는 어려웠다.

수업 실행 과정에서는 두 가지 생각이 들었다. 하나는 학생들에게 일어나는 배움과 그들이 느끼는 학습 부담 사이에 균형을 맞춰야 한다는 것이었다. 책을 읽고, 글을 쓰고, 토의하는 과정이 재미있고 큰 배움을 주기도 하지만, 100분 동안 쉴 틈 없이 진행하는 수업에 부담을 느끼는 학생들도 있었기 때문이다. 이 둘의 경계선을 상황에 맞춰 잘 지켜야겠다는 결론을 얻었다('교사 일지'와 '학생 인터뷰' 참고).

2주차 '교사의 수업 성찰 일지'에서 : 이렇게 진행했을 때도 독서 일지를 시간 안에 작성하지 못하는 경우가 있었다. 몇몇 학생들은 미리 써오기도 했지만, 책을 미처 읽어오지 못했거나 가볍게 읽어오기만 한 학생들은 10분 안에 쓰려다 보니 시간에 쫓기는 것 같았다. 다음 주부터는 독서 일지의 내용을 어느 정도 구상해서 오도록 안내해야 할 것 같다. 학생들에게 점점 부담을 주는 것 같아서 망설여진다.

3주차 '교사의 수업 성찰 일지'에서 : 책을 읽어오는 과제에 대해 73.9%는 지금이 적당하다고 대답했지만, 26.1%의 학생은 부담을 느끼고 있는 것으로 나타났다. 30쪽 분량이지만, 책의 내용이 쉽지 않은 점을 감안하면 부담으로 작용할 수 있을 것 같다. 수업 시간에 책을 읽는 활동을 해야 할지 고민이 된다. 하지만 수업 시간에 책을 읽는 것은 학생들마다 읽는 속도가 다르다는 문제가 있고, 책 읽기 과정이 수업 시간에 운영해야 할 만큼 과학사 및 과학철학 수업에 중요한 목적이 되어야 하는지에 대해서도 더 생각해볼 필요가 있다.

학생 인터뷰 : 가끔 토의 시간이 부족하다고 느낄 때가 있어요. 토의 시간을 조금 길게 잡아주시면 좋을 것 같아요. 싫어하는 아이들이 있을 수도 있겠지만요.

학생 인터뷰 : 발표 자료를 숙제로 해오도록 하고, 모둠별 발표 형식으로 하면 좋을 것 같아요. PPT 같은 것도 사용하고요. 이게 부담이 되기는 할 테니까, 그렇게 많이 하면 안 될 것 같기는 하고요.

또 하나는 학생들의 지속적이고 적극적인 수업 참여를 이끄는 부분이 쉽지 않다는 것을 깨달았다. 아무래도 매주 책을 읽고, 독서 일지를 작성하는 활동이 학생들에게 부담을 준 듯했다. 비록 일주일에 30쪽 분량일지라도 내용의 난이도와 독서 일지를 작성해야 한다는 생각에, 시간이 갈수록 온전히 책을 이해하지 못했음에도 독서 일지 제출에 매달리게 한 것 같았다. 단원에 따라 관심이 있는 분야는 열심히 읽지만, 그렇지 않은 부분은 대충 읽는 모습도 보였다. 평가라는 무기를 이용해서 학생들을 한 학기 동안 이끌어왔으나 외재적 동기로 수업을 하는 긴장 상태는 서로를 지치게 했다. 여기에 코로나19로 인해 온라인과 오프라인 수업이 혼재되어 있는 것도 어려움 중 하나였다. 교사, 학생, 학부모 모두 처음 경험해보는 상황은 예측이 불가했고, 그만큼 계획한 교육과정을 실행하는 데 어려움을 주었다.

학생 인터뷰 : 처음에는 편안한 마음으로 들어볼까 했는데, 첫 수업부터 '빡세겠구나' 하는 것을 느꼈어요. 수업 시간 전에 미리 책을 읽어가야 되니까 초반에는 정신을 집중해서 조금 읽었어요. 그런데 시간이 지나면서 중요한 단원이나 일부분만 보고 옮기는 식으로 대충하게 되더라고요.

학생 인터뷰 : 온라인 수업으로 하다 보면 다른 사람의 의견을 많이 반영하기가 힘들고, 중간에 토의가 없으면 한 사람의 생각만 거의 들어가게 되거든요. 그게 조금 아쉬웠어요.

학생 인터뷰 : 저는 열심히 참여했어요. 사실 모둠이 자주 바뀌었잖아요. 토론을 하는 모둠도 있었고, 그냥 카톡으로 보내기만 하는 모둠도 있었고. 저는 특히 토론을 하는 모둠에는 80% 이상 참여한 것 같아요.

5주차 '교사의 수업 성찰 일지'에서 : 토의·토론 활동 수업의 어려움이 느껴진다. 이 수업의 설계는 '독서 일지 작성-모둠 대화-모둠 발표 및 질의응답'이다. 모둠 대화는 각자 읽어온 내용을 토대로 깊이 있는 논의와 토의가 일어났으면 하는 바람으로 설계했다. 그런데 모둠 대화가 일어나지 않고, 발표자가 발표 내용을 대부분 정리하거나 모둠원들이 각자 맡은 부분을 종합하는 수준에 머무를까 봐 걱정이 된다. 해야 할 것이 많아서 그런 것일 수도 있고, 수업에 익숙해지다 보니 최소한으로 해야 할 것이 무엇인지 파악해서 그런 것일 수도 있겠다. 교사가 지속적으로 학생들의 학습 동기를 이끌어내고 수업 참여를 유도해야겠지만, 온라인 수업은 이런 부분이 참 힘든 것 같다. 학생들의 자발적인 참여에 많은 것을 의존할 수밖에 없었다.

한 학기 수업이 끝나고, 학생들은 수업 운영에 몇 가지 변화를 주문했다. 먼저, 선정한 교재의 내용이 어렵다는 것이었다. 아무래도 번역서라서 그런지, 단원마다 조금씩 차이는 있었지만 전반적으로 어려움을 느낄 만했다. 학생들은 또 비슷한 분야, 예를 들면 물리, 화학, 생명과학, 지구과학으로 단원을 나눠서 읽는 것과, 모든 단원을 다루기보다 분야별로 한 단원씩 선정해서 깊이 있는 토의·토론과 발표, 글쓰기를 하면 좋겠다고도 했다. 책을 읽어오는 것은 조금 힘들지만 수업 중에 이루어지는 토의·토론, 발표 활동은 즐겁다는 것이다. 모둠별로 진행했던 토의 활동을 주제에 따라서는 학급 전체가 하면 좋겠다는 의견도 있었다. 실제로 수업에서 학생들은 특정 주제에 큰 관심과 적극적인 참여를 보여주기도 했다.

학생 인터뷰 : 수업한 내용을 죽 보니까 생물 분야가 거의 절반 정도더라고요. 물리 분야는 10개 중에 하나밖에 안 돼서 그게 아쉬웠어요. 분야를 다양하게 다룰 수 있도록 조정하면 좋을 것 같아요.

학생 인터뷰 : 선생님이 질문을 하나 던지면 여기에 대한 과학과 철학 개념을 저희가 알아서 공부해서, 그걸 바탕으로 답변하는 식으로 수업을 하면 진짜 재미있을 것 같아요.

학생 인터뷰 : 같은 모둠에서는 토의가 잘 되었던 것 같은데, 전체에서는 발표 내용만 가지고는 모둠원들이 어떤 생각을 하는지 알기 어려웠어요. 오히려 모둠별이나 전체적으로 패들렛에서 회의를 하는 것도 괜찮을 것 같아요.

학생 인터뷰 : 배우지 않은 이론들이 책에 나오는데, 그런 걸 조금 설명해주면 좋았을 거라는 생각이 들었어요. 저희 스스로 해야 되는 게 많았잖아요. 질문도 만들고, 답변도 만들어서 계속 발표하는 식으로. 선생님이 가이드를 해주었으면 하는 바람이 있었어요. 각 단원마다 중요하게 여기는 질문을 몇 개 고르거나 수업이 끝났을 때 저희가 만든 질문들 중에서 눈여겨볼 만하다고 하는 것을 뽑아주시거나 했으면 더 좋았을 것 같아요.

(4) 다시, 교육과정 개발하기 : 교사(들)의 교육과정

나는 2021학년도에도 과학사 및 과학철학을 가르치게 되었는데 이때는 해당 과목을 신청한 학생이 94명으로 늘어나서, 3명의 교사가 함께 교육과정을 개발하고 실행했다. 전반적인 교육과정 개발 과정을 소개하면 다음과 같다.

먼저 담당 교사들이 협의회를 열어 2020학년도 강의 계획서와 평가 계획서를 천천히 읽어보았다. 그런 다음, 이 과목을 듣는 학생들이 학습하기를 기대하는 목표에 대한 생각을 나누었다. 이를 충분히 공유한 상태에서 구체적인 수업 내용과 방법, 평가에 대한 이야기를 진행해나갔다. 과목의 목표는 자료에도 나와 있었지만 선생님마다 해석하고 받아들이는 것이 조금씩 달랐는데, 돌이켜보면 이 시간이 무척 중요했던 것 같다. 가르치는 교사들이 공유한 목표가 분명했기에 성취 기준이나 수업, 평가 방법에서도 긍정적으로 의견을 조율할 수 있었다.

이어서 2020학년도에 진행한 수업과 평가는 구체적으로 어땠는지, 그 과정에서 좋았던 점과 아쉬웠던 점은 무엇인지, 교사의 수업 성찰과 학생들의 피드백을 바탕으로 이야기했다. 앞서 실행한 교육과정 평가 내용이 있었으므로 이 부분도 원활하게 진행되었다.

수업 경험에 대한 공유를 마친 다음에는 앞으로 가르칠 내용에 대한 이야기를 나누었다. 지난해 교재의 내용이 어렵다는 학생들의 의견이 많아서 교재 변경에 대한 의견을 주고받았으나, 과목의 목표와 학생들의 특성을 고려해서 교재는 그대로 유지하되 내용을 재구성해서 학습에 대한 부담을 낮춰주기로 했다. 또 교재에는 없으나 필요하다고 판단한 내용들을 정리해서 이를 토대로 가르칠 주제를 결정하기로 했다.

주제 결정과 함께 가르치고자 하는 주제에 적합한 수업과 평가 방법 개발에 대한 이야기도 나누었다. 아울러 각 수업과 평가 장면에서 학생들의 어떤 측면을 평가할 것인지, 핵심적인 평가 요소를 결정했다. 끝으로 주차별 수업, 평가 계획을 담은 강의 계획서를 작성했고, 이를 토대로 성취 기준과 내용 요소, 구체적인 평가 방법과 내용을 넣은 평가 계획서를 작성했다.

2021학년도 과학사 및 과학철학 교육과정 개발 과정

단계	내용
1	2020학년도 과학사 및 과학철학 교육과정 확인(강의 계획, 평가 계획)
2	2020학년도 교육과정 평가 내용 확인
3	가르칠 주제 결정(교재, 과목의 편제 및 시수 고려 등)
4	수업, 평가 디자인
5	주차별 주제–수업–평가 일체화 구상
6	내용 요소 및 성취 기준 개발
7	강의 계획서, 평가 계획서 작성

2021학년도 교육과정 개발 과정을 2020학년도와 비교해보면 각 단계들이 항상 선형적인 단계로 진행되지는 않는다는 것을 알 수 있었다. 이는 교육과정 개발 과정이 공통적인 단계는 존재할 수 있지만 상황에 따라 무척 역동적으로 일어날 수 있음을 의미한다.

2020학년도와 달라진 구체적인 내용은 다음과 같다. 일단 독서 토론 활동과 논술 활동에 변화가 있었고, 페임랩(Fame lab)과 동서양 과학사 비교 활동이 추가되었다. 또 과학과 상상력, 고대 과학사 내용이 추가되었다.

■ 독서 토론 활동의 변화

동료 교사들은 2020학년도에 실행한 수업의 의미와 수업자의 성찰에 공감하고, 우리 학교 학생들이 과학사 및 과학철학 수업 시간에 교재를 읽고, 대화하고, 발표를 통해서 배우는 과정이 필요하다는 데 동의했다. 따라서 2021학년도에도 독서 토론 활동에서 사용한 교재와 수업 형태를 활용하기로 결정했다. 다만, 교재에 있는 모든 단원을 다루기보다 주제를 살펴본 후 선별하는 것이 좋겠다는 의견이 나왔다. 2학점인 수업(1주 2시간, 총 15주)에서 모든 내용을 다루기에는 학생들의 학습 부담이 클 것이라는 판단을 했기 때문이다. 학생들이 얻는 배움과 학습 부담 간에 균형을 맞춰야 한다는 사실은 학생들의 수업 피드백을 받아보고 수업 성찰을 할 때도 느꼈던 부분이다.

그리고 읽고, 대화하고, 발표하는 활동에 더해 글쓰기 활동을 추가하기로 했다. 2020학년도 수업 과정을 살펴보니, 학생들은 토의·토론 후에 더 깊이 탐구하기를 원했다. 과학관 검사 결과에서도 절충주의에서 귀납주의나 반증주의, 상대주의로 생각을 분명하게 옮겨가는 모습을 보였고, 학생들의 수업 참여를 더 원활하게 이끌 필요도 있었다. 많은 단원의 독서 일지를 작성하는 것이 부담을 준 반면, 몇 개의 단원을 깊이 있게 읽고, 토론하고, 글쓰기 활동을 더 하고 싶어 했기 때문이다. 단원의 선별 과정은 물리, 화학, 생명과학, 지구과학에서 하나씩 선정하고, 다윈 혁명의 연장선에 있는 유전학을 하나 더 넣기로 했다. 이런 내용을 토대로 2020학년도에는 10개였던 단원을 6개로 줄였다.

과학사 및 과학철학 독서 토론 활동에서 다루는 단원의 변화

주차	2020학년도	2021학년도
1	1장 서론 : 과학, 사회 그리고 역사	1장 서론 : 과학, 사회 그리고 역사
2	2장 과학혁명	2장 과학혁명
3	3장 화학 혁명	3장 화학 혁명
4	4장 에너지 보존	
5	5장 지구의 나이	
6	6장 다윈 혁명	5장 지구의 나이
7		6장 다윈 혁명
8		
9	7장 새로운 생물학	
10	8장 유전학	8장 유전학
11	9장 생태학과 환경보호주의	
12	10장 대륙이동설	
13		
14		
15		

■ 논술 활동의 변화와 페임랩 활동 추가

2020학년도에는 7, 8주차에 논술 평가를 진행했지만, 2021학년도에는 평소 독서 토론 활동을 기반으로 자신의 생각을 정리하는 글쓰기 활동이 있으므로, 특정한 시기에 진행하는 논술은 이걸로 대체하기로 했다. 그 대신 페임랩 활동을 추가하기로 했다. 페임랩은 과학, 공학, 기술 등을 주제로 3분간 간단한 사물만 활용해서 발표하고 우승자를 가리는 경연 대회로, 2005년에 영국 첼튼엄 과학 페스티벌에서 처음 열렸다. '과학의 대중화는 과학기술로 발생하는 문제들을 대중의 참여를 통해 통제할 수 있고, 인간과 밀접한 관련이 있는 삶을 합리적인 설명을 통해 궁금증을 해결해줄 수 있으며, 과학 문화 발전을 통해 대중들의 사고 수준을 선진화할 수 있다(손향구, 2016.)'는 말처럼, 페임랩 수업을 통해 과학 대중화의 필요성을 느끼고 경험해보는 것은 의미가 있다고 판단했다.

페임랩은 한 주는 준비, 한 주는 발표로 총 2주에 걸쳐 진행하기로 했다. 페임랩의 큰 주제는 '쿤의 과학혁명으로 바라본 과학사' 또는 '나만의 새로운 과학혁명으로 바라본 과학사'였다. 학생들은 둘 중 하나의 주제를 선택해서 관심 있는 과학사의 사례를 찾아보고 발표하면 되었다.

■ '과학과 상상력'에 대한 내용 추가

동료 교사의 의견에 따라 과학의 발전과 인간의 이성, 상상력의 관계에 대해 가르치기로 했다. 이성과 상상력은 인간의 사고 과정에서 나타나는 똑같은 정신 활동이며, 이 둘의 적극적인 활용은 과학 발전에 매우 중요한 영향을 미친다. 나 역시 학생들에게 인간의 이성뿐만 아니라 상상력의 중요성을 알리는 것이 필요하다는 데 동의했다. 참고로, 과학기술학자 홍성욱은 과학에서 '이성과 상상력의 지나친 구분으로 인간의 강력한 지적 능력을 온전히 표현하지 못하고 있다'고 지적한 바 있다.

우리는 '과학 발전에 상상력은 꼭 필요한 것인가?'라는 주제로 토론 활동을 해보기로 했다. 찬성 측에서는 과학의 역사에서 상상력이 과학 발전에 도움을 준 경우를 찾아서, 반대 측에서는 상상력이 과학 발전에 방해가 된 경우를 찾아서, 그 이유를 생각해보고 정리해서 발표하는 활동이었다. 모둠별 발표가 끝난 뒤에는 본인이 생각하는 과학과 상상력의 관계를 글로 정리하면서 마무리하기로 했다.

■ 고대 과학사, 동서양 과학사 비교 추가

기존 과학사 및 과학철학 수업은 주로 서양 과학사를 중심으로 구성해왔다. 선정한 교재가 근현대 서양 과학을 다루고 있어서이기도 하지만, 자연철학의 출발을 그리스 시대로 보고 있기 때문이다. 또 중세 유럽에서 발생한 코페르니쿠스, 갈릴레이, 뉴턴과 같은 주요 학자들의 연구물을 중요하게 다루면서 자연스럽게 서양 중심의 과학사를 학습하게 된다.

그런데 2020학년도 과학사 및 과학철학 수업에 참여한 학생들은 동양에서는 왜 과학혁명이 일어나지 않았는지, 서양에서는 왜 과학혁명이 일어날 수 있었는지 등을 질문했다. 2021학년도 과학사 및 과학철학 교육과정을 개발하기 위한 협의회에서도 동양 과학의 역사나 동서양 과학 발달의 차이를 다루면 좋겠다는 의견이 있었다. 이에 따라 이문규 교수의 논문 〈동아시아 전통 과학의 발견과 그 영향 : 조지프 니덤의 중국의 과학과 문명〉과 고대의 동서양 과학사를 간단히 다루면서 '왜 과학혁명은 서양에서 일어났는가'에 대해 써보는 수업을 진행하기로 했다.

■ 내용 요소, 성취 기준의 변화

이런 논의들을 토대로 2021학년도 경기과학고등학교 과학사 및 과학철학의 성취 기준을 개발했는데, 2020학년도의 성취 기준을 활용한 것도 있고, 동료 교사들과 새로 만든 것도 있었다.

2021학년도 과학사 및 과학철학 내용 요소와 성취 기준

내용 요소	성취 기준
- 과학과 상상력	- 과학의 발달에 있어서 이성과 상상력이 끼친 영향을 이해하고 설명할 수 있다.
- 귀납주의 - 연역주의 - 반증주의	- 귀납, 연역, 반증주의의 특징과 한계점을 비교할 수 있다.
- 쿤의 과학혁명	- 과학의 역사를 패러다임의 전환으로 보는 쿤의 과학관을 이해하고, 그 한계를 설명할 수 있다.
- 라카토슈의 연구 프로그램	- 과학의 역사적 발달 사례를 라카토슈의 연구 프로그램으로 설명할 수 있다.
- 고대, 중세, 르네상스 시대 과학	- 고대와 중세의 과학과 르네상스 시기의 과학혁명을 알고, 과학혁명의 사회적 영향과 맥락을 설명할 수 있다.
- 근현대 서양 과학	- 근현대 물리학·화학·생물학·지구과학의 발견을 알고, 과학의 발달 과정을 설명할 수 있다.
- 동양 과학의 발달	- 동양 과학이 발전한 흐름을 이해하고 설명할 수 있다.
- 동서양 과학 발달의 비교	- 동양 과학과 서양 과학의 발전 과정 비교를 통하여 과학혁명의 의미에 대해 토의할 수 있다.
- 과학과 다른 영역과의 관계	- 과학과 다른 영역(윤리, 종교, 정치, 문화 등) 간의 연관성을 이해하고, 과학의 역할에 대하여 자신의 생각을 표현할 수 있다.

■ 2021학년도 과학사 및 과학철학 수업, 평가 계획

교사들이 논의를 통해 계획한 15주차 수업과 평가 일정은 다음 표와 같다. 2020학년도에는 13, 14주차에 과학철학과 관련한 강의를 진행했고, 학생들은 이 강의를 통해 배운 것과 그때까지 공부한 과학사 내용

을 바탕으로 2차 지필 평가를 치렀다.

협의회에서는 과학철학을 학습하고 나서 과학사 내용을 다루는 것이 좋을 것 같다는 의견이 나왔다. 먼저 '과학이란 무엇인가', '과학 지식은 어떻게 발달해나가는가'라는 질문에 대답해보는 공부를 하면, 교재에 나오는 과학사의 사례들을 다양한 관점에서 해석할 수 있기 때문에 풍부한 학습 경험을 제공할 수 있을 거라는 이야기였다. 또 다양한 관점으로 과학사 사례를 분석해보는 활동이 중요하다는 공감대를 이룬 가운데, 지필 평가를 치르되 1차 지필 평가로 이동하는 것이 좋겠다는 의견이 있었다. 이를 바탕으로 과학철학에 대한 강의는 1차 지필 평가 전인 1~7주 사이에 2주간 진행하기로 합의했다.

2021학년도 과학사 및 과학철학 주차별 수업 주제-수업-평가 일체화

<table>
<tr><th>주차</th><th>수업 주제</th><th>수업</th><th>평가</th></tr>
<tr><td>1</td><td>1장 서론 : 과학, 사회 그리고 역사 / 과학과 상상력</td><td>자료 조사, 토론, 발표, 글쓰기</td><td></td></tr>
<tr><td>2</td><td>2장 과학혁명</td><td rowspan="2">독서, 토론, 글쓰기 활동</td><td rowspan="2">관찰 평가, 논술 평가</td></tr>
<tr><td>3</td><td>3장 화학 혁명</td></tr>
<tr><td>4</td><td rowspan="2">과학철학</td><td rowspan="2">강의</td><td rowspan="2">논술 평가
(1차 지필 평가)</td></tr>
<tr><td>5</td></tr>
<tr><td>6</td><td>4장 지구의 나이</td><td rowspan="2">독서, 토론, 글쓰기 활동</td><td rowspan="2">관찰 평가, 논술 평가</td></tr>
<tr><td>7</td><td>6장 다윈 혁명</td></tr>
<tr><td>8</td><td rowspan="2">과학혁명</td><td>페임랩 준비</td><td>관찰 평가, 논술 평가</td></tr>
<tr><td>9</td><td>페임랩 발표</td><td>관찰 평가, 동료 평가</td></tr>
</table>

10	8장 유전학	독서, 토론, 글쓰기 활동	관찰 평가, 논술 평가
11	동서양 과학의 비교	영상 시청, 자료 조사, 토론, 글쓰기	관찰 평가, 논술 평가
12			
13	학생 선택 주제	자유 주제 발표 준비	관찰 평가, 논술 평가
14			
15	공유	자유 주제 발표	관찰 평가
		수업 발표회	

(5) 교사 교육과정-수업-평가 일체화로 성장하기

과학사 및 과학철학 교육과정을 개발하고 실행하면서 많은 것을 느꼈다. 먼저 교사로서 나는 교육과정, 수업, 평가에 대해 어떤 생각을 가지고 있는지, 그러한 생각이 형성된 과정은 어땠는지를 살펴보면서 앞으로 어떤 자세로 교육과정을 개발하고 실천할 것인가에 대해 구체적으로 생각해볼 수 있었다. 또 개발과 실천뿐만 아니라 일련의 과정을 성찰하는 태도가 수업을 위해 얼마나 중요한지도 깨달았다. 힘들더라도 꾸준히 개발, 실행, 성찰의 선순환을 실천하기 위해 노력해야겠다는 동기를 얻었다.

두 번째, 새로운 과목을 가르치는 두려움이 줄어들었다. 교육과정과 학교, 학생들의 특징을 꼼꼼히 살핀다면 낯선 과목이라도 잘 가르칠 수 있다는 자신감을 얻은 것이다. 과학사 및 과학철학은 교직 생활에서 가르쳐본 적이 없는 과목이었기에 처음 맡았을 때는 긴장했고, 수업을 준비하는 데 많은 시간을 써야 했다. 해본 적 없는 일에 대한 막연한 두려움과 새로운 과목을 가르쳐본다는 기대감이 3:7의 비율로 섞여 있는 기분이었다. 학기 시작 전인 방학 동안 관련 책을 읽고, 교육과정을 읽고, 과거에 가르친 선생님들의 수업과 평가 자료를 읽으면서 수업을 구상해나갔다. 수업을 구상하고 실천하는 과정에서 막연함과 부담감으로 스트레스를 받기도 했지만, 내가 개발하고 실행하는 '나의 교육과정'임을 인지하고, 학생들에게 질 높은 배움을 제공하기 위한 수업을 실행하면서 지속적으로 그 과정을 성찰했다. 매주 수업은 잘 진행되고 있는지, 학생들의 반응은 어떤지를 살피면서 '수업 성찰 일지'를 썼고, 수업을 되돌아보며 더 나은 수업을 하려고 노력했다. 이런 경험은 교사인 내게도 성장하고 있다는 만족감을 주었다.

세 번째, 교육과정을 개발하고 실행, 평가하는 과정을 통해 '교육과정 문해력'이 높아졌다. 교육과정 문해력은 국가 교육과정을 읽고 활용하는 것을 넘어서 교육과정을 쓰는 능력까지, 나아가 교사가 교육과정 문서를 비판적으로 해석하고, 상황과 맥락에 맞게 재구성하는 역량까지를 포함한다. 나는 수업을 개발할 때 학생들의 특성을 중심으로 교육과정 문서를 읽고 분석하며, 분석한 내용을 토대로 내용 요소와 성취 기준을 개발하고, 수업과 평가 계획을 작성하면서 교육과정 문해력이 높아지는 것을 실감했다.

끝으로, 2년간 과학사 및 과학철학 교육과정을 개발, 실행, 평가한 경험을 비교하면서 교사 교육과정을 발휘할 때 자율성과 공동체성의 균형 잡힌 발현이 매우 중요하다는 사실을 깨닫게 되었다. 2020학년도에 교육과정을 개발하고 실행할 때는 교사 개인 차원에서 수업 주제와 형태, 평가 방법을 결정하고 학생들의 학습 결과에 대한 평가를 진행했으며, 이에 대한 검토나 결과 보고 과정에서만 공동체성이 적용되었다. 이로써 교사의 자율성은 교육과정 개발과 실행 과정에서 크게 발휘되었다고 볼 수 있지만, 실행 과정이 교사 개인 차원에 머물렀기 때문에 성찰의 관점과 내용 측면에서 다양성을 확보하지 못했다는 아쉬움이 남았다.

반면에 2021학년도에는 전 과정을 동료 교사들과 함께 진행하면서 서로의 의견 공유를 통해 교육과정의 개발과 실행에 합의점을 도출해 냈고, 학생들의 학습 결과물을 평가할 때도 상호 검토를 거치면서 신뢰도를 높일 수 있었다. 이는 공동체성으로 교육과정의 질을 향상시킬 수 있다는 학습 공동체 논의에도 부합한다. 하지만 30시간이라는 정해진 수업 안에 교사마다 중요하게 여기는 가치와 추구하는 방향성을 다 담을 수는 없었고, 학생들의 학습 결과물에 대해서도 교사가 자율성을 발휘해서 판단하기보다 공동체성에 근거해 진행할 수밖에 없었다. 이렇듯 교사 개인 차원이나 공동체 차원에서 교육과정을 개발하고 실행할 때는 자율성과 공동체성이 공존하며, 상황에 따라 균형 잡힌 발현이 중요함을 알게 되었다.

4장

교사 교육과정 이야기 : 세계사

나와 우리의 정체성을 찾아가는 세계사 여행

최미현 / 수원 효원고등학교 교사

1. 학생 중심 수업, 과정 중심 평가를 꿈꾸며

"이것 봐, 세계사는 평가가 불공정해." 점수에 대해 충분히 설명을 했는데, 점수가 깎여서 속상하겠다고 위로의 말도 건넸는데, 미나가 자기 자리로 돌아가며 큰 소리로 화를 냈다. 안 그래도 이 반에는 내 편이 별로 없는데, 하는 마음에 괜히 아이들과 눈 마주치기가 두려웠다. 때마침 종이 울리는 바람에 서둘러 교실을 빠져나왔다.

복직하면서 운이 좋았는지, 혼자 세계사 과목을 맡게 되었다. 수업하기 딱 좋은 선택 과목 다섯 반. 여러 학년, 여러 과목을 가르치지 않게 된 것만으로 감사했다. 가치관이 조금씩 다른 교사들과 함께 맡으면 평가 문제로 스트레스를 받는 일이 있어서, 이 문제에서 벗어났다는 해방감도 있었다. 혼자 오롯이 꾸려나갈 수 있는 수업과 평가라니, 드디어 원하는 대로 무언가를 해볼 수 있겠다는 기대감에 부풀었다. 일체화 동아리의 다른 선생님들처럼 학생 중심 수업, 과정 중심 평가를 시도해보겠다는 의지를 불태우며 계획도 세웠다. 그리고 모든 학생이 열심히 하는 것은 아니었지만, 힘들어도 조금씩 실현되어가는 과정이라고 생각했다. 교육적으로 옳다고 생각하는 방향으로 나아가기 위해 열심히 노력하는 교사를 보면 학생들도 진심을 알아줄 거라고 기대했다.

그런데 학기 초부터, 교무실로 가는 내 뒷통수에 '세계사 노잼'이라는 말이 들린 것도 6반 수업이 끝난 직후였다. 6반 아이들은 워낙 말이 없어서 수업 진행이 뜻대로 되지 않았고, 모둠을 다시 구성하는 등 변화를 시도하고 나서야 조금씩 나아지고 있던 참이었다.

다시 한 학기가 끝나가는 마당에 미나가 던진 그 한마디는 비수가 되어 내 가슴에 꽂혔다. '내가 한 평가가 왜 불공정해? 혹시라도 잘못 이해했을까 봐 한 번도 아니고 두세 번씩 글을 읽어봤는데. 게다가 이번 글로만 평가한다는 것도 아니고, 열 차례나 쓴 것을 다 합해서 최종 점수를 매기는 건데.' 나는 불공정한 평가를 하지 않았다고, 미나한테 못 한 말들이 머릿속을 헤집고 다녔다. 상대는 어린 학생이고 나는 어른스러워야 하는 교사였지만, 누구보다 공정하게 평가하기 위해 노력하고 있다는 '틀'에 갇혀서 혼자 상처받고 있었다.

2. 하고 싶은 수업과 평가를 만들기까지

첫 발령지인 학교에서 처음 세계사 수업을 맡았을 때는 고3 대상이라 수능 전까지 최대한 교과서의 내용을 다 가르치는 것이 목표였다. '수시'를 통해 대학에 진학하는 학생이 많은 학교라서 강의로만 수업을 해도 3학년 1학기에 최대한 성적을 잘 받아보겠다는 의지를 가진 학생들이 눈을 반짝였다. 내용을 잘 전달하는 것도, 열심히 공부한 학생들이 성적을 잘 받는 것도 중요했다. 그러나 2학기가 되자 교실의 공기가 달라졌다. 2학기 성적이 필요하지 않은 학생들, 수능에서 세계사를 선택하지 않은 학생들에게 수업은 필요없었다. 교과서를 기준으로 2/3밖에 공부하지 않았는데, 정작 오늘날 세계 사회를 이해하는 중요한 부분이 남아 있는데, 공부하지 않겠다는 학생이 늘어났다.

그래도 수능에서 세계사를 선택한 학생들과 열심히 공부하려는 학생들도 있어서, 진도도 나가고 문제 풀이도 해야 했다. 나는 과감히 교실을 분리하기로 했다. 수업을 '들을' 학생과 '듣지 않을' 학생으로 나눠서, '들을' 학생은 1, 2분단에, '듣지 않을' 학생은 3, 4분단에 모여 앉아 각자 자신에게 필요한 공부를 하기로 했다. 3, 4분단에 앉은 학생들은 공부하다가 엎드려 잠을 청하기도 했지만, 멍한 상태로 그냥 수업을 '듣는' 학생도 있었다. 수능이 끝나고 만점을 받았다며 감사 인사를 전하는 학생들에게는 한껏 축하해주며 내 일처럼 기뻐하기도 했다. 그런데 무언가 찜찜했고, 다시는 고3 수업을 맡고 싶지 않다는 기분에 휩싸였다.

옛날 기억과 함께 오랜만에 다시 만난 2학년 세계사. 그야말로 수업도 평가도 하고 싶은 대로 마음껏 할 수 있겠다는 생각으로 마음이 들떴는데, 이런 마음을 가라앉히는 질문이 머릿속에 떠올랐다. 그래서 '나와 함께하는 학생들은 1년간 세계사 수업을 통해서 무엇을 얻을 수 있을까?' 언젠가 출력해둔 사회과 교육과정을 들추어보았다. 사실 일체화 동아리에 들어가지 않았다면 교육과정은 내게 학기 초에 제출해야 하는 평가 계획이나 진도 계획에 성취 기준을 복사해서 갖다 붙이는 용도 말고는 사용하지 않았을 문서였다.

> 오늘날 세계화는 우리 삶에 영향을 미치는 중요한 요소 중 하나이다. 전 지구적 차원에서 심화된 상호 의존성은 문화와 역사적 경험이 다른 여러 국가와 지역을 하나의 생활권으로 통합시켜 개인의 활동 영역을 획기적으로 확대시켰다. (중략) 세계화를 통한 교류와 소통의 증대는 독자적인 발전을 이룩해온 여러 지역의 문화에 대한 이해의 필요성을 요구한다. 세계화가 진행되어갈수록 이러한 경향은 더욱 심화될 것이다. 따라서 '세계사'는 앞으로 지구촌에서 살아나가야 할 학습자

에게 세계 시민으로서의 소양을 길러주는 과목이 되어야 한다.

막연하던 지향점이 분명히 보이기 시작했다. 내가 입고 있는 옷은 국내 의류 업체의 상표를 달고 있지만, 우리나라보다 인건비가 저렴한 나라에서 제작되어 내 손에 들어왔을 정도로 세계는 이미 가까워져 있다. 새 학기를 앞두고 고민하던 시점인 2018년 1월엔 평창에서 동계 올림픽이 열려, 세계 각국 사람들이 우리 나라를 방문했다. 팔레스타인에서는 여전히 폭탄이 터지는데 미국 대통령은 예루살렘이 이스라엘의 수도라는 정치적인 발언도 서슴없이 했다.

교과서 속 인물과 사건들은 과거에 머물러 있고, 과거에 있었던 일들 자체가 무의미한 것은 아니지만, 그것만으로 수업을 진행한다면 도대체 왜 우리가 먼 옛날, 우리와 상관없어 보이는 사람들의 이야기를 공부해야 하느냐는 학생들의 질문에 대답할 수 없을 것만 같았다. 과거에 있었던 다양한 인물과 사건에 대한 이해를 토대로 오늘날 우리의 삶을 연결하고, 또 앞으로 살아갈 세계에 대한 이야기를 해야 한다고 생각했다. 이러한 나의 생각은 놀랍게도 교육과정에 담겨 있었다. 다음은 교육과정에 나오는 세계사 과목의 구체적인 목표이다.

가. 지구상에 존재하는 여러 지역의 문화와 가치를 이해함으로써 '세계 속의 한국인'으로서 정체성을 함양한다.

나. 지역의 종교와 문화, 정치 체제와 가치관의 차이에서 발생하는 사건이나 갈등을 역사적 맥락에서 파악하고, 그런 과정을 통해서 문제 해결을 위한 역사적 사고 능력을 배양한다.

다. 인류의 역사를 구성하는 여러 지역이 점진적으로 통합되어가는 과정을 탐구하여 세계가 오늘날과 같은 상황에 이르게 된 원인과 과정을 이해한다.

라. 여러 지역 사이에서 이루어진 문화적 교류가 인류 문명 발전에 기여했던 사실을 탐구하여 세계시민 의식을 기른다.

마. 세계사의 주제와 관련된 자료를 비교, 분석, 비판, 종합하는 활동을 통해 미래 사회를 전망할 수 있는 역사적 안목을 키운다.

교육과정에서는 이미 세계 속의 한국인으로 살아가고 있는 나와 학생들이 인류의 역사를 통해 오늘날을 이해하면서 사고력을 키우고, 세계시민 의식과 미래 사회를 전망할 수 있는 안목을 기르는 것을 목표로 해야 한다고 분명히 밝히고 있다. 우스갯소리로 한국사는 구석기와 신석기까지, 세계사는 4대 문명까지 공부하고 나면 그 뒤로는 공부하지 않는다는 이야기를 하면, 학생들은 고개를 끄덕이며 공감한다. 세계사는 공부할 내용과 외워야 할 것이 많아서 선택률이 낮은 과목이기도 하다. 그런데 세계사 교육과정의 성격과 목표 어디에도 수많은 내용 지식을 암기해야 한다는 이야기는 나오지 않는다.

내용을 알고 암기하는 공부에 대해 폄하할 생각은 전혀 없다. 나 역시 이해하고 암기하면서 공부했고, 내용 지식에 대한 이해 없이 역사적 사고력과 세계시민 의식, 역사적 안목이 길러진다고 생각하지도 않는다. 대학생이 되어 전공 공부를 본격적으로 하면서 신기하게 느꼈던 것은, 다양한 역사적 사실을 자세히 알면 알수록 더 입체적으로 해당 시기를 이해할 수 있게 되었다는 것과, 그런 맥락 속에서 같은 시기의 또 다른 역사적 사실까지 자연스럽게 이해할 수 있게 되었다는 것이다. 물론 나와 만나는 학생들이 다 나처럼 역사를 좋아할 수는 없겠지만, 많은 내용 지식을 쏟아붓고, 암기하고, 5지 선다형 문제에서 정답을 잘 골라내면 잘하는 것이라고 믿게 하는 수업과 평가를 하고 싶지는 않았다. 그래서 다시 한번 나에게 질문을 해보았다. '나와 함께하는 학생들이 수업 시간에 무엇을 했으면 좋겠다는 거지?'

이해한 내용 지식을 토대로 다른 시간, 다른 공간에서 살아간 사람들이 어떠했을지 상상해보고, 공감할 수 있으면 좋겠다. 또 과거의 사람들이 만들어간 역사에 대해 스스로의 가치관을 토대로 평가를 하며 친구들과 편안하게 이야기 나눌 수 있으면 좋겠다. 각 지역에서 과거에 있었던 일들을 통해 오늘날의 다른 지역이 우리와 어떻게 다르고, 왜 다를 수밖에 없는지 이해하고, 틀림이 아닌 다름을 이해할 수 있으면 좋겠다. 그래서 수업 시간에 글을 읽고, 미루어 생각해보고, 이야기를 나누고, 생각을 정리해보고, 그 생각을 다양한 방법으로 표현할 수 있으면 좋겠다.

이런 목표 아래 선택한 주된 평가 방식은 글쓰기 수행평가였다. 지침상 논술형 평가는 일정 비율 이상 꼭 포함해야 했기에 그리 낯설지 않았다. 하지만 학생들이 미리 정답을 외워서 쓰는 것이 아니라 스스로의 생각을 자유롭게 표현하는 글을 쓸 수 있도록 하고 싶었다. 즉, 수업 시간에 진도와 별개로 치르는 평가가 아니라 수업 활동과 함께 이루어지는 평가를 진행하고 싶었다. 그래서 10회의 글쓰기 평가를 진행하기로 하고, 학생들의 부담을 줄여주기 위해 1회마다 10점 만점, 10회를 합산해서 총점을 계산, 단계별로 최종 점수를 부가하는 평가 계획을 세웠다. 논술 주제나 읽기 자료는 주로 전국역사교사모임이 쓴《읽고 쓰고 토론하고 느끼는 동아시아사 수업 1, 2》(비매품)를 참고로 재가공해서 제공했다. 이렇게 계획한 2018년 1학기 세계사 수업 10회 논술형 평가의 주제는 다음과 같다.

2018학년도 2학년 1학기 세계사 글쓰기 수행평가를 위한 성취 기준 재구성[1]

주제	재구성한 성취 기준	글쓰기 주제
1. 역사와 인간	세1212. 세계사 학습을 통하여 현재 인류가 당면한 다양한 문제의 근원과 가능한 해법을 탐구할 수 있다. → 세1212-1. 사료와 다양한 매체를 활용하여 현재 분쟁이 일어나는 공간에 대한 생각을 나누고, 세계사 학습의 필요성을 서술할 수 있다.	① 세계사 교육의 필요성을 논술하세요.
3. 동아시아 문화권의 형성과 발전	세1222. 각 지역 세계에서 진·한, 마우리아와 쿠샨, 페르시아, 로마 등의 통일 제국이 형성되어 발전하는 과정을 이해한다. → 세1222-1. 제자백가가 나타난 배경을 이해하고, 제자백가를 활용하여 사회 문제를 해결하기 위한 방안을 제시할 수 있다.	② 미투 운동에 대한 기사를 읽고 제자백가 사상가 중 한 명을 골라 그 입장에서 원인을 분석하고 해결책을 제시하세요.
	세1231. 인구 이동과 전쟁, 주요 종교의 확산 등을 계기로 동아시아, 인도, 이슬람, 유럽 세계가 재편되고 성장하는 과정을 설명할 수 있다. → 세1231-2. 북방 민족의 한족 지배 방법에 대해 자신의 생각을 정리하여 표현할 수 있으며, 다양한 민족이 함께 살아가기 위해 필요한 정책을 구체적으로 제시할 수 있다.	③ 여러 유목 민족의 중국 지배 정책을 비교한 후, 현대 한국 사회의 이민자 입장에서 필요한 정책을 쓰고 그 이유나 목표를 서술하세요.

1 2018학년도에 역사과는 2009 개정 교육과정이 적용되던 시기였다. 현재 적용되는 2015 교육과정과는 차이가 있다.

주제 통합 1	세1221. 유라시아 대륙 각 지역에서 최초의 문명이 형성되고 도시국가가 출현하는 과정을 비교하여 설명할 수 있다. 세1231. 인구 이동과 전쟁, 주요 종교의 확산 등을 계기로 동아시아, 인도, 이슬람, 유럽 세계가 재편되고 성장하는 과정을 설명할 수 있다. 국1256. 일제 강점기의 사회·경제적 변동에 따른 사회 모습의 변화를 설명할 수 있다. → 세1231-4. 주의 봉건제, 일본의 봉건제, 중세 서유럽 세계의 봉건제를 비교하여 설명하고 서양의 시대구분론과 그에서 파생된 정체성론에 대한 자신의 생각을 논리적으로 서술할 수 있다.	④ 일본의 봉건제에 대한 설명과 정체성론, 시대구분론에 대한 글을 읽고 정체성론과 3시대 구분론에 대한 반박하는 글을 쓰세요.
6. 고대부터 중세까지의 유럽사	세1222. 각 지역 세계에서 진·한, 마우리아와 쿠샨, 페르시아, 로마 등의 통일 제국이 형성되어 발전하는 과정을 이해한다. → 세1222-3. 고대 그리스의 민주정치에 대해 이해하고 설명할 수 있다. → 세1222-4. 로마공화정에서 제정으로의 변천 과정을 설명할 수 있다.	⑤ 현대 대의민주제에 대한 설명 글을 읽고, 페리클레스의 '전몰자를 위한 추도사'에 대하여 찬성, 혹은 반대하는 글을 쓰세요. ⑥ 그라쿠스 형제의 개혁 내용과 5현제 시대를 비교하는 글을 읽은 후 그라쿠스 형제의 주장에 대해 찬성, 혹은 반대하는 글을 쓰세요.
주제 통합 2	세1223. 각 지역의 통일 제국에서 유교·불교·조로아스터교·크리스트교 등의 종교가 출현하여 전파되는 과정을 설명할 수 있다. 국1224. 고려 시대의 사상적 특징을 유교, 불교, 풍수지리설 등을 중심으로 설명할 수 있다. → 세1223-5. 주요 종교가 출현하여 전파되는 과정을 이해하고, 종교가 끼치는 사회적 영향력에 대하여 자신의 생각을 논리적으로 주장할 수 있다.	⑦ 종교는 사회적으로 어떠한 역할을 하는 것이 바람직한지 논술하세요.
6. 고대부터 중세까지의 유럽사	세1231. 인구 이동과 전쟁, 주요 종교의 확산 등을 계기로 동아시아, 인도, 이슬람, 유럽 세계가 재편되고 성장하는 과정을 설명할 수 있다.	⑧ 중세 유럽에 나타난 다양한 신분 중 하나를 고른 후, 그 인물이 되어 십자군 전쟁에 참여할지 하지 않을지 선택하여 글을 쓰세요.

6. 고대부터 중세까지의 유럽사	→ 세1231-5. 십자군 전쟁의 목적과 경과, 결과가 유럽 세계에 미친 영향력을 설명할 수 있다. → 세1231-6. 중세 유럽 도시의 특성을 파악하고 해당 지역 사람들의 삶을 상상할 수 있다.	⑨ 중세 유럽에서, 공부한 특정 지역과 시대를 골라 그 시대에 살고 있다고 가정한 후, 21세기의 고등학생 친구에게 쓰는 편지글을 작성하세요.
7. 비유라시아 세계의 역사	세1232. 비유라시아 세계(아프리카, 아메리카 및 오세아니아 등)의 지역 문화 발달을 이해한다.	⑩ 비유라시아 세계의 지역사회 중 하나를 골라 해당 역사와 문화를 소개하는 글을 작성하세요.

수업 시간에 다룰 내용을 토대로 해당 시기에 공감하며 이해하는 글을 쓰거나, 오늘날 사회에서 나타나는 여러 문제와 비교해서 현재 문제에 대한 해결책을 제시하는 글을 쓰는 것이 대부분이었다. 가장 고민했던 글쓰기 평가를 정하고 나니 마음이 한결 놓였지만, 글만 쓰는 수업이 즐겁지만은 않을 것 같아서 모둠 내에서 함께할 만한 활동을 구상했다.

2018학년도 2학년 1학기 세계사 모둠 활동을 위한 성취 기준 재구성

주제	재구성한 성취 기준	모둠 활동
2. 문명의 형성과 도시의 출현	세1221. 유라시아 대륙 각 지역에서 최초의 문명이 형성되고 도시국가가 출현하는 과정을 비교하여 설명할 수 있다. → 세1221-1. 4대 문명의 형성 과정과 특징을 정확히 비교하여 설명하고, 사료를 통해 당시 사회의 모습을 추론할 수 있다.	① 4대 문명 중 한 시공간을 골라 해당 시기 인물이 되어 공동으로 일기 쓰기
3. 동아시아 문화권의 형성과 발전	세1231. 인구 이동과 전쟁, 주요 종교의 확산 등을 계기로 동아시아, 인도, 이슬람, 유럽 세계가 재편되고 성장하는 과정을 설명할 수 있다. → 세1231-1. 위진남북조시대와 수, 당의 통일 제국의 흥망성쇠에 대해 이해한 내용을 표현할 수 있다.	② 위진남북조·수·당 범위 내에서 주제를 골라 화자의 입장을 고려하여 노래 가사 바꿔 부르기

4. 서아시아 문화권의 형성과 발전	세1222. 각 지역 세계에서 진·한, 마우리아와 쿠샨, 페르시아, 로마 등의 통일 제국이 형성되어 발전하는 과정을 이해한다. → 세1231-3. 고대 서아시아 세계와 이슬람 세계를 비교하여 차이점을 설명하고, 해당 문화권에 대해 정확하게 이해하고 다른 사람에게 알릴 수 있다.	③ 서아시아 세계에 대한 편견을 깰 수 있는 카드 뉴스 제작하기
6. 고대부터 중세까지의 유럽사	세1222. 각 지역 세계에서 진·한, 마우리아와 쿠샨, 페르시아, 로마 등의 통일 제국이 형성되어 발전하는 과정을 이해한다. → 세1222-5. 고대 지중해 세계에 대하여 이해한 내용을 자유롭게 표현할 수 있다. 세1231. 인구 이동과 전쟁, 주요 종교의 확산 등을 계기로 동아시아, 인도, 이슬람, 유럽 세계가 재편되고 성장하는 과정을 설명할 수 있다. → 세1231-6. 중세 유럽 도시의 특성을 파악하고 해당 지역 사람들의 삶을 상상할 수 있다.	④ 고대 지중해 세계 범위 중 주제를 골라 광고 제작하여 홍보하기 ⑤ 중세 유럽 사회 범위 중 주제를 골라 기념엽서 제작하기

모둠 활동을 구성할 때는 역사적 상상력을 마음껏 발휘하며 모둠원들과 재미있게 협력하는 과정에서 성취감을 느끼는 것을 목표로 삼았다. 실제 수업에서 첫 번째 논술 주제로 '세계사 교육의 필요성'에 대해 개별 글쓰기를 했고, 두 번째에 바로 '모둠에서 함께 공동 일기 쓰기'를 했다. 공동 일기 쓰기로 먼저 접근한 이유는 모둠 활동을 통해 낯선 글쓰기 활동에 대한 마음의 장벽을 낮추고, 함께 써본 경험을 토대로 이후에 이루어지는 개별적인 글쓰기 활동에서 자신감을 갖도록 해주기 위해서였다. 내용에 대한 이해도가 낮거나 역사 내용을 토대로 글을 쓰는 활동이 익숙하지 않은 학생들이 모둠 내에서 친구들이 사고하는 과정을 함께 경험하면서 배우기를 기대했다. 그리고 광고나 카드 뉴스 제작 활동은 분업과 협업을 통해 시간을 단축하고, 결과물의 질도 어느 정도 보장할 수 있다는 생각에서 구상했다. 굳이 점수를 매겨야 할지

고민했지만, 그동안 만난 학생들이 '평가'라는 단서가 달리면 조금이라도 능력을 발휘하는 모습을 보여주었기에 수행평가 계획에 포함했다.

이렇게 준비를 하고 나니 밥을 안 먹어도 배가 불렀다. 그런데 무언가 이상해서 살펴보니 전체적인 내용의 흐름과 특징을 설명하고, 학생들이 교과서를 읽으며 상세한 내용을 이해하고 정리하도록 한 시간이 많았는데, 평가에서 그 부분이 빠져 있었다.

다시 수업의 형태를 되짚어보면서 교육과정과 교과서를 들여다보았다. 세계사는 다른 사회과 과목에 비해 많은 내용을 다루는 것이 특징이다. 한국사는 한반도와 그 주변에서 일어난 역사적 사실만 다루니까 동시대의 다양한 세계를 공부하지는 않는다. 그러나 세계사는 여러 지역에서 일어나는 역사를 공부하는 과목이라서 시간이라는 날줄과 지역이라는 씨줄을 잘 엮어야 하고, 그만큼 교사의 강의도 필요하다. 따라서 내용 이해를 위해 진행하는 강의식 수업을 잘 경청했는지, 내용 지식을 체계적으로 요약하고 정리할 수 있는지를 확인하는 것도 중요하다. 이런 판단 아래 포트폴리오 검사라는 이름으로 두 차례 활동지를 검사하는 과정까지 수행평가 계획에 넣기로 했다.

이제 준비를 다 했으니 앞으로 학생들이 세계사 수업 시간에 졸지 않고, 즐겁게 듣고 읽고 쓰고 이야기 나누고 함께 만드는 수업을 할 수 있을 거라고 생각했다. 조금 힘들어할 수는 있겠지만 1년을 보내고 나면 '4C'라 불리는 '비판적 사고력, 창의력, 협업 능력, 의사 소통 능력'에 덤으로 '역사적 사고력'과 '역사의식'까지 생길 테니, 만족도가 높아질 것이라며 뿌듯해했다.

3. 현실로 맞닥뜨린 수업과 평가의 모습

(1) 논술 평가

수업과 평가가 밀접하게 같이 가도록 재구성했기 때문에 논술 평가에 대한 사전 공지 없이 수업 시간에 내용 지식을 정리하고, 바로 논술을 쓰는 방식을 채택했다. 열 번의 논술 평가 중 몇 가지 사례를 소개한다.

■ '세계사 교육의 필요성'에 대한 수업과 평가 과정

한 학기 동안 이루어질 수업과 평가에 대한 오리엔테이션을 마치고, 모둠원들끼리 친해지는 워크숍을 진행한 이후에 한 첫 수업이었다. 팔레스타인 분쟁에 대한 최근 뉴스 영상을 보여주고, 이스라엘과 팔레스타인의 역사를 정리한 글을 읽은 다음, 해당 지역에 대한 미국 대통령의 발언에 대해 자신의 생각을 쓰고, 친구들과 이야기를 나누도록 했다. 과거와 현재의 시간이 분절된 것이 아니라 현재 진행 중인 사건의 뿌리가 과거에 있다는 점을 학생들이 파악할 수 있기를 바라는 마음으로 구상한 활동이었다.

두 번째로는 2018 평창 올림픽 때 무슬림 기도실 설치를 놓고 우리 사회에 대립한 두 가지 의견을 읽고, 자신의 생각을 써보는 활동이었다. 우리와 다른 문화를 가진 사람들을 어떤 시선으로 바라봐야 할지 고민하는 과정에서, 세계사가 교과서에 담긴 옛날 이야기가 아니라 지금 우리가 경험하는 다른 세계에 대한 이해를 높이기 위한 과목이라는 것을 파악하기 바라는 마음으로 구상했다. 두 가지 활동 이후 교과서를 참고해서 세계사 교육이 왜 필요한지에 대한 짧은 글을 작성하도록 하고, 그 글을 읽고 평가한 피드백을 해주었다.

실제 글쓰기 평가와 피드백

4. [illegible] 위의 2번, 3번을 쓰면서 생각했던 내용을 활용하여 세계사 교육의 필요성에 대해 논술해봅시다. (1차 논술평가)

- 세계사 교육이 필요한 이유를 2가지 이상 제시하세요.
- 이번 논술에서는 역사적 사실을 예시로 삼아 근거로 삼으면 됩니다. (2, 3번의 내용 활용 가능)
- 논술에서는 "나"를 언급하는 말은 사용하지 않습니다. 안 써도 본인의 생각임을 알고 있습니다.
  ex) 내 생각에는, 나는 ~ 하게 생각한다. 등등
- 세계사 교과서를 활용해도 되지만 교과서의 문장을 그대로 활용하는 경우 크게 감점을 받습니다.
- 글자수는 250자 ± 50자입니다. (띄어쓰기 포함)

9 세계사 교육은 필요합니다. 세계사라는 것은 세계 여러 나라들의 역사인데. 그 나라들의 역사를 배우면 각 나라들의 문화에 대해서 이해할 수 있다 문화는 그 나라의 역사를 통해서 발달되는 것이고. 세계화가 빠르게 진행되면서 다른 나라의 문화를 이해할 필요성이 커지고 있다. 이렇게 세계사를 배우며 다른 나라의 문화를 이해하고 존중하게 되면 국가 간의 분쟁도 줄어들어 이 세계가 더 평화로워질 수 있다.

글 흐름을 보았을 때 자연스러운 글입니다. 문화 이해 = 존중 ⇒ 분쟁↓ 이 흐름은 좋아요.^^ 근거가 한 가지로 보여져서 아쉬워요. ㅠ.ㅠ 담번에 더 좋은 글 보여주세요^^

■ 제자백가의 입장에서 미투 운동의 원인과 해결책 써보기

이 수업은 고대 동아시아 세계의 흐름에 대한 강의로 시작했다. 세부적인 내용은 학생들이 교과서를 읽으며 정리한 다음, 칠판을 나누어 각

자 필기한 내용을 2~3분씩 발표하게 했다. 내용 파악이 끝나면 춘추전국시대와 진·한에 대한 읽기 자료를 주고, 간단한 서술형 문제를 모둠 친구들과 풀면서 중요한 내용을 확인하도록 했다. 이 시기에 동양 사상의 뿌리가 형성된 것이 중요하다고 보아, 윤리와 사상 교과서에 나온 제자백가의 가상 대화 글을 활용했다. 각각의 글이 어떤 사상가의 의견인지를 찾고, 다양한 사상이 탄생한 배경을 확인한 다음, 자신의 생각과 가장 비슷한 사상가를 골라서 왜 그런지를 쓰고, 모둠 친구들의 의견을 경청하는 것으로 마무리하는 활동이었다.

또 당시 미투 운동에 대한 분석 기사를 읽고, 위에서 다룬 제자백가 사상가 중 한 명의 입장을 선택해서 미투 운동의 원인과 해결책을 제시하는 글을 쓰도록 했다. 학생들은 미투 운동에 대한 글을 읽으면서 '사건에 대해 정확히 알게 되었으며, 이를 제자백가의 시선에서 원인과 해결책을 고민하는 과정이 꽤 어려웠다'고 말했다. 대부분의 학생이 법가를 선택한 이유에 대해서는, '미투 운동이 생긴 원인이 나쁜 행실에 대한 처벌이 약하기 때문이며, 처벌을 강화하고 피해자에 대한 구제책을 마련하는 것이 가장 효과가 빠를 것 같기 때문'이라고 밝혔다.

범죄 행위에 대해 법적 처벌이 가장 효과가 빠르다고 하는 21세기 학생들의 글에서, 먼 옛날 춘추전국시대의 사상과 정책이 오히려 살아나고 있음을 느꼈다. 인간의 삶은 예나 지금이나 비슷하다는 것과 역사란 정말 무엇인가, 하는 생각을 학생들의 글이 실감나게 가르쳐준 셈이었다. 나는 이런 생각을 다시 학생들과 나누었다.

법가를 선택한 학생이 많았지만 다양한 의견을 공유하는 것이 좋겠다는 판단에 따라 다른 사상가를 고른 학생들 중에서 잘 쓴 글을 뽑고

동의를 구해서, 세계사 수강 학급마다 게시하고 읽어보도록 했다. 게시한 학생의 글을 읽고 "제 점수가 납득이 가요"라며 웃는 학생도 있었고, "다음에는 이 친구들처럼 글을 잘 쓸 수 있도록 더 고민해야겠어요"라는 학생도 있었다.

■ 가능한 선에서 계획 변경하기

중세 유럽 사람들은 출생부터 사망까지 교회와 함께했고, 교회는 세속 권력인 황제나 국왕과 갈등을 빚을 정도로 막강한 부와 권력을 갖고 있었다. 그런 중세 유럽 교회에서 스스로 자정작용이 일어나기도 했는데, 한국사에서도 불교의 영향력이 권력과 부를 탐하며 부패할 때 개혁운동이 일어났다는 점이 흥미롭다. 시공간도, 신앙의 대상도 다르지만 비슷한 모습이 나타나는 이유를 고민해보고, 오늘날 우리 사회에서 종교의 역할과 바람직한 방향은 무엇인지 학생들과 함께 고민해보고 싶었다.

글쓰기 수행평가를 할 때마다 틈틈이 학생들에게 이번 글쓰기는 어땠는지 물어보곤 했는데, 학생들은 합당한 근거를 대며 논리적인 글쓰기, 새로운 고민을 해야 하는 글쓰기에 대한 어려움을 호소했다. 특히 여섯 번의 논술 평가를 진행하는 시점에서 지쳐 있는 학생들이 눈에 띄었다. 좋은 의도로 제시한 활동이라 해도 학생들을 너무 힘들게 하면 안 되겠다는 생각이 들었다. 계획대로 진행하면 편하지만 안 되면 수정해보자는 마음으로 일곱 번째 글쓰기는 쉬운 주제로 바꾸었다.[2] 중세

2 변경이 가능했던 이유는 평가 계획 작성 시 글쓰기 주제까지 상세하게 넣지 않았기 때문이다.

유럽의 농노가 되어 하루 일기를 써보는 것으로 변경했는데, 학생들이 각자 자신의 마음을 담아 재미있게 쓴 글이 많았다. 다음은 한 학생이 작성한 '농노의 일기'이다.

> 오늘도 영주님의 땅에 가서 밭을 일구고 왔다. 집에 오니 먹을 것이라고는 검은 빵뿐인데, 일하고 왔으니 이거라도 먹어야지. 한 달 전, 친한 친구 알프레도가 이런 생활을 더 이상 참지 못하겠다며 자긴 도망칠 생각이라고 소근거렸다. 함께 가자는 이야기에 잠시 마음이 흔들리기도 했지만, 만약에 다시 잡혀온다면 그 이후가 두려워서 망설여졌다. 아니나 다를까, 알프레도는 도망친 지 며칠 되지 않아 영주님이 보낸 추적자에게 잡혀와서 영주님의 성에 갇혀 있는 신세가 되었다. 쯧쯧…. 내일 영주님이 재판을 여신다고 해서 내 친구가 어떤 판결을 받게 될지 가봐야 할 것 같다. 내일도 바쁜 하루가 될 테니 이제 그만 자자.

농노의 삶이 힘겨울 거라고 여긴 학생들은 고2로 살아가는 자신들의 삶을 글에 투영하는 경우가 많았다. 현재의 삶에서 도망가고 싶은 마음을 주인공이 장원을 떠나는 글로 표현하거나, 도망가고 싶지만 두려움 때문에 친구가 도망가다 걸리는 설정으로 이야기를 풀어가기도 했다. 현실과 타협하며 자신의 삶에서 소소한 기쁨을 찾아내는 이야기를 만든 학생도 있었다. 상상력을 마음껏 발휘해서 글을 쓸 수 있게 되자, 학생들은 자신을 드러내는 이야기를 만들었고, 이야기를 만들면서 오히려 스스로의 마음 상태를 확인하기도 했다. 처음 목표대로 종교의 사회적 역할에 대해 고민하는 논리적인 글을 써도 좋았겠지만, 유럽 중세의 농노가 되어 일기를 써보는 활동은 스스로를 성찰하고, 친구들과 이야기를 나누며 더 가까워지는 계기가 되기도 했다.

(2) 모둠 활동 평가

모둠 활동을 평가 계획에 넣으면서 포트폴리오와 함께 묶어 최종 점수를 산출하도록 구성했는데, 모둠 활동의 목표가 변별이 아닌 협력에 있었기 때문이다. 그리고 처음에 모둠별 발표 및 토론 수업과 평가를 준비할 때, 모둠 내 동료 평가 결과를 성적에 반영하기로 했다. 모둠에서 조금이라도 더 열심히 한 학생이 보상을 받아야 하지만, 모두 열심히 할 경우를 생각해서 점수 급간은 0.5점 단위로 했다.

그런데 동 교과 선생님들과 고심해서 만든 동료 평가는 모둠별로 발표를 준비하는 과정부터 삐걱거렸다. 발표에 욕심을 내는 모둠원이 자료를 수합해서 발표 자료를 만들었고, 다른 모둠원과 소통이 잘 되지 않은 경우에는 발표 당일에 자신이 속한 모둠의 PPT를 처음 보고 내용을 읽는 학생도 있었다. 어떤 학생은 PPT를 제작한 모둠원이 동료 평가에서 당연히 가장 좋은 점수를 가져가는 데 동의했고, 다음 발표 때도 좋은 점수를 받을 예정인 친구가 준비하면 된다고 생각하기도 했다. 또 어떤 학생은 스스로 일을 떠안고는, 노력한 데 비해 점수 차이가 적은 데 불만을 표출했다. 협력이 잘 이루어진 모둠도 있었지만, 간혹 억지로 모여 앉아 있는 듯한 학생들의 표정을 보면서 동료 평가가 갈등의 원인이 된 것 같아서 괴로웠다.

이런 이유로 모둠 내 동료 간 반목이 생길 만한 요소를 없애고, 모둠 활동이 진정한 협력으로 이어질 수 있도록 몇 가지 원칙을 세웠다. 모둠 활동은 교실에서 수업 시간에 할 것, 모둠 내 동료 평가는 점수화하지 않는 대신 칭찬 쓰기로 할 것, 모둠 활동 과정을 관찰해서 잘못된 부분이 있다면 바로 피드백을 통해 모둠 활동 결과가 개별 학생들의 성적에 영향을 끼치지 않도록 할 것 등이었다. 이러한 원칙을 세우고 모둠 활동을 한 결과, 학생들은 역할에 충실하게 임했고, 최종적으로 모둠 활동 결과로 인해 점수가 깎인 학생은 없었다.[3]

모둠 활동 중 카드 뉴스 제작은 서아시아 세계를 주제로 했는데, 우리 사회에 서아시아에 대한 이해가 부족하다고 생각해서였다. 특히 탈레반이나 IS 같은 단체로 인해 이슬람에 대한 반감이 있다 보니 무슬림을 차별하거나 이슬람 성원 건립 계획에 반대하는 목소리가 컸다. 그래서 학생들이 직접 정확한 정보를 통해 서아시아 역사에 대해 잘못 알고 있는 부분을 찾고, 그들의 역사 또한 소중하다는 것을 느끼길 바라는 마음에서 활동을 계획했다.

많은 학생이 수업 의도에 맞게 서아시아 지역에서 발달한 자연과학과 의술, 건축에 대해 조사하거나 이슬람에 대해 잘못 알고 있는 점들에 대해 사실을 알려주는 카드 뉴스를 제작했다. 사례로 제시한 것처럼, 무슬림 복장을 설명하면서 프랑스에서 히잡을 금지한 데 대한 문제를 제기하기도 했다. 또 명예 살인과 같이, 여성이 집단 문화에 의해 차별받거나 인간으로서의 존엄을 지키지 못하는 사례를 조사한 모둠도 있었다. 수업 의도와 맞지 않아 고민했지만, 이슬람 문화권 중 일부 사회에

---

3 수행평가 항목에서 전체 수강 학생이 만점을 받으면 안 된다는 안내를 받았기 때문에, 개인별 포트폴리오에 모둠 평가를 포함해 최종 점수를 산출하여 문제가 되지 않았다.

서 여성 차별이 심각한 것도 사실이기에 이 또한 의미가 있다고 판단했다. 학생들이 기획하고 제작한 것을 그대로 인정해주었고, 이것도 복도 게시판에 게시하여 결과물을 공유했다.

모둠별 카드 뉴스 만들기

(3) 포트폴리오 평가

포트폴리오 평가는 수업 시간에 이루어진 모든 활동이 빠짐없이 기록으로 잘 남아 있는지, 확인하는 것이었다. 한 학기에 두 차례 검사했는데, 글쓰기 평가와 모둠 활동 평가는 일상적으로 이루어져서 그 외의 필기 등을 확인했다. 수업의 모든 과정에 성실히 참여한 학생이라면 따로 준비할 게 없는 평가여서 부담없이 이루어졌고, 간혹 수업을 놓친 적이 있는 학생에게는 친구들의 활동지를 보고 채워넣는 기회를 주는 평가였다. 포트폴리오 검사를 하다 보면 학생들이 어떻게 공부하는지가 한눈에 보여서, 다시 돌려주면서 관찰한 부분에 대한 이야기를 나누며 격려해줄 수 있었다.

4. 한 학기가 끝났을 뿐인데

학기 초에는 드디어 원하는 수업과 평가를 할 수 있겠다며 부푼 마음으로 시작했는데, 한 학기가 금세 끝났다. 학기 말에는 한 학기 수업을 되돌아보며 수업과 평가의 목표, 그 목표에 따라 어떻게 진행했는지에 대해 학생들에게 다시 설명하고, 어떤 배움과 성장이 있었는지 성찰문을 작성하도록 했다. 내가 구구절절 수업과 평가에 대한 이유를 쓴 데 대해, 학생들은 의외로 진지하게 읽고 대답을 빼곡히 적어주었다. 한 학기 동안 논술형 글쓰기 평가 10회, 모둠 활동 평가 5회, 두 차례의 포트폴리오 검사까지, 총 17회의 평가가 있었는데, 이에 대한 한 학생의 성찰문을 소개한다.

처음 수업을 접했을 땐 익숙하지 않아서 힘들었고, 강의식 수업을 하면 좋겠다고 생각했다. 시간이 지나면서 같이 힘들어하던 친구들이 활동식 수업에 익숙해지며 즐기는 모습을 보고 더욱 힘들었다. 하지만 모둠이 바뀌면서 많이 좋아져서 앞에 나가서 발표까지 했다. 2차 지필 고사 성적도 3배나 올랐다. 나에게 역사는 항상 어려운 과목이었는데, 역사와 친해질 수 있는 계기가 되었다.

이 성찰문을 작성한 아진이는 3월 초부터 눈에 띄었다. 교과서를 읽고 스스로 내용을 정리해보자는 내 말에 "이걸 왜 우리가 해야 해?"라며 엎드리기 일쑤였고, 그래도 해보자고 하면 "모르는데요?", "못하겠는데요?" 하는 경우가 대부분이었다. 그런 아진이가 발표를 하고, 질문도 하더니, 1학기 성찰문에 자신의 이야기를 솔직하게 털어놓은 것이다. 5월부터 디딤 영상을 사전에 제공해서 활동 시간을 확보했고, 아진이네 학급만 모둠 활동이 잘 이루어지지 않아서 교체했는데, 바뀐 모둠의 구성원들이 아진이를 잘 챙겨준 것이 영향을 미친 것 같았다.

2018년 1학기 수업과 평가만으로도 학생들은 자신의 변화를 성찰하고 구체적으로 적어주었는데, 지원이의 글은 특별해서 여러 번 읽었다.

주도적으로 내용을 익히고, 토론하며 생각을 정리하고 나누는 수업을 하면서, 다른 수업보다 더 집중하고 있는 내 모습을 발견했다. 또 단순 사실을 시간순으로 외우기만 하는 것이 아니라, 모든 사건이 일어난 시대적 배경과 집단의 이해 관계를 파악하기 위해 역사 속 인물이 되어 글쓰기를 한 것이, 역사 교육이 궁극적으로 추구하는 것, 즉 역사를 통해 현재와 미래의 배움을 얻는 데 큰 도움이 된 것 같다. 사건의 인과관계와 각 계층 인물들 간 상호작용을 효과적으로 이해하며, 인간의 보편적인 심리를 알 수 있었을 뿐 아니라, 각각의 행동이 낳은 결과를 앎으로써 우리가 앞으로 취해야 할 문제 해결 방식을 배울 수 있었다.

지원이가 평소에도 깊이 생각하고 글을 쓴다는 것은 알고 있었지만, 그냥 지나칠 수 없어서 따로 이야기를 나누어보았다. "혹시 역사 교육과 관련한 책을 읽은 적이 있니?" 원래 말수가 적은 지원이는 조용히 고개를 저었다. "혹시 앞으로 어떤 일을 하고 싶어?"라고 물어보니, 조용히 "그림 그리고 싶어요"라고 대답했다.

교내 '진로독서토론교실'에 참여한 정연이는 《서울대에서는 누가 A+를 받을까》와 《질문이 있는 교실》을 읽은 다음, 논술에 대한 자신의 생각을 다음과 같이 정리하기도 했다.

논술의 사전적 의미는 '어떤 문제에 대하여 자기 생각이나 주장을 논리적으로 풀어서 적은 글'인데, 현재 학교에서 수행평가로 빈번히 진행하는 논술 시험을 보면, 그 의미와는 다른 것으로 보인다. 이미 정해진 답을 암기하여 써내려가면 높은 점수를 받는 논술 시험을 어떻게 논술이라고 부를 수 있겠는가. 그것은 암기식 서술 시험이라고 보는 것이 맞다. (중략) 세계사 수업에서는 빈번히 짧은 글쓰기를 했는데, 내가 그 당시 사람이었다면 어떤 선택을 했을지 써보기, 배운 내용을 바탕으로 지금 논란이 되고 있는 사건에 대해 써보기 등 논술

다운 논술 시험을 볼 수 있었다. 또 짧은 논술 시험 한 번이 아니라 여러 번 쓴 것을 합산한 점수를 반영해서, 수행평가에 대한 부담도 적었다.

수업과 평가의 의미를 이해하며 눈에 띄게 성장하는 학생들을 보는 일은 정말 행복했다. 하지만 250~300자의 짧은 글이라도 꼼꼼하게 읽고 점수로 매기는 일은 여간 어려운 게 아니었다. 혹시 학생들이 쓴 글을 내가 잘못 파악하지는 않았을까 걱정스러워서 두 번씩은 읽었고, 때로는 세 번 읽기도 했다. 또 그런 글쓰기 평가를 10회나 이어가다 보니 새벽까지 일을 해야 하는 날이 많았다. 특히 만점이 아닌 경우, 학생들이 납득할 수 있는 피드백을 해주는 것도 스트레스가 되면서 계속 해낼 자신이 없어졌다.

5. 교사가 지치지 않는 수업과 평가를 꿈꾸며

(1) 2018학년 2학기, 다른 방안 찾기

이해 여름에 내가 참여하고 있던 '교수평기(교육과정-수업-평가-기록) 일체화 동아리'에서 아카데미를 진행했다. 여러 과목의 중고등학교 선생님들이 모여서 자신의 수업과 평가에 대한 고민을 나누는 자리였다. 학교·급에 따라, 학교의 특성에 따라, 과목에 따라 선생님들이 마주하고 있는 고민은 달랐지만, 서로 고개를 끄덕이며 공감하고 위로를 주고받았다. 내 차례가 되어 열 번의 논술 평가 이야기를 꺼내면서 "매일 아이들 활동지를 들고 집에 가서 새벽 2~3시까지 읽고, 피드백하면서 너무 힘들었어요. 과정 평가는 이렇게 힘들게 해야 하나요?" 하고 솔직하게 말했다. 그러자 여러 방법을 소개해주셨는데, 매 시간 수업 끝나기 10분 전부터 학생들의 과제를 확인하고 도장을 찍어주는 걸로 수업 시간 안에 평가를 끝낸다는 말이 귀에 확 들어왔다. 수업 시간마다 확인을 하니 집중력도 높아지고, 평가 시간도 줄어들 테니 일석이조라는 생각이 들었다. 그래서 2학기에는 1학기와는 조금 다른 수행평가 계획을 세웠다. 가장 힘들었던 논술 평가를 절반으로 줄이고, 수업 과정 평가를 넣으면서 재구성했다.

2018년 2학기 교육과정 재구성 중 일부

주제	재구성한 성취 기준	수업 활동과 평가
8. 유럽의 새로운 변화	세1243. 르네상스가 유럽 사회에 미친 영향을 이해하고, 신항로의 개척과 중앙집권 체제를 바탕으로 유럽 세계가 팽창하는 과정을 파악할 수 있다. 세1244. 각 지역 세계의 교역망이 연결되어 세계적 교역망으로 통합되는 과정을 설명할 수 있다. → 세1243-1. 유토피아를 통해 르네상스 시기의 문제의식에 대해 이해하고, 자신이 생각하는 유토피아가 무엇인지 설명할 수 있다. 세1243-2. 종교개혁으로 신교가 성립되는 과정을 이해하고, 크리스트교의 역사를 정리할 수 있다. 세1243-3. 신항로 개척으로 인한 변화를 알고, 침략을 당한 아시아, 아메리카 입장이 되어 자신의 생각을 표현할 수 있다.	① 고대와 중세, 르네상스 시대의 미술 작품을 보며 각 시대별 특징과 그 이유에 대해 추론하기 ② 《유토피아》의 서평을 읽고, 내가 생각하는 유토피아는 무엇인지 고민하고 모둠 및 학급 친구들과 생각 나누기 ③ 르네상스 미술 작품들의 제목과 작가 이름을 검색을 통해 찾아본 후, 북유럽 르네상스 미술 작품을 구별하고 그 특징을 추론하기 ④ 막스 베버의 《프로테스탄티즘의 윤리와 자본주의 정신》 일부를 읽고, 칼뱅파를 이룬 사람들의 특징을 추론하기 ⑤ 헨리 8세 행위의 원인을 통해 영국 국교회 이해하기 ⑥ 크리스트교의 흐름에 대해 다양한 방법으로 정리하기 ⑦ 신항로 개척 과정을 지도에 그리고, 대서양 삼각 무역과 인도양 무역 표시하기 ⑧ 콜럼버스에 대한 사료와 콜럼버스 데이에 대한 읽기 자료를 읽고 생각 나누기 ⑨ 콜럼버스에 대한 긍정적 평가가 담긴 글과 아메리카 원주민들의 처참한 상황을 다룬 읽기 자료를 읽은 후 콜럼버스에 대해 구형 혹은 변호하는 글쓰기(논술 평가 1) ⑩ 절대왕정 시기에 해당되는 인물, 문화 중 한 가지를 골라 소개하는 기사 작성하기

학생들은 1학기와 달라진 평가 계획을 잘 이해했으며, 글쓰기 평가가

줄어들자 수업 시간의 긴장감도 다소 풀리며 편안한 분위기가 되었다. 1학기에는 논술 평가 때 모둠으로 앉아 있어도 경직된 채 글쓰기에 바빴던 학생들이 지문이 어려울 때는 친구에게 묻기도 하고, 교과서나 스마트폰을 활용해서 자신의 생각을 자유롭게 펼치는 모습을 보였다.

새로 도입한 수업 과정 평가는 해당 수업 시간 안에 해야 할 과제를 모두 수행하면 도장을 찍어주는 식으로 진행했다. 단, 학급별로 수업 시수가 다른 점과 학사 일정 변경 등을 감안해서, 명확한 도장 개수를 적기보다 수업 시간마다 도장을 모두 받은 학생을 기준으로 백분율로 계산하기로 했다.[4] 2학기 첫 수업 때 수행평가에 대한 안내를 하면서 도장이 찍힌 활동지를 2학기 끝까지 모두 가지고 있어야 한다는 점을 신신당부했다.

(2) 수업 시간마다 평가하기의 실제

막상 수업 과정 평가를 해보니 늘 시간이 부족해서 수업 시간 안에 모두 확인하기는 어려웠다. 대신 수업 시간마다 걸어서 확인하고 도장을 찍어서 최대한 빨리 나눠주었다. 숫자로 매기는 점수 채점이 아니라 '통과/통과하지 못함'으로 나누는 평가라서, 1학기에 비하면 학생들의 결과물을 확인하고 피드백하는 속도는 빨라졌다. 그리고 통과하지 못한 경우, 일정 기간 안에 수정해서 다시 제출하면 통과 도장을 찍어주었기 때문에, 학생들은 꼼꼼하게 활동지를 채워나갔다. 지금까지는 평

---

4 2018학년도 평가 계획을 세울 때는 가능했으나 2020학년도 평가 계획을 세울 때는 백분율로 계산하는 방식은 불가능하다는 안내를 받아 그 이후로는 하지 않는다.

가를 해야 학생들이 능력 발휘를 더 한다고 생각했는데, 점수로 채점하지 않아도 대부분 수업 활동에서 자신의 능력을 발휘하는 모습을 보였다. 사례 몇 가지를 소개해본다.

■ 내용 정리 필기

수업 시간에 이루어지는 내용 정리는 수업 활동의 기반이 된다. 학생들이 가장 기억에 남는다고 꼽은 수업은 제국주의에 대한 것이었다. 교과서의 지도를 보고 백지도에 제국주의 국가들이 차지한 식민지를 색칠하는, 쉬어가자는 의미로 진행한 수업이었다. 글로 읽거나 눈으로 지도를 볼 때와 달리 직접 색칠을 하면서 유럽 몇몇 국가가 많은 지역을 차지하고 있다는 사실을 실감할 수 있었기 때문인 듯하다. 특히 1910년 이후의 지도에서 한반도가 일본과 같은 색으로 칠해지는 것을 보며, 식민지를 경험한 나라의 국민으로서 분노를 느꼈다는 학생이 대부분이었다.

■ 토론·토의 활동

내용 정리 후에는 사료나 글을 읽으면서 분석하는 활동을 했다. 사례로 제시한 사진에는 나폴레옹에 대한 상반된 글과 영상을 보여준 뒤에 자신의 생각을 정리하고, 모둠 친구들 그리고 학급 전체 친구들과 이야기를 나눈 내용이 담겨 있다. 모둠 내 토의 시간에는 경청하라는 의미에서 다른 친구들의 의견을 반드시 다 쓰도록 했는데, 이 과정을 통해 발표를 하지 않거나 활동지를 제출하지 않은 학생들의 의견까지 알 수 있었다.

■ 크리스트교의 흐름 정리(모둠 활동)

종교개혁과 종교전쟁까지 끝낸 다음, 1학기에 공부한 크리스트교의 성립과 발전부터 그 흐름을 정리하면 좋겠다는 생각에 활동의 취지를 설명하고, 형태를 제약하지 않고 자유롭게 만들어보라고 했다. 학생들

토론·토의 활동 사례

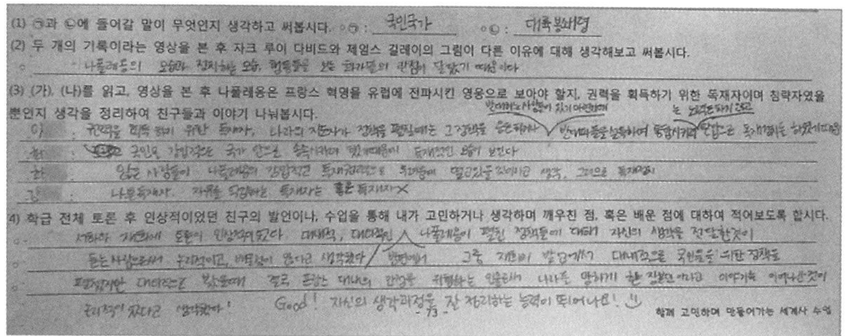
(1) ㉠과 ㉡에 들어갈 말이 무엇인지 생각하고 써봅시다. ○㉠: 국민국가 ○㉡: 대륙봉쇄령

(2) 두 개의 기록이라는 영상을 본 후 자크 루이 다비드와 제임스 길레이의 그림이 다른 이유에 대해 생각해보고 써봅시다.

○ 나폴레옹의 모습과 정치하는 모습, 행동들을 보는 화가들의 관점이 달랐기 때문이다

(3) (가), (나)를 읽고, 영상을 본 후 나폴레옹은 프랑스 혁명을 유럽에 전파시킨 영웅으로 보아야 할지, 권력을 획득하기 위한 독재자이며 침략자였을 뿐인지 생각을 정리하여 친구들과 이야기 나눠봅시다.

4) 학급 전체 토론 후 인상적이었던 친구의 발언이나, 수업을 통해 내가 고민하거나 생각하며 깨우친 점, 혹은 배운 점에 대하여 적어보도록 합시다.

Good! 자신의 생각과정을 잘 정리하는 능력이 뛰어나요!

- 73 -

함께 고민하며 만들어가는 세계사 수업

크리스트교의 흐름 정리 제작물 사례

은 고개를 갸우뚱하면서도 모둠 회의를 통해 의견을 모았다. 사례로 제시한 제작물은 보드게임을 활용한 것으로, 친구들로부터 좋은 평가를 받았다. 학생들은 연표를 활용하거나 노래 가사로 표현하는 등 다양한 방식으로 크리스트교의 흐름을 표현했고, 각각의 표현 방식이 참신해서 다른 학급 친구들도 볼 수 있도록 복도에 게시했다.

(3) 2019년, 더 쉽지만 배움을 놓치지 않는 평가

2019년에도 세계사 과목을 가르치게 되었는데, 새로운 교육과정이 적용되어 교과서가 바뀌었다. 일단 단원 편제가 크게 달라져서 1학기에는 아시아의 역사를 주로 공부한다면, 2학기에는 유럽과 아메리카의 역사가 배치되어, 교육과정을 다시 재구조화해야 했다. 과목의 내용 자체가 크게 변하지는 않지만, 평가만큼은 2018학년도와 다르게 하고 싶었다.

특히 두 학기 동안 논술 평가를 진행하면서, 짧은 시간에 제시문을 파악하고 자신의 의견을 논리적으로 쓰게 하는 행위가 글을 잘 쓰는 학생들에게만 유리한 것은 아닌지 의문이 들었다. 역사 과목에서 글을 잘 쓰는 학생이 좋은 평가를 받는 것이 합당한지, 분량을 제시해서 평가할 때 짧지만 핵심을 잘 정리한 글과 길지만 공허한 글을 단순 비교할 수 있는지, 또 내가 원하는 방향의 답이 있는데 학생들의 다양한 생각과 가치관을 편견 없이 존중하고 평가할 수 있는지 등에 대한 의문이었다.

그 결과 첫째, 역사 과목에서 내용 지식에 대해 잘 알고 있는지를 확인하는 것은 필요하다, 둘째, 학생들이 글을 읽고 자신의 생각을 펼치는 활동은 중요하다, 이렇게 결론을 내리고 수행평가 영역에 서·논술형 평가를 도입하기로 했다. 일체화 모임에서 지필 고사에서 100% 서술형 평가를 진행하신 김여정 선생님(경기과학고등학교)이 '서술형 평가를 치르면서 학생들이 얼마나 정확하게 알고 있는지, 수업 시간의 활동과 비교해서 얼마나 노력했는지를 명확하게 알 수 있다'고 한 말이 인상적이었기 때문이다. 정기 고사에서 100% 서술형 문제를 출제하고 채점할 용기는 없지만, 수행평가에서는 가능하다고 생각했다. 내용에 대한 이해를 확인하는 문제와 자신의 생각을 펼치는 문제를 7:3의 비율로 섞어서 단원 평가처럼 두 차례 시행하기로 했다. 특히 일체화 동아리 선생님들의 공저인 《배움을 확인하고 성장을 지원하는 과정중심평가》에서 과정 중심 평가가 학생의 활동만을 평가하는 것은 아니라는 문장을 읽고 나서, 이런 생각을 공고히 할 수 있었다.

프로젝트 수업은 단계별로 점수를 책정해서 과정 전체가 수행평가에 포함되도록 계획을 세웠다. 2018년 2학기 신문 제작 과정에서 학생들이 고생한 데 비해 수행평가 점수 반영이 적게 되었다는 반성에서 비롯한 것이다. 서·논술형 평가와 프로젝트 과정 평가를 도입하고, 2018학년도 2학기에 진행한 수업 과정 평가와 같은 방법으로 진행하기로 했다. 수행평가 영역에 60점을 할애하고, 정기 고사의 지필 평가는 1회만 치르는 것으로 했다.

2019년에 세계사를 선택한 학생들 중에는 미술 중점반 학생과 고전 읽기를 선택한 학생의 비중이 높았다. 그림 실력으로 평가를 하지는 않지만, 여러 학생의 편의를 위해 미술 중점반 학생을 되도록 모둠별로 한 명씩 배치하기 위해 노력했다. 고전 읽기를 선택한 학생들도 읽고 쓰는 활동을 좋아해서 되도록 모둠별로 나누어 배치하려고 애썼다. 2019학년도에 진행한 수업과 평가 사례 중 2018학년도와 다르게 진행한 부분을 일부 소개한다.

■ 선사시대의 이해 : 사료 비판 및 문제 해결 평가 ①

주제	재구성한 성취 기준	수업 활동과 평가
2. 인류의 진화와 문명의 발생	[12세사01-02] 인류의 출현을 파악하고, 구석기와 신석기시대 사람들의 생활 모습을 통해 인류 사회의 발전을 이해한다. →[12세사01-02] 인류의 진화 과정을 시간의 흐름에 따라 정리하고, 구석기와 신석기시대 사람들의 생활 모습을 비교한 후 인류 사회의 발전에 대해 자신의 생각을 표현할 수 있다.	① 인류의 진화 과정을 시간의 흐름에 따라 자유롭게 표현하기 ② 구석기와 신석기, 청동기시대의 생활 모습을 정리하여 비교하기 ③ 유물과 유적지의 사진을 보고 만들어진 시기를 추측하고 해당 명칭, 발견 지역 등을 찾아보기 ④ 구석기인과 신석기인의 생활 모습의 차이에 대해 교과서와 다른 관점에서 다룬 글을 읽은 후, 기술·문화의 발전이 인류에게 어떤 영향을 끼치는지 쓰고, 기술·문화의 발전과 인류의 행복의 상관관계에 대한 자신의 생각을 서술하기 ⑤ [서술형 평가] 구석기(혹은 신석기) 유적의 가상 발굴 보고서를 읽고, 잘못된 부분 바르게 고쳐쓰기

이 수업은 학생들이 비교적 쉽게 생각하는 부분이라 내용 지식 정리도 수월하게 진행했고, 유물과 유적이 제작된 시기와 명칭 등을 모둠 친구들과 찾아보는 과정도 어렵지 않았다. 신석기시대에 농경의 시작과 정착촌으로 인해 구석기에 비해 전염병에 취약해지고, 노동력 투입에 비해 산출물은 적었다는 글을 읽고, 자신의 생각을 쓴 후 모둠 친구들과 이야기를 나누는 수업에는 많은 시간을 할애했다. 수업 시간에 활동한 내용은 과정 평가에 반영했다. 새롭게 도입한 서·논술형 평가에서

는 가상 발굴 보고서를 작성해준 다음, 설명이 잘못된 부분을 골라서 고쳐 쓰는 문항을 출제하여, 학생들이 선사시대에 대해 정확하게 알고 있는지를 평가했다. 이 평가를 통해 나도 학생들도 잘 알고 있다고 생각한 구석기와 신석기시대에 대해 정확히 알고 있지 못했다는 사실을 깨달았다. 평가가 끝나고, 수업 시간에 개별적으로 모든 학생에게 점수를 알려주며 어떤 부분에서 왜 틀렸는지, 혹은 어떤 부분을 잘 작성했는지에 대한 피드백을 진행했다.

■ 페리클레스에 대한 평가 : 사료 비판 및 문제 해결 평가 ②

주제	재구성한 성취 기준	수업 활동과 평가
9. 고대 지중해 세계	[12세사04-01] 그리스·로마 문명의 특징을 이해하고, 고대 지중해 세계의 형성과 발전에 대해 탐구한다. → [12세사04-01] 그리스 세계에 대한 내용을 이해하고, 아테네의 민주정치와 몰락 과정을 보며 삶의 가치에 대한 자신의 생각을 정리할 수 있다(로마 부분 생략).	① 폴리스의 특징과 아테네와 스파르타의 특징 비교하기 ② 아테네의 민주정치 발전 과정과 페르시아 전쟁을 시간 흐름에 따라 정리하기 ③ '알쓸신잡' 영상을 통해 파르테논신전이 지닌 의미 파악하기 ④ '알쓸신잡' 영상을 통해 소크라테스의 질문에 대해 '자신의 삶의 의미' 고민해보기 ⑤ [논술형 평가] 페리클레스를 변호하거나 구형을 요구하는 글 작성하기

이 수업에서는 고대 그리스 세계에 대한 내용을 정리하고, 사료를 통해 아테네 민주정치의 구체적인 모습을 파악하도록 했다. 이후 tvN에서 방영한 '알쓸신잡' 영상을 활용해서 파르테논신전의 상징성과 아테네 제국주의에 대한 여러 사람의 지식과 의견을 접할 수 있도록 했다. 특히 소크라테스의 죽음을 통해 스스로 중요하게 여기는 가치는 무엇인지, 자신의 삶이 향하고 있는 방향은 어디인지를 써보도록 했다. 그리

고 모둠 친구들과 이야기를 나눈 다음 모둠별로 한 명씩 발표하고, 학급 전체가 생각을 공유하는 시간을 가졌다.

서·논술형 평가에서는 페리클레스가 아테네의 민주정치를 자랑스러워하는 연설문과 델로스동맹국에서 아테네를 보는 입장의 가상 글, 또 펠로폰네소스전쟁의 원인을 분석하며 아테네가 원인을 제공했다는 스파르타 입장의 가상 글을 제시했다. 페리클레스가 가해자로 고소를 당한 법정을 가정해서 검사나 변호사가 되어 구형을 요구하거나 변호하는 글을 쓰되, 민주주의라는 단어를 꼭 활용하라는 조건을 달았다. 다음은 페리클레스의 구형을 요구하는 글 중에서 잘 쓴 사례로 뽑혀 교실에 게시했던 것이다.

> 피고인은 아테네 시민들이 모두 평등하고 자유롭다는 이야기로 자신의 신변을 보호하려 하고 있습니다. 저는 아테네의 민주주의는 매우 불완전한 상태라고 생각합니다. 민주주의에서 여성들의 권력은 보장해주지 않았기 때문이지요. 또한 타국에게 돈을 차별적으로 받거나 메가라 법령을 만드는 등 무척 폐쇄적이고 배타적이기까지 합니다. 더불어 아테네의 사람들은 민주주의라는 명목 하에 소크라테스를 사형시키기도 했습니다. 과연 저들이 주장하는 민주주의는 윤리적으로 올바른 것입니까? 모두가 평등하다고 주장하면서 타인을 배제하고, 타국의 아첨이 없으면 불이익까지 주는 모순이야말로 죄라고 생각합니다. 나라의 힘이 강한 만큼, 그만큼의 책임지지 못할 행동은 삼가는 게 옳습니다. 피고인에게 마땅한 벌을 내리기를 요구하는 바입니다.

■ 배낭여행 프로젝트

주제	재구성한 성취 기준
모둠별 지역 탐구 프로젝트 : 동아시아, 인도·서아시아	**[12세사03-03] 아시아 여러 지역 중 한 곳을 골라 배낭여행 상품을 기획하는 여행사의 입장이 되어 배낭여행 계획 및 안내서를 작성한 후 발표할 수 있다.** + 2015 사회과 교육과정 중 세계사 [12세사03] 부분 평가 방법 및 유의 사항에는 다음과 같이 서술되어 있어 이를 근거로 평가할 수 있다. '인도에서 다양한 종교와 문화가 등장한 배경을 이해하기 위해 불교, 힌두교, 이슬람교와 관련된 유명 유적지를 찾아보고 관광 안내서 만들기 등의 수행평가를 실시할 수 있다.'

학생들이 직접 배낭여행을 간다고 가정하고 계획을 세우는 과정에서, 자신이 선정한 지역에 대해 상세하게 탐구함으로써 과거의 역사가 오늘날 어떻게 보존되거나 활용되는지 함께 느낄 수 있을 것을 기대하며 기획한 프로젝트였다. 학생들이 모둠에 기여한 바가 다른데 같은 점수를 받는 것은 불공평하다고 여기는 점을 감안해서, 준비 과정과 평가 및 성찰문을 개별 점수로 배정했다. 따라서 같은 모둠이라도 최종 점수는 다를 수 있다는 점을 강조했다.

1단계는 개별적으로 지역을 선정해서 내용 조사하기. 2단계는 회의 과정으로, 배낭여행 계획서에 꼭 들어가야 할 요소(제목, 지역 개관, 해당 지역에서 공부할 만한 주제, 답사 일정 계획, 1인 1유적)를 제시하고, 해당 요소가 모둠 공통 점수로 부여되니 빠뜨리지 않도록 거듭 안내했다. 3단계는 직접 제작하기. 4단계는 발표하기로, 둘 가고 둘 남기 방법[5]

5 한 모둠당 인원이 4인(간혹 3인)이기 때문에 2명의 학생이 다른 모둠원 2명이 찾아오면 제작한 배낭여행 계획서를 들고 5분간 설명한 후, 또 다른 모둠원이 찾아오면 설명을 반복하는 방식이었다. 20분이 지나면 설명을 하던 2인은 다른 모둠을 돌아다니며 설명을 듣고, 모둠에서 먼저 다른 모둠을 돌며 설명을 들었던 학생들은 20분간 4팀의 다른 모둠원에게 설명을 하는 방식이었다.

을 활용했다. 다른 모둠의 내용도 기록하게 했으므로 학생들은 잘 경청했으며, 설명하는 학생들도 준비한 내용을 5분 안에 하나라도 더 설명하려고 애쓰는 모습을 보여주었다.

모든 학생의 발표를 들을 수는 없었지만, 이목이 집중되는 것을 불편해하는 학생은 자리에 앉아서 편하게 발표할 수 있도록 했다. 짧은 시간에 여러 번 반복해서 같은 내용을 설명하다 보니 빠르게 핵심을 짚어서 효율적으로 전달하기 위해 노력하게 되었고, 설명하는 과정에서 스스로 앎과 모름을 명확하게 구별하게 되어, 같은 모둠원끼리도 질문을 주고받는 모습을 보였다.

모든 학생의 발표를 완벽하게 경청할 수는 없었지만, 40분간 학생들은 적어도 4개의 각자 다른 모둠의 발표를 들었다. 다른 모둠의 발표를 경청하고, 모둠 내외 평가와 성찰문을 작성하는 것으로 배낭여행 프로젝트는 끝났다. 의도한 것은 아니었으나 1학기 내용이 아시아 세계여서 학생들이 준비한 배낭여행 지역도 중국, 일본, 인도, 서아시아였는데, 한 학생의 다음과 같은 솔직한 소감이 이 수업의 의미를 일깨워주었다.

> 사실 모든 모둠의 나라가 가보고 싶지 않은 나라들이었다. 하지만 내가 가고 싶었던 프랑스, 영국 등이 어쩌면 그저 남들의 이야기에만 현혹되어 만들어진 거짓된 소망이 아니었을까, 하는 생각이 들었다. 가보지도, 알지도 못하는 나라를 단순히 두렵다는 이유만으로 기피하는 태도가 내 안에 있었다는 것을 깨달았다.

3단계 배낭여행 계획서 제작(10점) : '이란을 품다' 중 일부

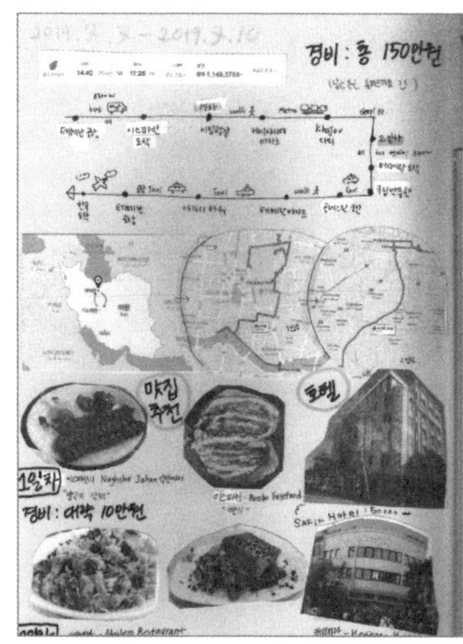

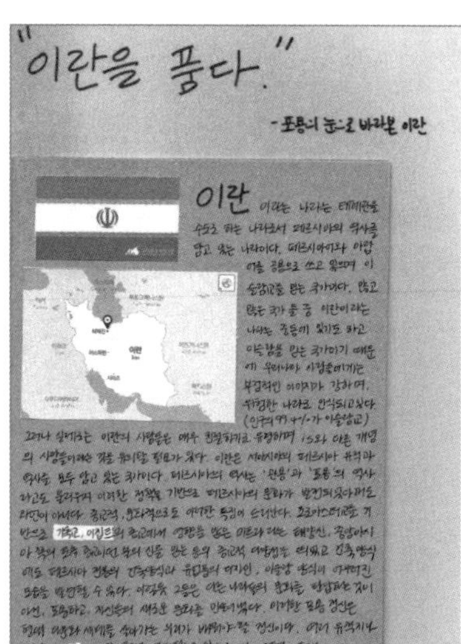

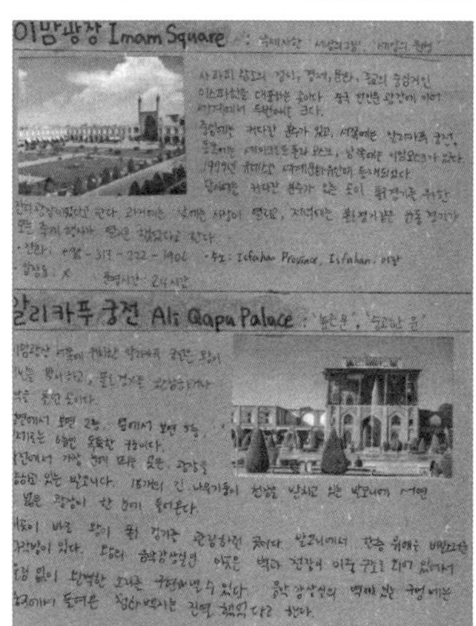

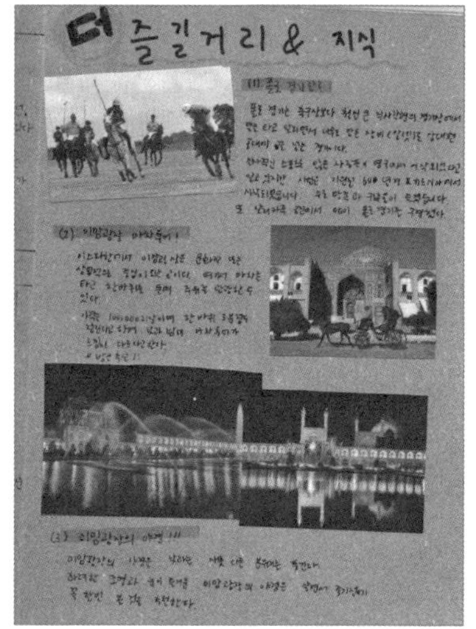

■ 나와 세계사의 만남 프로젝트

주제	재구성한 성취 기준
나와 세계사의 만남 프로젝트 1) 내가 만드는 OO의 역사 2) 나 그리고 우리와 더 가까운 역사	+ 2015 사회과 교육과정 중 세계사 교수·학습 방법 및 평가에는 다음과 같이 서술되어 있어 이를 근거로 하여 수업과 평가를 진행하였다. – 교수·학습 방향 (1) 세계사는 단순히 과거에 일어난 일이 아니라 오늘날 우리의 모습과 밀접히 연관되어 있음을 인식할 수 있도록 한다. (2) 세계사의 내용을 단순화·파편화하여 학습하기보다 이것들이 갖는 전체적인 의미와 흐름을 파악할 수 있도록 한다. – 평가 방향 (1) 역사적 사실뿐만 아니라 역사적 흐름, 인과 관계, 역사적 의미를 알고 있는지를 측정할 수 있는 다양한 평가 문항을 개발한다. **→ (1) 학생이 관심 있는 분야를 선정하여 해당 분야의 역사를 조사·정리하여 자료를 제작한 후, 친구들에게 설명할 수 있다.** **(2) 학생 자신과 가족의 기억 속에서 인상적이었던 한국사, 세계사의 사건을 꼽아 내용을 정리한 후, 모둠 친구들과 공유하여 함께 자료를 제작한다.**

2학기에는 세계사를 좀 더 가깝게 느낄 수 있도록 하기 위한 프로젝트를 시도했는데, 첫 번째는 관심 분야의 역사를 조사해서 표현하는 활동, 두 번째는 친인척 인터뷰를 통해 나와 가족이 기억하는 역사적 사건을 조사해서 모둠원들과 함께 표현하는 활동이었다.

첫 번째 프로젝트의 제목은 '내가 만드는 ○○의 역사'였다. 교육과정 성취 기준에는 없지만, 역사과 교육과정의 기능적 측면 중 '역사 학습에 필요한 중요한 사실 기억하기, 역사의 연속성과 변화 및 발전 이해하기, 다양한 매체를 통해 얻은 역사 정보를 비판적으로 분석하기'를 해볼 수 있는 수업이라고 생각했다. 학생들은 화폐, 운송 기관, 책, 교육, 생명과학, 인형극 등 다양한 관심사를 골라서 조사하고 정리했다. 1학기 때의 '둘 가고 둘 남기' 방법을 1인에 적용해서, 학급의 절반은 자리에 앉아서 준비한 내용을 혼자 3분간 설명하고, 절반은 돌아다니며 6명의 발표를 듣고 활동지를 작성하도록 했다.

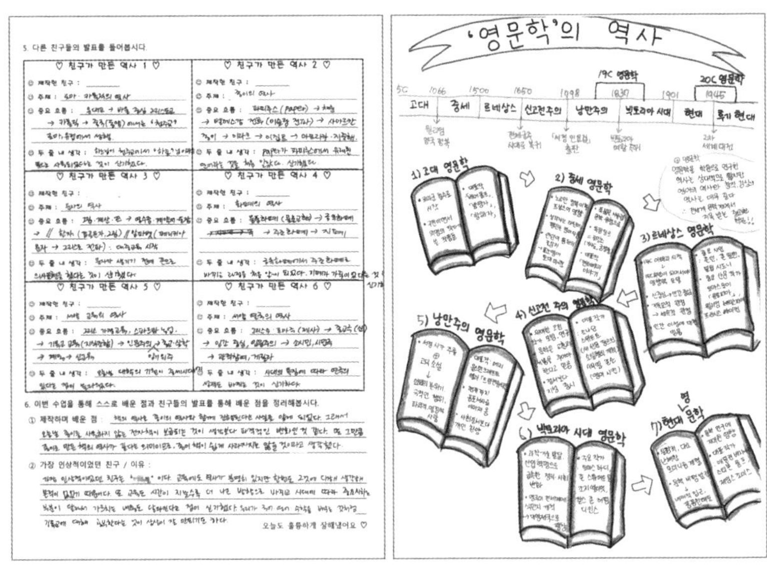

내가 만드는 '책의 역사' 활동지 일부　　내가 만드는 '영문학의 역사' 제작물

두 번째 프로젝트의 제목은 '나 그리고 우리와 더 가까운 역사'였다. 이는 일체화 교사 모임의 나효정 선생님(나루고등학교)의 사례를 활용한 것으로, 나와 가족에게 가장 기억에 남는 사건을 한국사와 세계사에서 세 가지씩 뽑아서, 현재에서 가까운 일들을 역사의 범주에 넣는 작업이었다. 단, 개별 내용을 조사한 다음 모둠 친구들과 함께 정리해서 수정하도록 했다. 특히 가족 인터뷰는 명절 전에 안내해서 미리 준비할 수 있도록 했는데, 학생들끼리 모둠 활동에 대한 공감대가 형성되면서 재미있게 참여했다. 제작물을 완성하고 프로젝트를 마치려는데 학생들이 평가에 반영하지 않더라도 발표를 하고 싶다고 했다. 9개 학급에서

온 학생들이 한 학급을 이룬 세계사반이었지만, 1학기 때부터 함께 공부하다 보니 서로 친해져서 발표에 대한 부담이 크지 않았던 것 같다. 또 프로젝트 제목처럼 역사를 가깝게 느끼도록 하는 것이 목표였는데, 가족과의 대화를 통해 서로를 더 이해하게 되었다는 학생이 많았다.

2019년 세계사 수업은 수업 자체가 모두 평가였다고 할 수 있을 정도로 평가를 세분화해서 진행했는데, 두 학기 수업과 평가를 마치고 학생들의 솔직한 의견을 들어보았다.

> 세계사 시간은 단순히 한 과정이 아닌 여러 과정으로 나뉘어져 매 과정에 충실하고, 최고가 아니라도 최선을 다하고자 노력했던 것 같다. 어느 한 과정에서 실수가 발생해도 바로 다음 과정에서 이를 만회할 수 있는 기회가 있다는 희망 덕분에 쉽게 좌절하지 않을 수 있었다.

> 과정별로 촘촘히 쪼개서 점수를 합산하는 방식은 노력한 것에 비해 받는 점수가 적다는 느낌이 들어 조금 아쉽다는 생각이 들 때도 있었지만, 일단 부담감이 적어서 좋았다. 특히 조별 과제의 경우 무임승차를 하는 경우가 있기도 한데, 과정별로 점수를 나누면서 그걸 줄일 수 있었다. 또 과정별로 점수를 받다 보니 계단을 밟고 올라가는 느낌이 들어서 내가 성장하는 것 같았다.

수업 시간마다 활동지를 걷어서 검사하고 확인하는 일은 꽤나 힘들었다. 특히 학생들의 생각을 긴 글로 쓴 경우, 꼼꼼하게 읽고 피드백 자료로 활용하는 동시에 기록을 남겨야 해서 시간이 오래 걸렸다. 하지만 학기 말에 교과세특을 쓸 때, 그 기록 덕분에 어떤 생각을 하는 학생인지, 어떤 수업 활동을 한 학생인지를 빠르게 정리할 수 있었다.

6. 새로운 환경에 적응하기

(1) 2020년, 학교를 옮기다

2020년에 학교를 옮겼다. 휴직을 3년이나 하는 바람에 햇수로는 8년간 여고 소속이었다. 수업 사례를 이야기할 때, 동료 선생님들이 여고라서 가능한 수업과 평가라는 피드백을 많이 해주셨기에, 이번 학교인 남녀공학에서는 이전과 같은 수업과 평가를 못할 수도 있다는 각오를 했다. 협의회를 통해 새 학교에서 그동안 해온 수행평가를 수업과 밀착할 수 있는 방법을 고민하고 계획을 세웠다. 그러나 코로나19로 인해 수행평가의 비중을 낮추어도 되고, 원격 수업에서 실시간 직접 관찰이 아니면 평가를 할 수 없다는 안내를 받았다. 수업 시간의 활동을 과정으로 평가하기가 어려워진 것이다. 이전처럼 할 수 없으리라고 예상은 했지만 생각보다 더 어려운 상황에 직면했다.

옮긴 학교에서는 2월부터 구글 클래스룸 연수를 진행하고, 직접 수업

동영상을 촬영할 수 있도록 최대한 촬영에 필요한 도구들을 준비해주셨다. 사실 2015년부터 수업 전 15분짜리 디딤 영상을 만들어봐서 촬영이 어렵지는 않았으나, 목적이 달라졌으니 수업의 형태도 바뀌야 했다. 교실 수업을 대신하는 강의 영상은 길어졌고, 함께 한국사를 담당하는 선생님과 협의해서 과제를 제공하기로 했다. 학생들이 제출한 과제를 읽고 댓글을 하나하나 쓰는 일은 활동지를 걷어서 도장을 찍거나 한두 줄 피드백을 해주는 것보다 오래 걸렸다. 게다가 구글 클래스룸에서는 영상 시청 여부, 댓글 확인 여부를 알 수 없었고, 개별 과제로 제공했기 때문에 학생들끼리 보고 배울 기회도 없었다. 학급별로 과제 답변 내용을 정리해서 올리기도 하고, 정답이 있는 과제의 경우에는 피드백 영상을 올리기도 했지만, 얼굴 한번 본 적 없는 학생들의 반응을 전혀 감지할 수 없었다.

6월이 돼서야 등교한 학생들은 시험 대형 배열로 앉아야 했다. 격주로 원격과 등교 수업이 이루어졌고, 등교하는 기간이 너무 짧아서 결국 4명의 한국사 교사가 합의한 평가는 주제를 제시한 논술 10점, 기사 쓰기 10점이었다. 평가 방법에는 합의가 필요했지만 수업은 원하는 대로 하는 것이 가능해서, 나는 사료를 읽고 분석해서 자신의 생각을 쓰게 하거나, 스스로 질문을 만들고 답변을 생각한 후 짝을 지어 필담을 나누도록 하고, 활동지를 검사했다. 하지만 마음은 답답함으로 가득했다.

1학기 2차 지필 평가를 치르고 나서, 1학기에 제출한 과제와 수업 시간에 다룬 문제 중 기억에 남는 것 세 가지를 골라 비슷한 주제를 고른 친구들끼리 모여서 이야기를 나누고 발표하는 시간을 가졌다. 그때까지 조용하기만 하던 교실이 모처럼 활기를 띠자, 울컥 눈물이 날 것 같았다. 이것이 바로 내가 원하는 교실의 모습이었다는 것을 깨달았기 때문이다. 갑작스럽게 발표자로 정해졌어도 차분하게 진행하는 학생들의 모습을 보고, 2학기에는 예전처럼 모여서 이야기 나누는 수업을 해야겠다고 결심했다.

학교도 옮겼고, 코로나19로 인해 상황은 급변했지만, 내가 추구하는 수업과 평가의 본질은 크게 다르지 않는다는 것을 깨달았다. 수업을 통해 교과 내용을 학습하는 대상은 교사인가, 학생인가? 혹시 수업을 잘하겠다고 나만 교과 내용을 완벽하게 학습하고 있지는 않은가? 학생들은 학습 내용을 제대로 이해하고, 그와 관련한 다양한 생각을 통해서 사고력을 넓혀가고 있는가? 또 수업 시간에 배운 내용을 효과적으로 표현하거나 전달할 수 있는가? 나는 학생들에 대한 학습 정보를 제대로 얻고, 그에 합당한 평가를 하고 있는가? 이런 생각들을 다시 정리해보는 계기가 되었다.

2학기에도 원격 수업과 등교 수업을 병행했으나, 사회적 요구에 따라 1학기 때와는 달리 실시간 쌍방향 수업을 시행하게 되었다. 숫자로 표현되는 평가를 바꾸기는 여전히 불가능했지만, 교실 수업처럼 소회의실에서 모둠 활동을 진행할 수 있게 된 것은 다행이었다. 실시간 쌍방향 수업에서는 모둠 활동에 따른 발표도 하고, 수업 내용을 소재로 다룬 영화나 드라마, 다큐멘터리 장면을 자주 활용했다. 물론 여전히 화면 속 움직이지 않는 그림처럼 '네' 말고는 대답하지 않는 학생도 있었다.

2020년 10월쯤에서야 한 달가량 등교를 하며 학급 친구들과 친해진 학생들의 목소리가 커지기 시작했다. 학생들의 관계가 좋을수록 수업 활동이 잘 이루어졌고, 그러면 나도 더 힘이 났다. 확진자가 급증해서 다시 원격 수업을 진행하게 된 학기 말에는 원격 수업의 분위기도 이전과 달라졌다. 이때 전태일과 노동 문제에 대한 수업을 간단히 진행하고, 모둠별로 오늘날의 노동 문제를 다루는 뉴스 영상과 기사를 활용해서 구글 프레젠테이션을 구성하도록 했다. 이 수업은 일체화 동아리 고은정 선생님(하성중학교)이 사례를 나눠주셔서, 우리 수업에 맞게 적용했다. 학생들은 소회의실과 구글 채팅창을 통해 활발하게 대화를 나누면서 구글 프레젠테이션을 실시간으로 함께 작성했고, 다른 모둠이 제작하는 프레젠테이션도 실시간으로 보면서 수정하고 보완해나갔다. 수업 시간이 지나서까지 계속 수정하며 의욕적으로 활동하는 학생들도 보였다.

모둠별 프레젠테이션 제작 사례 : 오늘날 우리 사회의 노동 문제

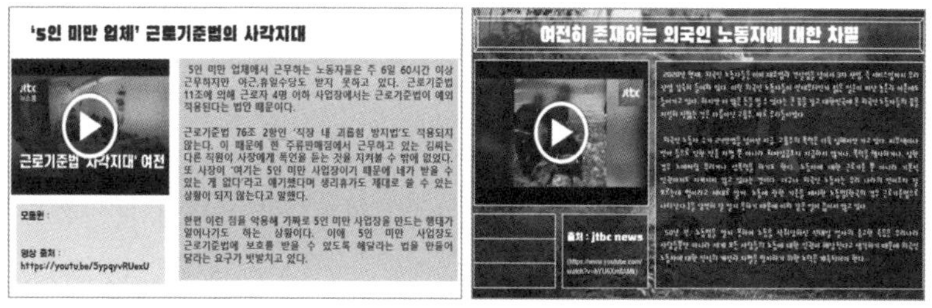

2020년 한국사 수업은 내 의지와 달리 평가와 괴리될 수밖에 없었다. 물론 학생들의 수업 활동을 관찰하고 평가해서 기록하기는 했지만, 활동지를 제출하지 않거나 모둠 활동을 귀찮아하는 학생도 있었다. 동료 선생님들 말대로라면 남학생들이 협조적이지 않은 모습을 보였어야 하는데, 글을 읽고 생각을 말하고 쓰는 수업에서 딱히 남학생들이 그렇지

는 않았다. 다만, 과학 중점 학교라서 그런지 역사 과목에 흥미와 관심을 보이지 않는 학생의 비율이 높은 것은 분명했다. 새로운 환경에서 이런저런 시도를 해보며 실패하고 좌절했지만, 내가 실패했다고 생각한 수업과 평가에서도 자신이 성장했음을 깨닫고, 다음과 같이 교사의 진심을 알아주는 학생도 있었다.

> 수행평가는 말이 '네 생각을 적어라'이지 진짜 내 생각을 적는 게 아니라고, 답을 준비하여 암기해서 쓰라고 하신 선생님이 계셨어요. (중략) 그런데 선생님께서는 수행평가에도 제 생각이 들어가야 한다고 하시는 걸 보고, 좀 어렵기는 했지만 생각해보니 원래 이런 게 진짜 수업이고 교육이더라고요. 그래서 수행평가나 꼼꼼한 피드백을 통해 더 발전하는 내가 되기 위해 용기를 내보기로 했어요.

(2) 2021년, 같지만 다르게

2021년 1학기에는 육아휴직을 하고, 2학기에 복직했다. 2학년 세계사와 1학년 한국사를 담당하게 되었고, 혼자 맡은 2학년 세계사는 두 학급, 55명이 수강했다. 학생 수가 적어서 1등급이 나오지 않는 곤란한 상황에 처할 수 있다는 걱정에 두 차례 지필 고사를 보기로 마음먹었다. 그리고 1학기 때의 평가 계획과 정기 고사 문항지, 점수 등을 살펴보았다. 두 차례의 정기 고사 문항은 쉽지 않았고, 점수도 천차만별이었다. 두 차례 지필 고사를 치르겠다는 생각을 바꿔서 평가 계획을 다시 세웠다. 2019년 2학기와 비슷하게 잡으면서 상황에 맞게 수정했다.

첫 번째로 바꾼 것은 과정 평가 방법인데, 활동지를 매번 검사하되 엑셀 파일에 날짜와 함께 매번 점수로 기록했다. 필기와 수업 활동이 모두 잘 기록되어 있으면 3점, 빠뜨린 부분이 있거나 수업 활동에 대한 기록이 부족하면 2점, 제출하지 않았거나 많이 부족한 경우에는 1점으로 기록해서, 30회 검사를 한 합산 점수로 최종 점수를 부여했다. 2점이나 1점을 받는 경우 수정해서 제출하면 점수를 올렸고, 백신 접종으로 수업에 참여하지 못한 경우에는 수업 활동 내용을 알려주고, 충실하게 해오면 3점을 주었다. 9월 6일부터 전면 등교를 해서 수업은 주로 교실에서 이루어졌지만, 8월 학기 초와 수능 시험이 있는 주에는 원격 수업으로 진행했다. 원격 수업을 할 때도 수업 활동을 한 후 활동지를 사진으로 찍어서 실시간으로 과제 제출을 할 수 있도록 했고, 댓글로 점수를 알려주었다.

과정 평가 – 평가 계획

평가 항목	평가 척도	
◦ 시대적 흐름에 따른 사건의 인과관계에 대해 정확하게 이해하고 내용을 정리하였다. ◦ 사료를 분석하여 역사적 사실을 도출하고, 시대적 상황과 인물에 대한 이해를 바탕으로 새롭게 알게 되거나 깨달은 내용을 성찰하여 정리하였다.	※ 총 30회 실시, 1회당 만점 3점 기준	
	2가지 충족	A(3)
	1가지 충족	B(2)
	미충족	C(1)

성취수준	A	B	C	D	E	F	기본 점수
합산점수(점)	81점 이상	71점 이상 81점 미만	61점 이상 71점 미만	51점 이상 61점 미만	41점 이상 51점 미만	31점 이상 41점 미만	30점 이하
최종 평가점수(점)	20	18	16	14	12	10	8

활동지 점수 누적 엑셀 파일 중 일부

		1	2	3	4	5	6	7	8	9	10	11	12
		08-17	08-20	08-24	08-27	08-30	08-31	09-03	09-06	09-07	09-13	09-14	09-16
1	4	3	2	3	3	3	3	3	3	3	2	3	3
2	4	3	3	2	1	1	3	3	1	1	3	3	3
3	4	3	3	3	3	3	3	3	3	3	3	3	3
4	4	3	2	3	3	3	3	3	3	3	3	3	3
5	4	3	3	3	3	3	3	3	3	3	3	3	3
6	4	3	3	3	3	3	3	3	3	3	3	3	3
7	4	3	3	3	3	3	3	2	3	3	3	2	3
8	4	2	2	3	3	3	3	3	3	3	3	3	3
9	4	3	3	3	3	3	3	3	3	3	3	3	3
10	4	3	3	3	3	3	3	3	3	3	3	3	3
11	5	2	2	2	2	3	2	2	3	3	3	3	3
12	5	2	2	2	2	3	3	2	3	3	3	3	3
13	5	1	1	2	1	1	2	1	3	1	1	1	1

두 번째로는 프로젝트의 횟수를 줄였다. 2019년에 받은 학생들의 피드백에 따라 '나 그리고 우리와 더 가까운 세계사', '모둠 신문 제작' 두 가지 프로젝트만 진행했고, 코로나19로 인해 '둘 가고 둘 남기기' 같은 활기찬 설명회 대신 모둠 이끔이가 자리에서 일어나 제작물을 들고 간단하게 제작 의도와 내용을 설명하는 발표회를 진행했다. 그래도 프로젝트 마지막 단계에 인상적인 다른 모둠을 꼽고 그 이유를 적어야 했기 때문에, 학생들은 잘 경청하면서 배운 점을 기록했다.

세 번째로 바꾼 것은 수업이었다. 2019년까지는 공부할 내용의 흐름을 설명하는 디딤 영상을 제공한 다음, 학생들이 내용을 정리하고 발표하면서 공유하는 시간을 가졌다. 그러나 2020년에는 긴 강의 영상을 제공하면서 디딤 영상이 필요없어졌고, 학생들이 영상을 많이 보는 데 대한 회의도 들었다. 그래서 다시 교실에서 강의를 진행했는데, 수업 활동이 계획대로 되는 것만은 아니어서 진도가 더디게 나가는 경우도 있었다. 그럴 때는 일부 소단원은 강의 영상을 촬영해서 제공하고, 교실에서는 간단하게 소개하는 것으로 대체하기도 했다. 학생들이 교과서를 차분하게 읽고 내용을 정리하는 시간이 부족했던 점은 아쉬움으로 남는다.

그래도 2021년 2학기 세계사 수업은 여러모로 의미가 있었다. 학교를 옮기면서 나의 수업과 평가 방식을 적용하기 어려울 거라는 말을 들었고, 실제로 2020년에는 많은 것을 시도했으나 잘 안 되기도 했다. 하지만 2021년 2학기 세계사 수업을 하면서 급변한 환경 속에서도 원하는 수업과 평가를 할 수 있다는 것을 깨달았다. 특히 평소에 성실하게 수업 활동을 했음에도 한 차례 정기 지필 고사에서 낮은 성적을 받고 실망했다가, 최종 등급을 보고 수업 시간에 열심히 한 덕분에 좋은 등급을 받았다며 기뻐하는 학생이 꽤 있었다. 과정 평가에 대한 반응이 좋아서 나도 보람을 느꼈다.

7. 마치며 : 우리의 수업과 평가를 포기하지 않는 용기

2021년 어느 날, 온라인 공부 모임에 초대를 받았다. 이 모임에서 같이 책을 읽었고, 수업을 디자인하게 된 이유에 대해서도 이야기를 나누었다. 또 교육과정을 개발하신 분을 모셔서 강의를 듣고, 질의응답하는 시간을 갖기도 했다. 그러다 교사 교육과정에 대한 사례를 함께 써보자는 제안을 받았고, 처음에는 망설였다. 이미 많은 선생님이 자신의 색깔이 드러나는 교육과정을 재구성하고, 수업과 평가를 기획·운영·기록하고 계신데, 내가 하고 있는 것이 여기에 합당한지 고민했기 때문이다.

그런데 나 또한 나름대로 교육과정을 재구성하면서 성취 기준만으로 수업과 평가를 진행하는 것이 어렵다는 것을 깨달았고, '내가 원하는' 그리고 '내가 할 수 있는' 수업과 평가를 찾기 위해 부단히 노력해왔다. 이럴 때 만난 일체화 교사 모임 덕분에 학생의 성장을 목표로 한 학생 중심 수업, 과정 중심 평가라는 방향을 잃지 않을 수 있었기에, 용기를 내어 제안을 받아들이기로 했다.

코로나 시대를 거치면서 우리는 학교 수업의 의미를 다시 생각하고 있다. 학생들은 예전과 달리 교사가 질문을 하면 와이파이가 설치된 교실에서 곧바로 스마트폰을 꺼내 검색을 하고, 활동지도 종이보다 PDF 파일로 받아서 패드에 필기하는 것이 편하다고 한다. 성적에 연연하지 않는 학생도 많아졌고, 교사보다 재미있고 정확하게 역사적 사실을 전달하는 TV 프로그램과 인터넷 강의도 차고 넘친다. 2~3년씩 수학 선행 학습을 하는 친구들을 보며 학교는 배우러 가는 곳인데 미리 배워야 하는 이유가 궁금하다는 딸의 질문에, 학교를 '평가만' 하는 기관으로 생각하는 사람이 많기 때문이라고 대답하자니 옹색한 변명 같기도 하다.

학교를 둘러싼 환경도 변해가고 학생들도 변해가지만, 우리는 결국 자신에게 주어진 삶을 살아가야 한다는 사실, 서로 관계 맺지 않고는 살아갈 수 없는 존재라는 사실에는 변함이 없다. 나는 나와 만나는 학생들이 어쩌면 고리타분하다고 할 수 있는 옛날 이야기를 공부하면서 현재의 자신을 돌아보고, 친구들과 마음껏 이야기 나누면서 '나'에서 '우리'가 되는 경험을 하면 좋겠다. 그리고 더 나은 공동체를 꿈꾸는 사회 구성원으로 성장하면 좋겠다. 좋은 성적을 받기 위해 과거의 인물, 제도, 단체, 사건을 암기하고 시험에서 쏟아내고 끝내는 것이 아니라, 과거에 실마리를 두고 있는 현실의 문제에 관심을 갖고 행동하는 사람이 되면 좋겠다.

학생들은 수업 시간에 자신의 생각에 답변을 남겨주거나 모둠 활동 때 귀 기울여 들어주고, 질문하고, 맞장구쳐주면 그렇게 인정받은 경험을 오래 간직했다. 그런 의미에서 과정 평가는 변별이 목적이 아닌, 학생을 수업 활동에 더 참여하고 성장하도록 격려하는 일이었다. 얼마 전 졸업생인 현아는 내게 대학교 과제에 필요한 설문을 부탁하면서 '고등학교 시절 가장 사랑했던 수업은 세계사'라며 마음을 전해왔다. 유진이는 수업한 지 몇 년이나 지났는데 혹시 활동지가 있는지를 물어봤을 때 바로 사진을 찍어 보내주면서 "나의 보물들인 걸요"라고 말해주었다. 이런 학생들이 있기에 나는 앞으로도 나와 만나는 학생들과 함께 만들어갈 교실에서 '우리의 수업과 평가를 포기하지 않는 용기'를 낼 수 있을 것 같다.

그리고 전국역사교사모임에서 제공받은 훌륭한 자료들과 일체화 교사 모임 활동을 하면서 선생님들과 함께 나눈 경험들은 내가 수업과 평가를 기획하는 데 큰 도움이 되었다. 이 글을 읽으시는 선생님들도 선생님들이 만나는 학생들에게 어울리는 교육과정을 만드시기를, 그 과정에서 '배운다는 건 꿈을 꾸는 것, 가르친다는 건 희망을 노래하는 것'이라는 노래[6] 가사처럼, 교육이 본연의 의미를 찾아가는 데 함께하시면 좋겠다.

---

6 '꿈꾸지 않으면(양희창 작사, 장혜선 작곡)'은 간디학교 교가로 알려져 있다.

5장

교사 교육과정 이야기 : 영어

조금 느려도 괜찮아, 속도는 달라도 함께 가는 길

김지연 / 수원 구운중학교 교사

1. since 2017, 김 선생의 고백

나는 김 선생. 2017년 3월 양평의 한 고등학교에 발령을 받은 첫날, 쭈뼛거리는 몸짓으로 3층 교무실의 배정받은 구석 자리에 간단한 짐을 풀었다. 1학년 담임을 맡게 되었는데, 먼저 9살 차이밖에 안 나는 학생들에게 절대 나이를 밝히지 않겠다고 결심했다. 첫 담임이라 너무 설레고 궁금한 게 많았지만 카리스마 있게 보여야 하니까, 선배님들이 첫 단추를 잘 끼워야 한다고 했으니까 말이다. 교사 임용 고시를 준비하던 시절에는 매일 밤마다 '합격만 시켜주세요, 참교사로 살게요'를 되뇌이며 잠이 들었고, 2차 면접 때는 '단 한 명의 아이도 포기하지 않는 교육을 실천하는 교사가 되겠다'고 했던 내가, 드디어 김 선생님이라 불리는 자리에 서는 날이 왔다. 좋은 선생님이 되고 싶었고, 앞으로 교직 인생이 어떻게 흘러갈지 궁금했고, 기대감에 부풀었다.

그로부터 5년, 김 선생은 1년 중 '스승의 날'을 가장 싫어하는 교사가 되었다. '스승'이라는 단어 앞에서 유독 작아지고, 창피하고, 부담스러워지는 마음이 들었기 때문이다. 그럼에도 교사로서 부단히 애쓰며 살고 있다는 것만은 확신할 수 있다.

첫 학교에서 만난 학생들에게는 미안한 마음이 크다. 수업도 생활지도도 담임으로서도 부족했는데, 학생들이 견디고 격려해준 덕분에 지금까지 올 수 있었다고 생각한다. 특히 첫해에 한 수업들은 매우 어설펐다. 고시생 시절을 거치며 배운 숱한 교수·학습법을 무조건 적용해야 한다는 강박감과 활동 중심의 수업을 해야 한다는 맹신으로 가득 차 있었다. 학생들이 무조건 어떤 활동을 해야 한다거나 나의 학창 시절과는 결이 다른 수업을 해야 한다며 스스로를 다그쳤다. 직소 수업, 과정 중심 글쓰기 수업, 연역적 문법 수업, 갤러리 워크, 러닝 러너(learning runner) 등 학생들이 계속 교실을 돌아다니며 하는 수업을 진행한 것은 그런 이유 때문이었다. 물론 이런 수업들은 어떤 상황에서 어떻게 활용하느냐에 따라 매우 효과적일 수도 있고, 분위기를 고무적으로 만들어주기도 한다.

하지만 신규 교사 시절에는 그저 '활동식 수업'을 해야 한다는 일념에 빠져 있었다. 연수에서 들은 '좋다'는 수업 기법들을 다 끌어와서 시도해보고, 학생들의 반응이 신통치 않으면 바로 그만두었다. 그러면서 끊임없이 있어 보이려 애쓰던 김 선생은 '교육과정-수업-평가-기록의 일체화'를 만나고 나서 무언가 크게 잘못되었다는 사실을 깨닫기에 이른다. 학생 중심의 수업이라고 하면서 정작 학생이 없는 수업, 교사 중심의 수업, 성찰은 뒷전인 채 당장 다음 주 수업 준비에 급급한 나머지 하루살이 같은 수업을 하고 있었다는 사실을 알게 된 것이다. 교육과정-수업-평가-기록이 전혀 일체화되지 않은 무질서한 수업, 교육과정을 왜 그리고 어떻게 재구성해야 하는지도 모르는 채 무턱대고 하고 있었다는 사실을 알고는 부끄러워졌다.

2. '망한 수업'과 교육과정 재구성으로 가는 발걸음

가르치는 학생들에 대한 고민 없이 그저 열심히만 하다 보니 나도 학생들도 점점 길을 잃어갔다. 소위 '신규 파워'라 불리는 효과도 한 학기가 지나니 시들해졌고, 학생들에게서 영어 시간에 무엇을 공부하는지, 왜 이걸 해야 하는지 모르겠다는 피드백이 돌아오기도 했다. 활동 또는 모둠 수업을 무조건 좋다고 생각해서 연수에서 배운 온갖 기법들을 시도했지만, 이도 저도 아닌 게 돼버렸고, 피드백에 집착한 나머지 배보다 배꼽이 큰 수업을 하고 있었다.

"선생님 수업은 어떨 땐 재미있는데요, 어떨 땐 잘 모르겠어요." 맥락 없이 건너뛰는 수업을 못 따라가겠다는 학생도 있었고, 활동 수업을 하다 보니 무언가 하긴 한 것 같은데 정작 남는 게 없다는 학생도, 조별로 수행하는 과제를 내주면 친구의 학습지를 베끼는 것이 전부인 학생도 있었다. 또 고등학교이다 보니 입시에 대한 고민을 하는 학생이 많았는데, 이런저런 활동 때문에 다른 반보다 진도가 느리고, 배운 내용이 뒤죽박죽이라 시험을 앞두고 마음이 복잡하다는 피드백도 있었다. 이런 피드백을 받고는 엉뚱하게 학생들을 탓하기도 했다.

돌아보면 처음 1년 동안의 수업은 혼란 그 자체였고, 부끄럽지만 소위 '망한 수업'이 많았다. 어떤 반에서는 잘된 수업이 다른 반에 가서는 안 되는 경우도 허다했고, 오전에는 잘 흘러갔던 수업이 오후에는 삐걱거리기도 했다. 또 다양한 활동을 해야겠다는 생각에 학생들에게 '이것도 하고, 저것도 해라' 했다가 길을 잃는 경우도, 과제에 대한 피드백을 해주다 소진돼서 다음 수업을 제대로 못한 경우도 있었다. 체계적이지도 구조적이지도 않은, 교사와 학생에게 모두 독이었던 수업을 질질 끌면서 한 학기를 보냈다.

하지만 수업이 길을 잃은 이유와 학생들이 하나둘씩 어렵다고 호소하며 포기하는 이유를 사실은 알고 있었다. 수업을 듣는 '학생들'에 대한 고민, '교육과정'에 대한 고민이 빠져 있었기 때문이다. 방향성도 지속성도 효과도 없는 수업이었기 때문이다. 화려한 조명만 있을 뿐 그 조명이 비추는 대상이 없었기 때문이다. 학생들은 학습자에 대한 고민이 빠진 수업임을 기가 막히게 알아차리고 교사에게 신호를 보내고 있었다. "선생님! 이 수업은 누구를 위한 것인가요?"

2년 차부터는 정신을 바짝 차리고 잘해보려 애썼지만 결과적으로는 역부족이었다. 수업 첫 시간에 간단한 설문 조사를 해서 대략적인 성취수준과 영어 교과에 대한 생각을 물었다. 이 설문을 바탕으로 학생들의 요구와 수준에 맞는 수업을 하려고 했다. 이전까지는 교사인 내가 하고 싶은 수업, 또는 필요하다고 생각하는 수업을 우선하는 바람에 '누구를 위한 것인지 모를 수업'을 하기 일쑤였다면, 이제는 정말로 학생들이 필요로 하는지와 학생들에게 도움이 되는지를 고려하려고 했다. 그리고 이것은 교육과정을 재구성하는 첫걸음으로 이어졌다.

계속 영어 교과의 성취 기준을 들여다보면서 학생들의 눈높이에 맞는 수업을 구상해나갔다. '우리 학생들'의 평균적인 학업 성취도를 파악하고, '우리 학생들'이 어렵다고 했던 영역, 실제로 두세 번의 수업을 통해 파악한 '우리 학생들'의 영어 수준을 성취 기준과 수업 활동으로 연결했다. 이 작업은 학기 말까지 이어졌고, 동일한 내용의 수업일지라도 반의 특성에 따라 구체적인 활동에 조금씩 차이를 두기도 했다. '우리 학생들'의 의견을 재차 물었고, 학기 중간에 수업에 대한 피드백을 받음으로써 다시 혼자 독주하려는 마음을 다잡았다.

그런데 '교육과정 재구성'이라는 말을 처음 들었을 때부터 어렵고 거창하게 다가온 이유가, '재구성'이라는 말을 '재창조'로 잘못 받아들인 탓에 기존에 없던 것을 새롭게 만들어내야 하는 거라고 여겼기 때문인 것 같다. 그래서 계속해서 새로운 활동, 더 많은 활동을 수업에 끌어왔고, 그런 수업을 하면 할수록 학생들과 멀어지는 느낌, 수업이 지나치게 복잡해지고 알맹이는 없어지는 것 같은 느낌이 들었던 것이다. 조미료를 너무 많이 쳐서 무슨 맛인지도 모르겠고, 원재료가 뭐였는지도 가늠이 안 되는 그런 수업을 하고 있었던 셈이다. 나는 다시 나의 교육철학은 무엇인지, 중요하게 생각하는 가치는 무엇인지, 수업이란 무엇인지를 정리해봐야겠다고 생각했다.

3. 내가 생각하는 교사 교육과정이란?

교육과정 재구성이란 교사가 가르치는 학생들을 중심에 놓고, 추상적으로 나열된 성취 기준을 하나하나 구체화하는 작업이라고 생각한다. 실제로 그렇게 했을 때 학습자들을 위한 수업이자 학습자들이 만족하는 수업을 하고 있다는 느낌을 받기도 했다. 교육과정을 재구성할 수밖에 없는 이유도 역시 학습자에 있다. 학습자의 상황과 특성을 고려한 수업을 구상하고, 그런 수업을 통해 영어 교과의 목표에 도달할 수 있도록 돕는 일이 교사의 역할이기 때문이다. 수업 전후에 학습자들이 보여주는 성취 수준의 변화나 성장 정도를 확인하고, 다음 수업의 설계에 이를 적극 활용해서 교수·학습의 연결성을 높이는 일이야말로 학습자들을 위한 수업으로 이어지는 선순환적 구조라는 사실도 깨달았다.

교육과정-수업-평가-기록의 일체화가 교육과정, 수업, 평가, 기록이라는 각각의 구슬을 모두 꿰어서 하나의 목걸이로 엮는 일이라면, 교사 교육과정은 이중에서도 특히 '교육과정'에 더 집중한다는 점에서 차이가 있다. 교사가 과거의 수업을 성찰하고, 이를 통해 현재와 앞으로 있을 수업에 필요한 학습 요소들과 성취 기준을 판단하고 결정하는 일련의 과정을 모두 담아내는 것이 바로 '교사 교육과정'이다. 즉, 교과 교육과정을 왜 그리고 어떻게 재구성할 것인지, 어떤 수업이 필요한지, 이 수업을 통해 기대하는 것은 무엇인지 같은 이야기를 교사가 풀어내는 일인 것이다. 국가 수준 교육과정을 문자 그대로 받아들여 단순히 시행하는 데 그치는 수동적인 입장에서 벗어나 자신이 처한 학교와 교실 상황에 맞게 적극적으로 개발하고, 이를 능동적으로 실천하는 교육 전문가로서의 역할을 다하는 것, 그런 의미에서 나는 교사 교육과정을 다음과 같이 실천하고자 했다.

4. 교사 교육과정과 수업 사례

(1) 중학교 영어 교과 목표와 성취 기준

그러나 우리나라는 일상생활에서 영어를 사용하지 않는(EFL) 상황이기 때문에 학교 밖 영어 사용 기회가 매우 제한적이다. 이를 보완하기 위하여 영어 사용 기회를 충분히 제공할 수 있는 학교 영어 교육을 실현해야 한다. 따라서 학교 영어 교육에서는 학습자에게 가능한 한 영어 사용 기회를 충분히 제공할 수 있는 교수·학습 방법을 계획·실천하고, 다양한 멀티미디어 자료와 정보 통신 기술(ICT) 등을 수업에서 활용하며, 교수·학습 활동과 평가를 유기적으로 연계하여 학습의 효율성을 극대화해야 한다.[1]

---

1 교육부, 2015 개정 교과 교육과정에 따른 평가 기준, 교육부, 2015.

교육부에서 고시한 '영어과 교육과정'에 나오는 '영어 교과가 갖는 성격'에서 발췌한 글이다. 영어 교사라면 누구나 영어 사용 기회가 제한적인 교실 상황에서 수업을 통해 영어 사용의 기회를 제공할 수 있는 영어 교육을 실현해야 한다는 말에 공감할 것이다. 그리고 학생들에게 영어로 듣고, 말하고, 읽고, 쓰는 일련의 학습 과정을 제공하기 위해 부단히 노력할 것이다. 다양한 멀티미디어 자료와 정보 통신 기술을 활용한 수업도 코로나 이후로는 피할 수 없게 되었다. 이 시대를 살아가고 있는 우리 학생들을 텍스트 형식의 '교과서만' 가지고 가르치기에는 역부족인 현실에서, 교사들은 학습 동기를 끌어올리고 수업 내용을 다양하고 풍성하게 만들기 위해 다각도로 노력하고 있다.

성취 기준이란 학생들이 교과를 통해 배워야 할 내용과 이를 통해 수업 후에 할 수 있거나 할 수 있기를 기대하는 능력을 결합해서 나타낸 활동의 기준을 의미하며, 학생의 특성, 학교 여건 등에 따라 교육과정 및 교과서 내용을 분석하여 교과협의회를 통해 재구조화할 수 있다.[2] 영어 교과의 성취 기준 또한 학생들이 수업 이후에 할 수 있거나 할 수 있기를 기대하는 수준을 서술하고 있으며, 듣기, 말하기, 읽기, 쓰기 네 영역의 성취 기준으로 구체화된다. 그중에서 중학교의 성취 기준은 듣기 영역 9개, 말하기 영역 10개, 읽기 영역 9개, 쓰기 영역 6개로 구성되어 있다. 영어 교과의 학습 요소들은 '필자의 의도나 목적', 또는 '줄거리, 주제, 요지', '일이나 사건의 순서, 전후 관계' 등과 같이 주로 일상생활과 관련한 공통적인 것들이 많다. 성취 기준은 초·중·고 학교·급

---

2 교육부, 2022학년도 학교생활기록부 기재 요령, 교육부, 2020.

별로 위계화되어 있지만, 내용 면에서 큰 차이는 없으며, 도구 교과답게 '~말(또는 설명)할 수 있다', '~함축적 의미를 추론할 수 있다', '~를 기록할 수 있다' 등과 같은 언어 기능에 무게를 둔다(공통 과목인 '영어'의 경우를 예로 들고 있으며, 선택 중심 교육과정의 선택 과목들의 경우에는 집중하고자 하는 학습 요소와 언어 기능 간에 차이가 있을 수 있다).

> [9영01-02] 일상생활 관련 대상이나 친숙한 일반적 주제에 관한 말이나 대화를 듣고 세부 정보를 파악할 수 있다(중학교 듣기 영역 성취 기준 일부).
>
> [10영01-01] 친숙한 일반적 주제에 관한 말이나 대화를 듣고 세부 정보를 파악할 수 있다(고등학교 듣기 영역 성취 기준 일부).
>
> → 두 성취 기준을 비교했을 때 거의 비슷함.
>
> [9영02-06] 주변의 사람, 사물에 대해 묻거나 답할 수 있다. / [9영02-07] 주변의 위치나 장소에 대해 묻거나 답할 수 있다(중학교 말하기 영역 성취 기준 일부).
>
> [10영02-04] 일상생활이나 친숙한 일반적 주제에 관한 정보를 묻고 답할 수 있다(고등학교 말하기 영역 성취 기준 일부).
>
> → 두 성취 기준을 비교했을 때 거의 비슷함.

이처럼 학습 요소가 일상생활과 관련한 것들이며, 성취 기준 또한 기능에 집중하는 영어 교육의 특징은 교사가 교육과정을 재구성하는 데 받는 제약이 적고, 내용 교과보다 비교적 자유로울 수 있다는 것이 장점이다. 교과서를 기반으로 수업하면서 학생들이 성취 기준에 도달하게 지도할 수 있지만, 여기서 그치는 것이 아니라 교과서 밖 콘텐츠와 ICT를 적극적으로 활용해서 수업 효과를 확대할 수 있다. 나 역시 학생들이 성취 기준에 도달할 수 있도록 교과서 외의 자료들과 플랫폼을 이용하는 수업을 구성했다. 또 중학교 영어 교과의 목표를 살펴보면 다음과 같은 내용이 있다.

> '중학교 영어는 학습자들이 초등학교에서 배운 영어를 토대로 친숙하고 일반적인 주제에 관한 기본적인 영어를 이해하고 표현하는 능력을 갖추게 하는 것을 목표로 한다.'
>
> 가. 영어 학습에 대한 흥미와 관심을 가지고 일상적인 영어 사용에 자신감을 가진다.
>
> 나. 친숙한 일상생활 주제에 관하여 영어로 기본적인 의사소통을 할 수 있다.
>
> 다. 외국의 문화와 정보를 이해하고 우리 문화를 영어로 간단히 소개할 수 있다.[3]

여기서 가장 와닿은 것은 '영어 학습에 대한 흥미와 관심을 가지고'라는 부분인데, 학생들이 영어를 재미있게 배우고, 그럼으로써 할 수 있는 다양한 일에 관심을 가지며, 세상을 바라보는 시야를 확장해나가는 긍정적인 경험을 할 수 있기 바라는 마음에서였다. 실제로 학생들에게

---

3 교육부, 2015 개정 교과 교육과정에 따른 평가 기준, 교육부, 2015.

영어를 가르치면서 나는 이 부분을 특히 강조했다. 영어를 잘하면 단순히 좋은 직장을 얻는 데 도움이 된다는 이야기가 아니라, 다른 언어를 배움으로써 아는 세계가 넓어지고, 세계시민으로서 할 수 있는 일들이 생긴다는 것을 생각해보도록 자극했다.

교육과정을 재구성하는 작업은 성취 기준 재구조화와 맞닿아 있고, 교과 특성을 고려해서 진행해야 한다는 것을, 앞서 언급한 것처럼 수많은 수업 실패 후에야 깨달았다. 중학교 영어 교과 목표와 성취 기준을 놓고 실패한 수업들을 돌이켜보며, 다음과 같은 결론에 도달했다.

첫째, 내가 마주한 학습자의 특성, 상황, 역량, 요구, 흥미 등은 무엇인지 들여다보고, 래포 형성을 통해 학습자와 적극적으로 소통하는 것이 수업의 첫걸음이다. 아무리 화려하고 재미있고 유익한 수업 활동을 가지고 온다 한들 학습자들의 특성, 상황, 역량, 요구와 맞지 않다면 무의미하거나 효과를 제대로 발휘할 수 없다.

둘째, 수업을 통해 학생들이 유의미한 학습 기회를 충분히 갖기를 바라는 영어 교과에서의 목표와 같이 '영어에 대한 흥미를 유지하고, 영어에 대한 자신감을 기를 수 있다'는 것을 수업의 가장 큰 목표로 세워야 한다. 여기에 더해 '일반적 주제에 대해 영어로 기본적으로 의사소통할 수 있는 능력을 기를 수 있다'는 것도 중요한 목표로 정했다.

두 가지 목표를 설정하고 교육과정 성취 기준을 다시 들여다보니, 이를 이루기 위해서는 어떤 교수·학습 활동이 필요할지 아이디어가 떠올랐다. 교과서와 성취 기준을 나란히 펼쳐놓고, 다소 추상적이고 포괄적인 부분들을 수업에서 어떻게 구체화할 것인지 고민하면서 교과서와 함께 활용할 콘텐츠와 ICT는 무엇이 좋을지도 찾아나갔다.

(2) 수업의 주인공들을 소개합니다

"그래서 당신은 교육과정을 어떻게 재구성하고 실천했나요?"라는 질문에 대답하기 전에, '교사 교육과정' 하면 자칫 '교사'에 방점이 찍힌 것 같지만 사실은 '학생(학습자)'이 더 중요하다는 점을 다시 한번 강조하고 싶다. 교사가 교육과정을 고민하는 이유는 바로 눈앞에 있는 학생들 때문이고, 학생들이 바로 교사 교육과정의 진정한 주인공이기 때문이다. 이 학생들과 한 학기 그리고 1년을 어떻게 함께할 것인가? 나는 교사 교육과정을 재구성하고 실천하기 위해 먼저 학습자들의 특성을 분석하기로 했다.

우리 학교 학생들은 일단 영어 학습에 흥미가 있었고, 관심도도 높았다. 초등학교에서 어떤 영어 수업을 받았는지를 물었을 때, 노래와 챈트(chant) 중심으로 즐겁게 수업한 기억이 있다고 대답한 학생이 다수였다. 다만, 영어 수업에 대한 긴장도가 낮은 것에 비하면 기본 어휘력은 부족한 편이었고, 영어 콘텐츠에 꾸준히 노출된 경험도 적었다. 학습자 간 성취 수준의 정도에도 편차를 보였다. 일부 학생은 영어 단어와 문장을 곧잘 정확한 발음으로 읽어내는 한편, 한 문장을 읽는 데 한참 뜸을 들이거나 발음을 고민하는 학생도 눈에 띄게 많았다. 수업 시간에는 자신이 주도적으로 학습에 참여하는 것을 매우 선호했는데, 본문 내용과 문법을 설명하는 강의식 수업보다 친구들과 함께하는 활동 수업, 프로젝트 수업, 모둠 수업 등을 선호했다. 또 의사소통에 적극적이고 자기표현을 잘하는 학생이 많았고, 조용한 학생도 자기 생각을 글이나 그림으로는 곧잘 표현했다. 끝으로, 영어를 효과적으로 학습하는 방법에 대해 아직 잘 모르거나 학습 계획을 세워서 꾸준히 실천하는 습관이 부족한 학생이 대다수였다. 총평을 하자면, 우리 학교 학생들은 영어 교과에 대한 거부감은 크게 없었지만, 그렇다고 해서 영어 성취 수준이 높은 편도 아니었다. 영어를 그렇게 좋아하지도 싫어하지도 않는 상태, 영어를 매우 잘하지도 못하지도 않는 상태, 나는 이런 상황이 꽤 괜찮다고 판단했다.

이런 학생들의 특성을 고려했을 때, 중학교에 입학하고 1년 동안 나와 어떤 수업을 하느냐에 따라 앞으로 영어에 대한 흥미와 호감도를 높일 수 있을 뿐만 아니라, 교과 성취 수준에도 지대한 영향을 끼칠 수 있겠다는 생각이 들었다. 나는 막중한 책임감을 느끼면서 교육과정을 어떻게 재구성해야 할지 떠올리며 가슴이 두근거렸다.

다음에 소개하는 표는 김 선생과 그 주인공들이 함께한 교육과정을 한눈에 볼 수 있도록 정리한 것이다. 성취 기준은 '2015 개정 교육과정에 따른 평가 기준-중학교 영어'에 제시된 내용이고, 성취 기준 재구조화는 학생의 특성, 학교 여건 등에 따라 교육과정 및 교과서 내용을 분석해서 교과협의회를 통해 재구조화할 수 있다는 점을 고려했다.[4] 이것은 1년간의 교육과정을 재구조화한 것의 일부이며, 주로 교과서 밖 교육 활동에 대한 내용이다. 여기서 언급하지 않은 성취 기준의 경우, 영어 교과서 위주의 듣기 및 본문 읽기 수업에서 활용했다.

	영어 교과 성취 기준	성취 기준 재구조화
1	[9영01-01] 어구나 문장을 듣고, 연음, 축약된 소리를 식별할 수 있다.	① 단어나 문장의 발음을 듣고 소리 내어 정확한 발음으로 말할 수 있다. ② 단어나 문장의 발음을 듣고 연음과 묵음을 식별할 수 있다.

4 교육부, 2022학년도 학교생활기록부 기재 요령, 교육부, 2022.

2	[9영02-01] 주변의 사람, 사물, 또는 장소를 묘사할 수 있다.	현재진행형을 사용하여 주어진 그림을 말 또는 글로 묘사할 수 있다.
3	[9영04-03] 일상생활에 관한 그림, 사진, 또는 도표 등을 설명하는 문장을 쓸 수 있다. [9영04-06] 간단한 초대, 감사, 축하, 위로, 일기, 편지 등의 글을 쓸 수 있다.	① 자신이 선택한 예술가 1명의 인생과 대표 작품의 특징을 설명하는 문장을 쓸 수 있다. ② 자신이 선택한 예술가의 전시회를 사람들에게 홍보 또는 전시회에 초대하는 글을 쓸 수 있다.
4	[9영04-04] 개인 생활의 경험이나 계획에 대해 문장을 쓸 수 있다.	조동사를 활용하여 미래에 하고 싶은 일과 이유에 대해 문장을 쓸 수 있다.

(3) 수업 사례 ① : 어휘 원격 수업

■ 이 수업을 한 이유

"선생님, 영어 단어는 하루에 몇 개 정도씩 외워야 해요?"

수업이 끝나고 교탁에서 짐을 챙겨 나가려는 나를 붙잡는 한 학생의 질문. 올해도 역시 이 질문을 받는구나. 질문은 한 명이 했지만 내 대답을 기다리는 눈동자는 많았다. '10개 미만'을 원하는 눈치였지만, 너희가 원하는 대로 대답을 해줄 수는 없지. 이럴 땐 대수롭지 않은 척 해야 한다.

"영어 단어? 하루에 20개 이상은 공부해야지. 아니지, 30개 이상은 외워야 하나?"

"네? 20~30개요? 저는 10개 외우는 것도 힘든데요? 어떻게 매일 그렇게 많이 해요?"

"처음에는 단어 개수에 집착하지 말고, 우선 매일 자리에 앉아서 외우는 습관을 들이는 것이 중요해. 개수는 크게 상관없어. 그리고 너무 어려운 단어만 외우려 하지 말고, 교과서에 나오는 단어들 수준에서 공부하면 돼."

"아니, 어떻게 그래요. 난 이번 생애는 영어 포기. 아유, 귀찮아."

다른 말보다 '귀찮다'는 말이 거슬려서 목소리를 높여 되물었다.

"너희는 도대체 영어 단어 외우는 걸 왜 그렇게 어려워하니? 그게 귀찮아? 하루에 20개가 그렇게 부담스러워?"

"사실 어떻게 발음하는지도 모르는데, 스펠링이랑 뜻까지 어떻게 그걸 다 외워요!"

"맞아요, 어떻게 발음하는지 몰라서 하나씩 다 찾아보려면 너무 귀찮아요. 그리고 나중에는 기억도 안 나요!"

정말 신기하게도 학생들과 나 사이에는 매년 이런 대화가 반복됐다. 영어를 좋아해서 자주 접하거나 영어 학습에 부담을 덜 느끼는 일부를 제외하고, 대부분은 영어 단어 외우는 걸 매우 부담스럽고 '귀찮아'했다. 어차피 내일이면 다 까먹을 건데 왜 그렇게 매일 힘들여 외워야 하느냐는, 다소 원초적이고 공격적인 질문을 받을 때도 있었다. 인간의 기억력에는 한계가 있어서 한번 학습한 것을 꾸준히 반복해야만 제대로 저장이 되는데, 이는 비단 영어 단어 암기에만 국한되지 않는다고 아무리 강조를 해도 잘 와닿지 않는 모양이었다. '영어 단어 학습이 필요한 것은 알지만 피하고 싶다'고 말하는 경우에는 그래도 이런 말이 어느 정도 효과가 있지만, 앞의 대화에서처럼 '어떻게 발음하는지도 모르는데 스펠링과 뜻을 어떻게 외우느냐'고 하는 학생들은 어디서부터 어떻게 가르쳐야 할지 막막할 때가 많다. '어떻게 발음하는지 모른다'는 것은 '영어의 소리, 발음 체계를 잘 모른다'는 뜻이어서 대공사가 필요하기 때문이다.

그리고 이 문제를 근본적으로 해결하기 위해서는 이런 학생들을 대상으로 영어 음성학에 대한 체계적인 학습 처방이 이루어져야 하는데, 중학교 정규 교육과정 시간에 하기에는 역부족이다. '2015 개정 교육과정에 따른 평가 기준-중학교 영어'에서 제시하는 교육과정 성취 기준을 보면 '[9영01-01] 어구나 문장을 듣고, 연음, 축약된 소리를 식별할 수 있다'고 되어 있는데, 이것은 이미 기본적인 소리/발음 체계에 대한 학습이 어느 정도 되어 있음을 전제로 하고 있다. 따라서 중학교 정규 영어 수업 시간에 초등학교 3~4학년의 학습 요소인 알파벳, 낱말의 소리, 강세, 리듬 등을 가르칠 수는 없는 노릇이다. 지역이나 학교마다 차이는 있겠지만, 내가 가르치던 학교와 교실 상황에서는 상당한 무리가 따랐다. 하지만 이 부분에 결손이 있는 학생들이 있다는 것을 인지한 이상, 무시하고 넘어갈 수도 없었다. 이것은 단순히 영어 단어를 읽지 못한다는 차원에서 끝나는 일이 아니라, 연쇄적으로 다른 영역별 성취 기준에도 영향을 끼치기 때문에 다음과 같은 문제가 발생한다.

알파벳과 낱말(word)을 소리 내어 읽지 못한다(또는 발음할 줄 모른다).	→	영어 낱말을 읽을 수 없으니 철자는 물론 뜻을 잘 기억하지 못한다.	→	영어 낱말보다 큰 의미 단위인 문장을 소리 내어 읽을 수 없다.
				↓

영어 포기!	←	영어 지문은 한 단원을 지날수록 점점 길어지고 어려워지는데 무슨 말인지 모르겠다.	←	낱말의 뜻을 기억하지 못하고, 문장을 소리 내어 읽을 수 없으니 문장을 정확히 해석할 수 없다.

이런 흐름 속에서 학습자들은 방황할 수밖에 없다. 다소 극단적이고 비극적인 상황을 예로 들었지만, 수업을 듣는 학생 대부분이 이 사이클에 속해 있었다. 이들에게는 사실 단순히 영어 단어를 '몇 개' 외워야 하는 문제가 아니라, 영어 단어를 '어떻게' 공부해야 하느냐는 문제가 가로놓여 있는 것이다. 그리고 이 문제가 해결되지 않는 이상, '몇 개'라는 논쟁은 사실 무의미했다. 하루에 영어 단어를 10개 미만으로 공부하더라도 '어떻게' 학습해야 하는지를 지도하기 위해서, 또 교육과정 성취 기준에 도달하기 위해서, 단어의 발음을 반복적으로 듣고, 소리 내어 따라하고, 철자를 공부하고, 뜻을 익히는 일련의 학습 과정을 하나로 엮는 수업을 할 필요가 있었다. 또 학습한 영어 단어를 소리 내어 읽은 것을 녹음해서 교사에게 보내고, 교사로부터 적절한 피드백을 받음으로써 목표로 한 성취 기준에 적절히 도달했는지를 인지하는 수업을 할 필요가 있었다.

그래서 나는 성취 정도가 다소 낮으며, 효과적으로 학습하는 방법을 잘 알지 못하는 학생들을 대상으로 하는 단어 학습을 계획했다. 코로나19 상황으로 원격 수업과 등교 수업을 병행하는 가운데, 학습자들이 등교 수업보다 원격 수업에서 영어 단어를 학습하면 좋겠다고 판단했는데, 그 이유는 다음과 같다.

먼저, 원격 수업을 활용하면 성취도가 서로 다른 학생들이 자신의 학습 속도에 맞춰서 개별화 학습을 할 수 있을 거라는 점에 착안했다. 교과서에 나오는 단어들을 이미 많이 알고 있는 학생들의 경우, 단어 학습 활동에 익숙하므로 수행 속도가 빠른 편이다. 등교 수업 때 보면 이들은 특히 어휘 게임의 경우에 빠르게 승리를 독식하거나, 아니면 너무 쉽다며 딴청을 부리거나, 종종 다른 학습자들에게 훈수를 두기도 했다. 하지만 원격 수업에서는 공통 학습 과제를 빠르게 수행한 뒤에도 추가적인 과제를 부여받을 수 있고, 다른 학생보다 발음에 대한 피드백과 교정도 빠르게 받을 수 있다는 장점이 있다. 이런 학생들도 제시한 단어를 모두 정확한 발음으로 읽을 수 있는 것은 아니라서, 교사에게 발음에 대한 피드백을 원격으로 그리고 일대일로 받는 과정이 유의미할 수 있을 거라고 생각했다.

반대로 영어 학습에 자신이 없거나, 흥미를 느끼지 못하거나, 단어 학습에 상당한 부담을 느끼는 학생들의 경우에는 실시간으로 발음부터 철자까지 체계적으로 학습할 수 있으며, 무엇보다 원격 수업이기에 다른 학습자들의 시선과 비교에서 벗어나 자신만의 속도로 학습할 수 있을 거라고 판단했다. 특히 알파벳이나 영어 낱말을 소리 내어 읽을 줄 모르는 심각한 학습 결손이 있는 학생들의 경우에는 더더욱 개별화 학습이 필요했다. 이렇게 여러 경우를 종합해봐도, 영어 성취도와 무관하게 교실 수업보다 원격 수업으로 단어 학습 활동을 진행하는 것이 나을 거라고 보았다.

또 하나, 학생들이 시청각 자료에 빠른 속도로 몰입하는 경향이 있다는 것을 알고 있었기에, 어휘 학습 플랫폼을 이용하기로 했다. 그동안의 경험상, 영어 단어 학습에 대한 동기를 유발하는 측면에서도 시청각 자료를 활용하거나 지원하는 수업은 큰 도움이 되었다. 어휘 학습 플랫폼은 2018년에 알게 되어 꾸준히 이용해온 것인데, 코로나19 이전의 교실 수업에서도 학생들로부터 '실질적인 도움이 된다', '단어 학습에 대한 부담이 덜해서 만족스럽다'는 피드백을 자주 받았다. 실제 학습 효과도 큰 편이라서 이번에도 이 수업은 필요하고, 잘될 것이라는 믿음을 가졌다.

■ 어떤 수업을 했나?

1차시 (교실 / 원격)	2차시 (원격 실시간, 과제)	발음에 대한 피드백 제공
어휘 학습 플랫폼 이용 수업의 필요성 설명(OT) 및 회원 가입 안내	어휘 학습 플랫폼을 통해 교과서에 등장하는 어휘들의 발음과 뜻 학습하기 (암기→기억→철자 연습, 총 3단계 학습 과정)	피드백 제공 요소 – accuracy(정확성) – fluency(유창성) – confidence(자신감) – linking(연음)
	어휘의 발음을 반복해서 듣고, 직접 소리 내어 따라 읽는 것을 녹음하여 과제함에 제출하기	

학기 초에 학생들에게 영어 시간에 이용할 어휘 학습 사이트를 소개하고, 가입하라는 안내를 했다. 플랫폼을 이용해서 수업하는 이유를 구체적으로 설명하면서 발음을 반복적으로 듣고 따라 읽을 수 있다는 점을 강조했는데, 학생들의 반응은 긍정적이었다. 가입 절차가 까다롭지 않아서 수월하게 완료했고, 이후에는 플랫폼에 들어가서 어떤 기능들이 있는지 하나씩 누르며 둘러보게 했다. 쏟아지는 질문 중에서 '배틀 퀴즈'가 뭔지 묻는 학생에게 '단어 공부가 다 끝나면 그 단어들로 퀴즈

게임을 하는 것'이라 대답해주고, 퀴즈에서 우승하려면 단어 학습 과정에 성실히 참여해야 한다고 덧붙였다.

2차시 수업부터는 말 그대로 개별화 어휘 학습이 이루어졌다. 학생들은 교사가 제공한 어휘 세트를 클릭해서 '암기-기억(리콜)-스펠'이라는 3단계 학습 과정을 거쳤다. '암기' 단계에서는 그날 배울 어휘들을 살펴볼 수 있는데, 이 과정에서 단어의 발음을 듣고 따라 읽는다. 또 어휘의 뜻을 유추해보고, 자신이 모르거나 잘 기억나지 않는 단어에는 표시를 해두었다가 따로 모아서 학습을 할 수도 있는데, 이 기능을 꼭 사용하도록 강조했다. 자신이 무엇을 알고 모르는지, 스스로 확인할 수 있는 좋은 방법이기 때문이다.

다음 단계인 '기억'에서는 '암기' 부분에 등장했던 단어들의 뜻을 기억하고 있는지, 사지선다 퀴즈를 풀어볼 수 있다. 물론 이 단계에서도 제시한 단어의 발음을 들어볼 수 있고, 뜻을 잘 기억하지 못해서 퀴즈를 맞히지 못하면 그 단어들만 다시 학습한 다음 퀴즈에 재도전할 수 있다. 이렇게 어휘의 발음과 뜻을 반복적으로 학습하는 과정에서 학생들은 발음과 뜻을 익힐 수 있다.

플랫폼을 활용해서 어휘의 발음과 뜻을 학습한 후, 다음 차시 수업에서 곧바로 교과서 문장 읽기 활동을 해보니, 학생들이 이전보다 나은 발음으로 영어 문장을 읽는 걸 확인할 수 있었다. 교실 수업이든 원격 수업이든 이전보다 자신감 있는 목소리와 발음으로 단어와 문장을 읽은 것이다. 처음에는 어휘 단위의 짧은 발음을 반복해서 들었지만, 이 활동에 익숙해진 다음에는 구문이나 문장 단위의 발음을 듣고 따라 하는 활동에도 큰 거부감 없이 참여하는 모습을 볼 수 있었다. 문장을 읽는 활동에서는 발음의 정확도보다 유창성과 자신감에 초점을 두고 피드백을 제공함으로써 동기를 부여해주려고 했다.

단어 및 문장 학습하기

문장	NE능률 중학교 영어1 (김성곤) - Lesson 4 P083	8 카드	29명 학습중
문장	NE능률 중학교 영어1 (김성곤) - Lesson 4 P084	15 카드	26명 학습중
문장	NE능률 중학교 영어1 (김성곤) - Lesson 2 P039	15 카드	29명 학습중
단어	중1 영어 NE능률 김성곤 레슨 6	20 카드	27명 학습중
단어	중1 영어 NE능률 김성곤 레슨 5	20 카드	28명 학습중
단어	중1 영어 NE능률 김성곤 레슨 4	23 카드	29명 학습중
단어	중1 영어 NE능률 김성곤 레슨 3	21 카드	29명 학습중
단어	중1 영어 NE능률 김성곤 레슨 1	20 카드	28명 학습중

어휘 단계적 학습 후 문장 녹음 과제 제출

		반복횟수	암기	리콜
쪽지		0.8회	13% 8/25	13% 8/25
	녹음100%	4.0회	100% 8/31	100% 8/31
	녹음100%	3.9회	100% 8/31	100% 8/31
	녹음100%	4.6회	100% 8/31	100% 8/31
	녹음100%	4.3회	100% 8/31	100% 8/31
	녹음100%	4.4회	100% 8/31	100% 8/31
	녹음100%	6.4회	100% 8/31	100% 8/31
	녹음100%	4.9회	100% 8/31	100% 8/31

문장 녹음 과제에 대한 피드백

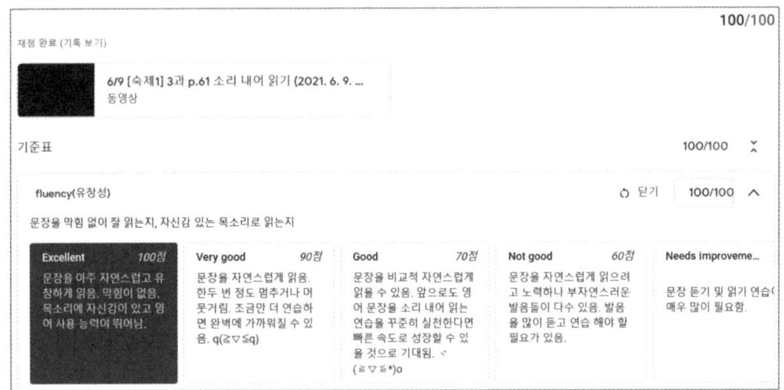

■ 수업 성찰하기

애초에 기대한 것처럼 나는 학생들의 어휘 학습 진도율을 실시간으로 확인할 수 있었고, 학생들은 주어진 어휘를 개별적으로 학습할 수 있었다. 학생들 '스스로' 자신의 속도에 맞춰서 부족한 부분을 몇 번씩 반복해서 학습하는 것은 사실 교실 수업에서는 하기 어려운 부분인데, 이런 아쉬움을 해소할 수 있었다. 교사는 개별적인 피드백을 충분히 제공할 수 있고, 학습자가 언제 얼마나 학습했는지에 대한 부분도 데이터가 자동으로 쌓이니까, 이것을 활용할 수 있다는 점이 가장 좋았다. 또 단순히 영어 단어를 손으로 베껴 쓰며 눈으로 암기하는 것이 아니라, 발음을 반복적으로 듣고 소리 내어 따라서 말하는 일련의 학습 과정을 겪으면서 발음 습득은 물론 영어의 발음 규칙을 유추해볼 수 있었다. 영어 소리에 익숙하지 않거나 일상생활에서 영어를 들어볼 기회가 적은 학생들에게는 정확한 발음은 물론 미국식 발음과 영국식 발음을 비교하며 들어볼 수 있는 유의미한 학습 경험이기도 했다. 영어를 좋아하는 학생들은 연음과 묵음에 대해 인지하거나 단어의 강세가 어디에 있는지도 학습할 수 있었다.

또 개별적으로 자신의 학습 속도에 맞춰서 단어를 학습할 수 있다는 것은 영어 사용에 능숙한 학생과 그렇지 않은 학생 모두에게 의미가 있었다. 영어 성취도가 높아서 과제 수행 속도가 빨랐던 학생들의 경우에는 공통으로 제시한 단어들을 빠르게 학습한 후 추가로 제시한 더 많은 단어를 학습할 수 있었다. 반대로 영어 성취도가 낮은 학생의 경우에는 다른 학습자들의 시선과 비교에서 벗어나 천천히 발음 연습부터 스펠링 쓰기까지 자율적이며 체계적으로 학습할 수 있었다.

실제로 학기 말에 학생들을 대상으로 설문 조사를 통해 어휘 학습 사이트 활용 수업에 대한 피드백을 받았을 때, 대부분이 도움이 되었다고 응답했다. 그 이유로는 '발음을 들으면서 공부할 수 있다', '내 학습 속도에 맞춰서 자율적으로 공부할 수 있다', '뜻과 발음을 체계적으로 공부할 수 있다'는 점 등을 들었다. 다음 학년으로 진급해서도 이 사이트를 활용한 어휘 학습을 계속해나가면 좋겠다는 학생들의 피드백을 받고 마음이 뿌듯했다.

(4) 수업 사례 ② : 문법 수업, Describe the pictures!

■ 이 수업을 한 이유

새로운 영문법을 학습할 때 학생들이 크게 오해하는 것이 있는데, 문법 공부를 단지 '문제 풀이'나 '시험'을 보기 위해서 한다고 여기는 것이다. 예를 들어 관계대명사를 배울 때 선행사와 격에 맞는 관계대명사를 써야 한다는 것을 알고, 선행사가 'a student'고 관계대명사의 격이 주격일 때 'who(또는 that)'를 쓴다는 것을 알지만, 이것을 실생활에서 어떻게 사용하는지 묻거나 이를 활용해서 문장을 만들어보라고 하면 어안이 벙벙한 표정을 지을 때가 많다. 물론 예제를 풀면서 해당 문법의 용법을 깨우치는 것은 매우 중요하지만, 나는 학생들이 그다음 과정인 '실생활에서 문법 써보기'로 학습 경험을 확장하기를 바랐다.

우리 학교 학생들의 경우, 영어 어휘력뿐만 아니라 문법의 성취도도 다소 낮은 편이었기에 하나의 문법을 가르칠 때 1~2차시에서 끝내는 것이 아니라, 반복적인 학습을 통해서 해당 문법을 습득하도록 했다. 특히 등교 수업과 원격 수업이 교차하는 학사 일정 속에서 학생들이 반드시 배워야 하는 기초 문법을 휘발하지 않고, 직접 써봄으로써 자신의 지식으로 만들 수 있도록 돕고 싶었다.

■ 어떤 수업을 했나?

일단 원격 수업을 하는 동안에는 학생들에게 미리 만들어둔 영문법 강의 영상을 시청하며 개념을 익히도록 했다. 그래서 교과서에 나온 예문들을 최대한 활용한 강의 영상을 만들어 예문 옆에 직접 필기하면서 공부할 수 있도록 했다. 영상에 나오는 설명이 지나치게 길어지면 잘 보지 않고 넘겨버리는 경향이 있어서, 상영 시간을 20분 안팎으로 제작했다. '현재진행형'에 대한 자세한 개념 설명은 물론, 예문들을 하나씩 살펴보면서 현재진행형을 언제, 어떻게 쓰는지를 설명했다. 교실 수업 시간에 문법 파트 진도를 나갈 때와 똑같이, 단지 원격으로 진행했을 뿐이다.

다음으로, 학생들이 단순히 영상을 보고 학습을 끝마치는 것이 아니라, 간단한 퀴즈를 통해 그날 배운 내용을 복습할 수 있도록 했다. 퀴즈 문제는 대부분 앞의 강의를 시청한 학생이라면 큰 어려움 없이 해결할 수 있도록 했다. 문법 수업은 대개 이쯤에서 끝내는 경우가 많은데, 여기서 그치지 않고 학생들이 현재진행형을 실제로 이해했는지를 점검하고, 직접 사용해보도록 하는 활동을 다음 차시 원격 실시간 수업에서 진행했다. 이 과정을 통해 실시간 원격 수업에 성실히 참여하고 있는 학생은 물론, 이전 시간에 영상을 보지 않고 과제만 해서 낸 학생이나, 영상과 과제를 모두 했지만 대충한 학생들을 식별할 수 있었다.

실시간 수업에서는 이전 시간에 배운 내용을 교과서에 있는 예문들을 바탕으로 간단히 복습했다. 이때는 교사가 일방적으로 설명하기보다 학생을 지목해서 해당 문법을 간략하게 설명하게 했는데, 이 과정이 때로는 번거롭게 느껴지기도 했지만, 원격 수업일수록 친구들이 마이크를 켜고 말할 때 더 집중하기도 하거니와, 혹시 자신의 이름이 불릴지 몰라 긴장하는 편이라 자주 활용했다.

호명된 학생이 설명을 마치면 'Describe the pictures!(사진을 묘사해!)'라는 본격적인 문법 활동으로 넘어갔다. 사진 묘사하기 활동은 어느 문법 수업 시간에도 적용할 수 있고, 교사가 설계하는 정도에 따라 기본적인 드릴(drill) 활동부터 작문과 말하기 활동에까지 적용할 수 있어서, 스펙트럼이 아주 넓은 편이다. 이미 많은 영어 교사가 선호하는 활동인 만큼 문법 수업에서 자주 활용하는 편이고, 학생들의 반응도 좋았다. 그 흐름은 다음과 같다.

먼저 사진 속 인물들의 행동을 현재진행형을 활용해서 묘사해보자고 제시한 후, 잠깐 그림을 살필 시간을 준다. 다음으로 교사가 모델링을 제공하기 위해 그림 속 인물 한 명을 현재진행형을 활용해서 묘사하고, 학생들에게 그림 속 인물의 행동을 묘사하기 위해 제시한 동사를 어떻게 현재진행형으로 바꾸면 좋을지 질문해서 이해도를 확인한다. 학생들의 반응 정도를 살피며 모델링 1~2개를 제공한 후, 그림 속 나머지 인물들의 행동을 학생들에게 묘사해보도록 한다. 본인 마음에 드는 인물 1~2명을 고르고, 행동을 묘사하면 된다고 말하고 나서 조금 기다리면 채팅창에 잇달아 문장이 올라온다. 단박에 문법적으로 옳은 문장이 올라오기도 하지만, 'He is runing', 'She is seeing the book' 같은 비문을 보면 더 반갑다. 비문의 경우에는 그 문장이 왜 어색한지, 또는 문법적으로 옳지 않은지 질문을 던지고, 다른 그림으로 넘어가서 같은 활동을 반복한다. 문법 수업에서는 이렇게 단순한 패턴의 학생들이 계속해서 타깃(target) 문법에 집중할 수 있는 활동을 하는 것이 좋다고 생각한다. 그래야만 다음 단계인 '실생활에서 문법 써보기' 활동에서도 혼동하지 않고 오류를 줄일 수 있기 때문이다.

3차시 수업은 학생들이 등교했을 때 학습지 문제를 풀어보는 형태로 진행했는데, 여기에도 반드시 사진이 들어갔다.

1차시(원격, 과제)	2차시(원격 실시간)	3차시(교실)
현재진행형의 용법 강의 및 예제 풀이 (원격 수업, 직접 만든 영상)	교과서를 활용한 간단한 복습 (학생이 개념 설명) + Describe the pictures 활동	교실에서 학습지 풀어보기 및 'What is she/he doing?' 활동하기(실생활에서 문법 써보기 단계)
Grammar lecture 현재 진행형 문법 뽀개기 Made by 지연T (저작권은 김지연샘에게 있습니다)	다음 그림에 있는 등장인물들의 행동을 묘사해봅시다.	[6] 다음 그림을 나타내는 문장을 고르시오. ① He is reading a book. ② He is taking a picture. ③ He is riding a bike. ④ He is crying. ⑤ He is playing the guitar.

학습지를 함께 풀면서 현재진행형에 대한 이야기를 이어나갈 때, 자연스럽게 다양한 동사에 대한 이야기도 나왔다. 그래서 교실에 있는 친구들이 지금 어떤 행동을 하고 있는지 살펴보면서 사용할 수 있는 동사는 무엇인지, 자유롭게 표현하도록 하고 칠판에 적어나갔다. 자리에

서 꾸벅꾸벅 졸고 있는 친구를 보며 'sleep', 공부하는 자신을 가리키며 'study', 교과서 밑에 연습장을 두고 몰래 그림을 그리고 있는 친구를 지목하며 'draw', 속닥속닥 이야기하는 친구들을 보며 'talk'라는 단어까지, 학생들 입에서 많은 동사가 쏟아져나왔고, 이를 활용해서 반 친구들이 지금 무엇을 하고 있는지를 현재진행형으로 표현해보는 'What is she/he doing?'이라는 간단한 활동으로 수업을 마무리했다.

■ 수업 성찰하기

문법에 대한 오해 때문인지 학생들이 문법 수업을 굉장히 지루해하거나 어려워한다고 했는데, 학년이 올라갈수록 심화되는 문법 요소와 내용은 얼핏 어려워 보이는 것 같아도 자세히 들여다보면 의외로 단순하고 명쾌하다. 그리고 실생활에서 정말 많이 쓰인다. 학생들에게 요즘 자주 듣는 팝송이 뭐냐고 물어서 나도 종종 들어보곤 하는데, 수업 시간에 배운 문법이 등장하는 경우가 꽤 많아서 반갑기 그지없다. 이것을 잊지 않고 기억했다가 다음 수업 시간 초반에 "이것 봐, 우리가 배운 내용이 가사에 들어 있어" 하고 알려주면, 아이들도 고개를 끄덕이며 신기하게 여긴다. 이럴 때 '그래! 이 맛에 문법 수업을 하지!' 싶어 뿌듯해진다.

(5) 수업 사례 ③ : 글쓰기 맛보기 수업, Who is he/she?

■ 이 수업이 필요한 이유

우리 학교 1학년 학생들은 예체능 수업을 매우 좋아하는 편이다. 자유학년제 영향 때문인지 몰라도 노래 부르는 것을 좋아해서 음악 선생님이 '아이들이 영혼을 담아서 노래한다'고 말할 정도이고, 몸이나 손을 움직여서 하는 활동을 선호해서 동아리 전시회를 가보면 솜씨 좋은 재주꾼들의 여러 작품을 보고 감탄하지 않을 수 없다.

마침 영어로 글을 써보는 경험을 제공하고 싶던 참에 음악과 미술에 관심이 많은 학생들의 특성을 고려해서, 영어 시간에 예술과 관련한 글쓰기 수업을 해보면 어떨까 하는 생각이 들었다. 주제를 학생들이 평소에 관심이 많은 예술계 인물로 설정하면 활동에 대한 부담감도 덜 수 있고, 재미있게 참여할 수 있지 않을까 기대가 되었다.

그래서 1학년 영어 교과서의 'The Joy of Art'라는 단원을 배운 다음, 이 활동과 연계해서 진행해보기로 했다. 영어과 성취 기준에 '[9영04-05] 자신이나 주변 사람, 일상생활에 관해 짧고 간단한 글을 쓸 수 있다'라고 되어 있는데, 이를 재구성해서 '자신이 선택한 예술가 한 명의 인생과 그림의 특징을 설명하는 문장을 쓸 수 있다'로 바꾸었고, '[9영04-06] 간단한 초대, 감사, 축하, 위로, 일기, 편지 등의 글을 쓸 수 있다'는 성취 기준은 '자신이 선택한 예술가의 전시회를 사람들에게 홍보 또는 전시회에 초대하는 글을 쓸 수 있다'로 구체화했다.

■ 어떤 수업을 했나?

차시	내용
1차시	- 교과서에 등장하는 예술가들 살펴보기 - 자신이 조사하고 싶은 예술가를 정한 후, 제시된 조건에 맞게 조사하기(이름, 출신 국가, 작가의 초상화나 얼굴 사진) - 예술가는 어떤 삶을 살았는지 알아보기(인생 일대기) - 예술가의 유명 작품 두 개와 이에 얽힌 이야기 알아보기

2차시	조사한 예술가 간략하게 소개하기 : 글쓰기 활동 안내
3차시	예술가 소개하기 글쓰기 활동 1단계 : 초안 작성하기
4~5차시	예술가 소개하기 글쓰기 활동 2단계 : 미니 포스터 완성하기

'예술과 미술'이라는 주제로, 수업 도입 부분에 학생들이 직접 예술가와 미술 작품을 조사해보는 원격 수업의 과제를 제시했다. 교과서에는 학생들에게 익숙한 빈센트 반 고흐, 피카소의 작품 외에도 살바도르 달리, 프리다 칼로, 앤디 워홀 같은 예술가가 등장하는데, 학생들은 이들에 대해서는 잘 모르고 있었다. 유명하지 않아도 좋으니 누구든 교과서에 등장하는 예술가 중에서 한 명을 골라 조사하도록 했는데, 제출한 결과물을 보니 재미있게도 고흐의 어린 시절 모습, 신문에 실린 살바도르 달리의 사진, 클로드 모네의 인생 등 다양한 정보가 나왔다. 원격 수업으로 진행한 만큼 조사한 내용들을 모아서 구글 프레젠테이션 양식에 맞게 정리하도록 했고, 간혹 컴퓨터로 참여하기 어려운 학생들에게는 조사한 내용을 영어 공책에 정리해서 제출하도록 했다.

2차시 수업 때는 몇몇 학생이 앞으로 나와서 자신이 어떤 예술가를 조사했는지 간단히 소개하는 시간을 가졌다. 빈센트 반 고흐를 조사한 학생이 발표를 할 때는 '나도 고흐 했는데!'라는 학생들이 여기저기서 공감을 표시했고, 교과서에 등장은 하지만 설명이 거의 없는 프리다 칼로를 조사한 학생이 발표할 때는 불우했던 화가의 인생을 안타까워하며 탄식하는 목소리를 들을 수 있었다. 발표가 끝난 다음에는 본격적으로 영어 글쓰기 활동에 대한 안내를 하면서 꼭 주의해야 할 점들을 설명했다.

학생들이 제출한 '예술가 조사하기' 원격 수업 과제

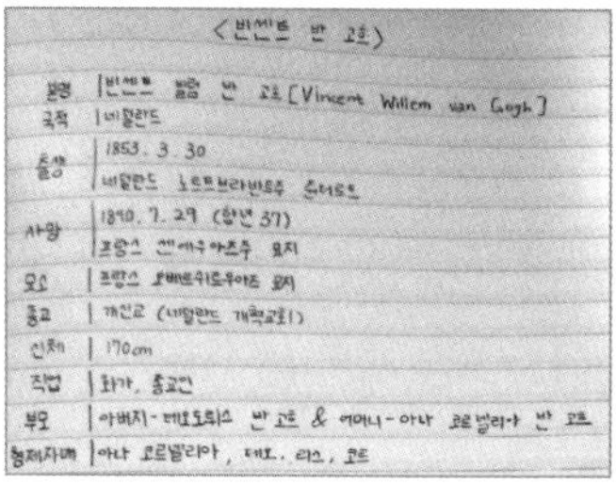

[1-5] 예술가 조사하기 과제

파일 수정 보기 삽입 서식 슬라이드 정렬 도구 부가기능 도움말 몇 초 전에 마지막으로 수정했습니다.

생의 주기 설명 [이 페이지는 수정하지 마세요]

1. Who is she/he? (이름 쓰기) + 예술가 얼굴 사진

2. Where is(was) she/he from? (나라 쓰기)

3. Tell about his/her life. (예술가의 인생에 대한 정보)

5. What can you see in the painting? (그림의 특징 묘사하기)

<빈센트 반 고흐>

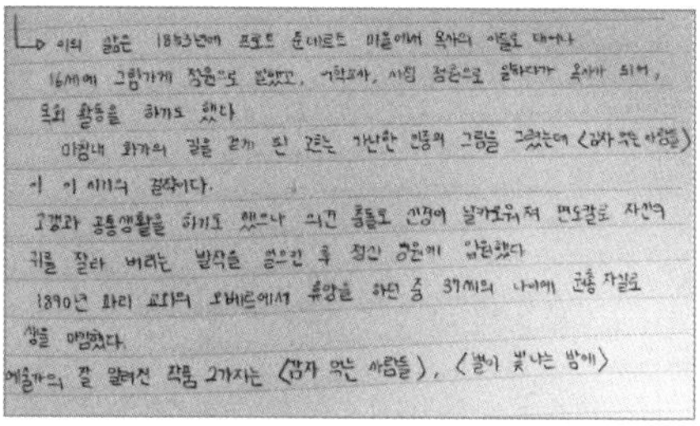

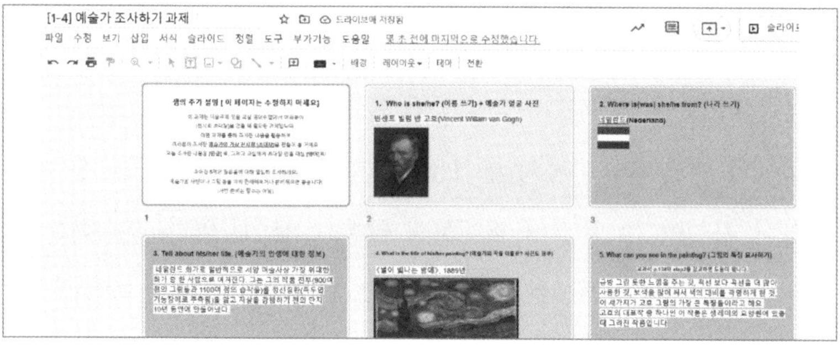

본명	빈센트 빌럼 반 고흐 [Vincent Willem van Gogh]
국적	네덜란드
출생	1853. 3. 30 네덜란드 노르트브라반트주 준더르트
사망	1890. 7. 29 (향년 37) 프랑스 발두아즈주 오베르쉬르우아즈
묘소	프랑스 오베르쉬르우아즈 묘지
종교	개신교 (네덜란드 개혁교회)
신체	170cm
직업	화가, 종교인
부모	아버지 - 테오도뤼스 반 고흐 & 어머니 - 아나 코르넬리아 반 고흐
형제자매	아나 코르넬리아, 테오, 리스, 코르

→ 이의 삶은 1853년에 프로트 준더르트 마을에서 목사의 아들로 태어나 16세에 그림가게 직원으로 일했고, 어학교사, 서점 점원으로 일하다가 목사가 되어, 목회 활동을 하기도 했다

마침내 화가의 길을 걷게 된 고흐는 가난한 민중의 그림을 그렸는데 <감자 먹는 사람들>이 이 시기의 걸작이다.

고갱과 공동생활을 하기도 했으나 의견 충돌로 신경이 날카로워져 면도칼로 자신의 귀를 잘라 버리는 발작을 일으킨 후 정신 병원에 입원했다

1890년 파리 교외의 오베르에서 요양을 하던 중 37세의 나이에 권총 자살로 생을 마감했다.

예술가의 잘 알려진 작품 2가지는 <감자 먹는 사람들>, <별이 빛나는 밤에>

[1-4] 예술가 조사하기 과제 드라이브에 저장됨

파일 수정 보기 삽입 서식 슬라이드 정렬 도구 부가기능 도움말 몇 초 전에 마지막으로 수정했습니다

배경 레이아웃 테마 전환

생의 주기 설명 [이 페이지는 수정하지 마세요]

1. Who is she/he? (이름 쓰기) + 예술가 얼굴 사진

빈센트 빌럼 반 고흐(Vincent Willam van Gogh)

2. Where is(was) she/he from? (나라 쓰기)

네덜란드(Nederland)

3. Tell about his/her life. (예술가의 인생에 대한 정보)

네덜란드 화가로 일반적으로 서양 미술사상 가장 위대한 화가 중 한 사람으로 여겨진다. 그는 그의 작품 전부(900여 점의 그림들과 1100여 점의 습작들)를 정신질환(측두엽 기능장애로 추측됨)을 앓고 자살을 감행하기 전의 단지 10년 동안에 만들어냈다

4. What is the title of his/her painting? (예술가의 작품 이름은? 사진도 첨부)

<별이 빛나는 밤에>, 1889년

5. What can you see in the painting? (그림의 특징 묘사하기)

규칙 그린 듯한 느낌을 주는 것, 직선 보다 곡선을 더 많이 사용한 것, 보색을 많이 써서 색의 대비를 극명하게 한 것. 이 세가지가 고흐 그림의 가장 큰 특징들이라고 해요

고흐의 대표작 중 하나인 이 작품은 생레미의 요양원에 있을 때 그려진 작품입니다

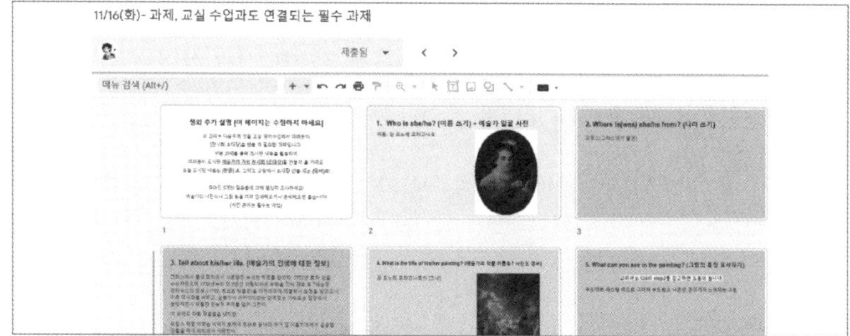

첫째, 조사한 예술가들은 과거의 사람들이고, 이들이 겪은 일도 과거임을 잊지 말고 서술할 때 반드시 수업 시간에 배운 '과거형'을 활용해서 문장을 작성할 것을 강조했다. 둘째, 처음부터 영어 번역기를 사용하지 말고 교사가 제공한 예시 문장을 참고해서 작성하되, 한번에 지나치게 긴 문장은 쓰지 않도록 당부했다. 그리고 문장이 지나치게 길어지거나 복잡해지는 것을 사전에 방지하기 위해 간단한 예시 문장을 제공했다. 셋째, 문장을 다 쓰고 난 다음에는 앞으로 나와서 교사에게 반드시 피드백을 받도록 했다. 이렇게 세 가지 조건을 강조하고, 학습지를 제공했다.

3차시 수업부터는 본격적으로 영어 문장을 작성하는 활동을 시작했는데, 혼자서 해도 되지만 옆 친구에게 물어보거나 도움을 요청해도 된다고 했다. 그랬더니 같은 예술가를 조사한 학생들이 둘셋씩 모여서 머리를 맞대고 고민하는 모습, 다른 예술가를 조사한 친구에게 왜 그 사람을 선택했는지 물어보는 장면 등을 볼 수 있었다.

동사의 과거형과 문장의 형식을 고민하는 학생들은 학습지를 들고 나와서 자신이 쓴 문장이 어색하지 않은지 물어보았다. 의심쩍은 표현은 휴대전화로 검색해보거나 번역기를 사용해도 좋다고 허용했으나, 두 번째 조건인 '한번에 지나치게 긴 문장은 쓰지 말 것'을 거듭 강조하며, 긴 문장일 경우 여러 문장으로 끊어서 쓰거나 더 간단한 문장으로 표현할 수는 없는지 고민해보도록 했다. 그리고 '똑똑하게 번역기 사용하는 법'에 대해서도 이야기를 해주었다. 주의 사항을 정리하면 다음과 같다.

1. 자신이 쓰고자 하는 문장이 길 경우, 나누어서 문장 간단하게 만들기!

예) Vincent Van gogh used yellow in his painting 'Sunflower' and I am inspired by this painting and I think he is the greatest artist of the world. / 빈센트 반 고흐는 노란색을 사용해서 '해바라기'라는 그림을 그렸는데, 나는 이 그림에 감동을 받았으며, 그가 위대한 화가라고 생각한다.

→ Vincent Van gogh used yellow in his painting 'Sunflower'.

I am inspired by this painting and I think he is the greatest artist of the world.

하나의 긴 문장을 비교적 짧은 문장 두 개로 나누어주기

2. 주어를 반드시 밝힐 것!(학생들이 많이 하는 실수 가운데 하나)

예) '우울증을 겪었다'라는 문장에서 주어 챙기기

→ He(Vincent Van gogh) suffered from depression.

3. 모르는 단어 중에서도 지나치게 길거나 어려운 단어는 사용하지 말기!

→ 가지고 나와서 선생님한테 도움 요청하기

영어 글쓰기 수업에서 번역기 사용을 선호하지 않거나 부정적으로 여기는 교사도 있지만, 나는 언어 교과인 만큼 피할 수 없다면 잘 사용하도록 가르쳐주는 것도 괜찮다고 생각하는 쪽이다. 게다가 우리 학교 학생들은 영어 사용에 익숙치 않고, 특히 글쓰기 활동을 막 시작한 참이라서 부담을 줄 필요는 없었다. 글쓰기에 대한 긍정적인 경험을 통해 자신감 있게 해볼 수 있게 되거나, 어떻게 하면 되는지 알게 하는 것만으로 충분하다고 보았기 때문이다. 그렇게 학생들이 예시문과 번역기,

친구들과의 대화에서 얻은 도움을 바탕으로 문장을 하나씩 완성해나가는 동안, 나는 학생들을 살피면서 문장에 대한 피드백을 제공하거나 활동에 대한 추가 안내를 해주었다.

4~5차시에는 학습지에 쓴 문장들을 활용해서 '미니 포스터 만들기'

영어와 미술 교과의 융합 : 영어 글쓰기를 활용해서 만든 미니 포스터

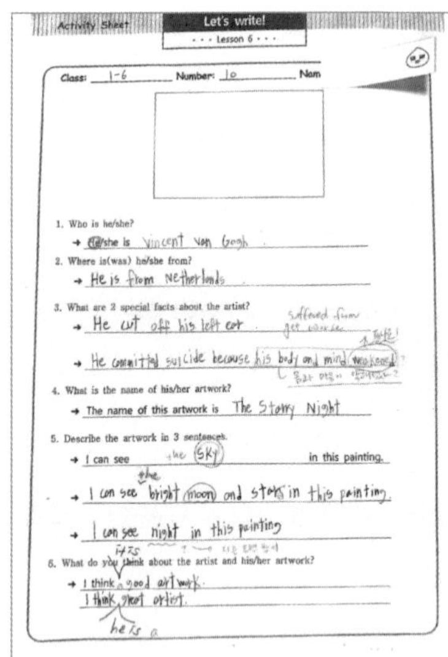

Activity Sheet

Let's write!

• • • Lesson 6 • • •

Class: 1-6 Number: 10 Nam

1. Who is he/she?
→ He/she is Vincent Van Gogh
2. Where is(was) he/she from?
→ He is from Netherlands
3. What are 2 special facts about the artist?
→ He cut off his left ear
→ He committed suicide because his body and mind weakened
4. What is the name of his/her artwork?
→ The name of this artwork is The Starry Night
5. Describe the artwork in 3 sentences.
→ I can see the Sky in this painting.
→ I can see the bright moon and stars in this painting.
→ I can see night in this painting
6. What do you think about the artist and his/her artwork?
→ I think good artwork.
I think great artist.

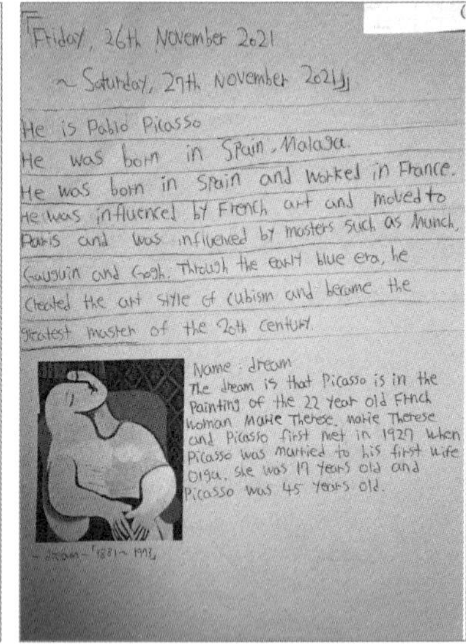

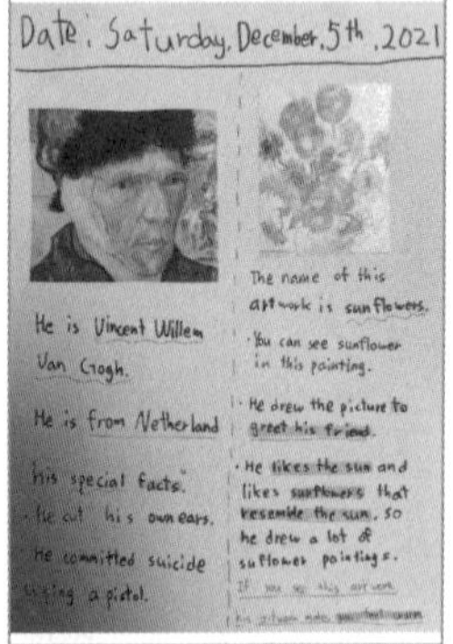

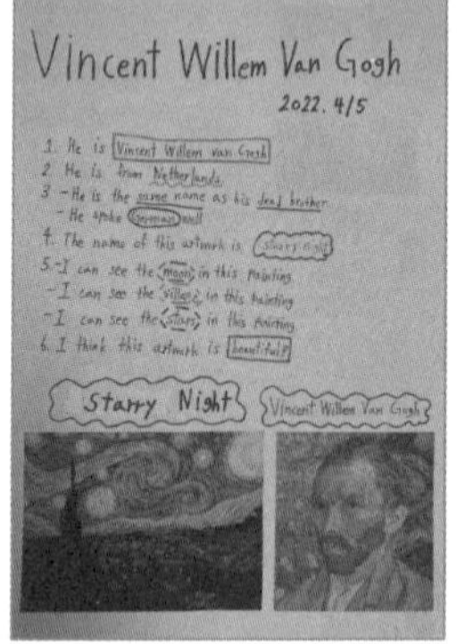

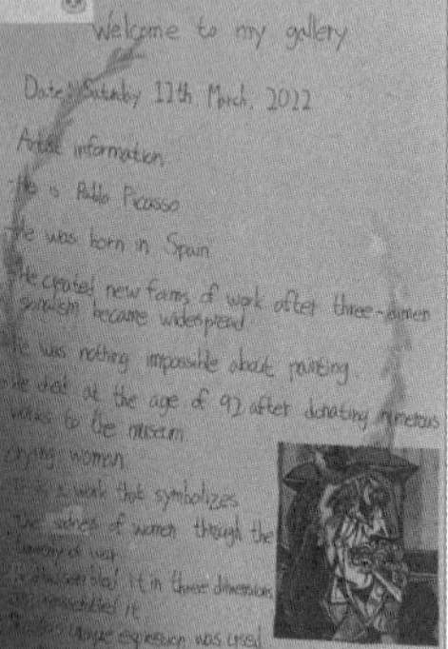

활동을 진행했는데, 학생들이 완성한 결과물을 보고 처음부터 미술 교과와 융합하면 좋았을걸 싶어서 두고두고 아쉬웠다. 학습지의 영어 문장들을 색상지에 옮겨서 '전시회 포스터'나 '초대장'으로 꾸미는 활동은 3차시에서 다 하지 못한 학생의 경우, 4차시 수업의 절반 정도를 할애해서 완성하도록 했다. 포스터를 만드는 활동에 들어간 학생들에게는 문장을 옮겨 적기 전에 한 번 더 검토하고, 어떻게 배치하면 효과적인 홍보물을 만들 수 있을지 충분히 생각해보도록 했다. 학생들이 자리에 앉아서 영어 문장을 들여다보며 포스터를 형형색색의 색연필로 꾸미는 동안, 나는 그 모습을 관찰하고 기록했다. 완성한 포스터는 칠판 앞에 게시해서 친구들이 어떤 포스터를 완성했는지 구경하면서 칭찬과 격려의 말을 건네도록 했다. 학생들은 서로의 솜씨에 놀란 듯했고, 칭찬을 받으면 멋쩍은 웃음을 보이기도 했다.

■ 수업 성찰하기

1학기 활동 및 수행평가 때 영어로 '자기소개하기'를 했지만, 이번 활동은 다른 사람, 그것도 과거의 인물과 작품을 소개하는 것이었다. 따라서 학생들이 다소 어렵게 느낄 수도 있었지만, 최대한 간단하게 구성해서 글쓰기에 대한 부담을 대폭 줄여주었다. 특히 활동이 지나치게 늘어져서 영어 글쓰기가 아닌 '포스터 그리기' 수업이 되지 않도록 주의했다. 영어 문장을 쓰기 위해서는 '주어'와 '동사'가 필수 요소이며, 문장이 지나치게 길어지는 것을 방지하기 위해 '접속사'를 활용할 수 있다는 것도 거듭 강조했다. 학생들은 자신들이 보기에도 지나치게 어려운 단어가 나오면 더 쉽고 간단한 단어가 없는지 질문했으며, 스스로 검색해서 문제를 해결하기도 했다. 다만, 아쉬웠던 점은 수업 시수가 매우 제한적이라 더 많은 글쓰기 활동을 해보지 못한 것과, 코로나로 인한 갑작스런 학사 일정 변경으로 활동의 결과물을 한자리에서 공유하지 못한 점이다. 만약 계속 등교할 수 있는 상황이었다면 갤러리 워크(gallery walk)를 통해 모두의 포스터를 확인하고, 간단한 피드백을 주고받는 활동까지 할 수 있었을 것이다.

또 이 활동의 초점을 '문장을 얼마나 문법적으로 정확하게 작성하는지'에 두지 않았기에 어법에 대한 피드백을 세세하게 제공하지는 않았지만, 꼼꼼하게 문장을 검토할 수 있도록 과정을 더 보완했으면 좋았을 것이라는 아쉬움이 남았다. 처음에 안내한 대로 과거 시제를 적절하게 사용한 학생도 많았지만, 관사와 전치사 활용에서 공통적인 오류, 즉 문법적으로 맞지 않는 문장들이 포스터에 적혀 있는 걸 뒤늦게 발견했기 때문이다. 다음에는 이 활동을 수행평가와 연결해서 내용과 언어 사용 면에서 더 체계적으로 영어 교과의 성취 기준에 도달할 수 있도록 계획해야겠다는 다짐을 하는 것으로 아쉬움을 달랬다.

5. 조금은 특별한 수업 사례
: 개별화 수업을 꿈꾸며

교사는 언제나 정규 수업 시간 내에서 개별화 학습을 할 수 있기를 바라지만 현실적으로 힘들다는 것을 잘 알고 있다. 수도권의 경우 한 교실에서 수업을 듣는 학생은 30명 남짓이거나 그 이상이고, 혁신학교나 미래학교는 25명 이하라고는 하지만, 그래도 온전한 개별화 수업을 진행하면서 교사가 일일이 피드백을 해주기에는 여전히 많은 숫자이다. 내 경우에는 평균 수업 시수가 18시간 밑으로 떨어져본 적이 없어서, 개별화 학습을 진행하려면 학기 내내 끊임없이 스스로를 몰아붙여야 했다. 2018학년도에 B고등학교에서 글쓰기 수업으로 개별화 학습을 시도했다가 막판에 피드백 제공을 포기하는 지경에 이르렀던 경험을 되돌아보면, 말만 개별화일 뿐이지 교육학에서 말하는 개별화는 안타깝지만 정말 이상에 불과했다.

한 학급만 수업하는 것도 아니고, 많으면 5~6개 학급을 가르치는 현실에서 모두의 개별화 학습은 교사를 체력적으로 그리고 정신적으로 빠르게 소진시키는 상당히 무리한 일이었다. '수업 준비 과정-수업-수업 후 피드백 제공'까지 일련의 과정을 모두 '할 수는 있지만', 과연 이런 수업이 언제까지 지속 가능할 것인지, 이런 수업을 '해내기 위해' 자신을 몰아붙여야 하는 교사의 행복과 안녕은 어디에 있는지, 회의가 들곤 했다. 하지만 역설적이게도 교실에 있는 대부분의 학습자에게는 개별화 수업이 너무도 절실했다.

특히 영어 교과의 경우, 학습자들의 성취 수준이 달라도 너무 달라서 학기 초부터 끝까지, 수업의 중심을 어디에 두어야 할지 계속해서 고민하지 않을 수 없었다. 낮은 성취도의 학생들을 바라보자니 그 이상의 성취도를 보이는 학생들에게는 지나치게 쉬운 수업이 되고, 높은 성취도의 학생들을 중심에 두자니 이들은 소수에 해당했다. 중간 정도의 성취도를 보이는 학생들에게 중심을 두는 것이 가장 이상적이라고 스스로 타협(?)해보지만, 앞의 두 그룹 학생들이 신경 쓰이는 것은 어쩔 수가 없었다. 특히 낮은 성취도 학생들에게 더 마음이 가는 것은 인지상정일 것이다.

예전에 근무했던 고등학교에서 2학년 남학생 한 명이 'b'와 'd'를 헷갈리는 모습을 보고 적잖이 충격을 받은 적이 있다. 우리나라 교육과정상 초등학교 3학년 때부터 영어 수업을 듣는데, 무려 고등학교 2학년 학생에게 이게 무슨 일인가 싶어서 안타깝고 속이 상했다. 이렇게 손가락 사이로 새어나가는 모래알 같은 학생들이 있고, 앞으로도 계속 있을 거라고 생각하면 마음을 가라앉히기 힘들었다.

국가에서 정한 교육과정대로 초등학교 3학년 때부터 영어를 배웠을

텐데, 왜 고등학교 2학년이 되어서까지 'b'와 'd'를 헷갈리는 것일까? 물론 소수이기는 하지만 왜 매년, 모든 반에 이런 학생들이 꼭 있는 것일까? 개별화 학습이란 결국 이렇게 학습 결손이 누적된 학생들을 위한 것이어야 하는데, 앞서 말한 것처럼 정규 수업 시간에 해결하기는 거의 불가능에 가깝다는 것이 늘 문제였다. 알파벳 또는 파닉스(phonics)부터 다시 시작해야 하는 학생들에게 하나도 알아듣지 못하는 외국어로 일주일에 네다섯 시간씩 '롤 모델에 대한 이야기', '환경을 보호하기 위한 구체적인 운동', '혁신적인 발명품과 발명가' 등을 가르쳐야 하다니, 그들의 자존감을 어디까지 내팽개쳐야 하는가를 생각하면 암담하기만 하다.

모든 교사는 어느 교실에나 이런 학생들이 있다는 것을 알고 있다. 그리고 어떻게든 같이 끌고 가려고 애쓴다(그렇게 믿고 싶다). 하지만 경기 교육이 그렇게 외치는 '단 한 명의 학생도 포기하지 않는 수업'을 하기에는 교육 현장의 사정이 녹록지 않다.

그래서 나는 방과 후를 활용해서 영어 기초학력이 부진한 학생들을 지도해보기로 했다. 느린 학습자들을 모아놓고 수업을 하면 '낙인 효과'가 찍히는 또 다른 부작용이 생길 수 있다지만, 그렇다고 해서 계속 '방치'하거나 '외면'할 수는 없었다. 요즘 아이들 말대로 '멱살 잡고 캐리(carry : 옮기다, 끌고 가다)하는' 방과 후 수업을 통해 개별화 학습을 진행해보기로 한 것이다. 중학교로 옮기고 나서 이런 수업의 중요성은 더 크게 다가왔다. 중학교 1학년 영어 수업을 해보니 역시나 알파벳과 파닉스 학습이 안 되어 있는 학생들이 꽤 있었기 때문이다. 그래서 1단원인 'Welcome to my world'를 읽지 못하고 얼버무리는 학생을 발견했을 때는 좌절감을 느끼기보다 다행이라는 생각이 들었다. 아직 중학교 1학년이고, 교과서에는 be 동사, 동사의 현재, 과거형 같은 아주 기본적인 문법이 내용 요소로 제시되어 있으니까 늦지 않았고, 수업 시간뿐만 아니라 개별화 학습으로 꾸준히 공부한다면 적어도 고등학교 2학년이 되어서 'b'와 'd'를 헷갈리는 일은 없을 것이다.

나는 그런 학생들을 하나씩 불러서 수업 시간에 주어진 과제를 어떻게 수행했는지 옆에서 관찰한 이야기를 자세히 들려주었다. 그리고 영어에 대한 호감도와 방과 후 보충수업을 하는 데 대한 참여 의사를 물었다. 아이들은 잠시 고민하는 듯했지만, 대부분 수업을 듣겠다고 해주었다. 그 이유를 물으니 다 비슷하게 대답했다. "저도 친구들처럼 영어를 잘하고 싶어요."

방과 후를 활용한 개별화 영어 학습의 성취 기준은 정규 수업과 똑같이 '[9영01-01] 어구나 문장을 듣고, 연음, 축약된 소리를 식별할 수 있다'였지만, '소리를 식별할 수 있다'에 조금 더 무게를 실었다. 그리고 '알파벳을 쓸 수 있다'라는 중학교 교육과정에는 없는 성취 기준을 추가했다. a부터 z까지를 제대로 쓰지 못했던 학생들은 워크북 한 권을 끝내고 대문자와 소문자로 모든 알파벳을 쓸 수 있게 된 날, "얼른 집에 가서 자랑해야지!"라는 내 말에, 잔뜩 상기된 얼굴로 씩씩하게 "네!"라고 대답했다. 남들이 보기에는 별것 아닌 일일지 몰라도 우리에게는 엄청난 성취였다.

알파벳을 다 배우고 난 뒤에는 음가(音價)를 익히는 수업을 했다. 귀로는 소리를 반복해서 듣고, 손으로는 알파벳을 쓰며, 입으로는 소리 내어 따라 하는 학습이었다. a, e, o, i, u는 어떤 소리를 가지고 있고, 단어

안에서는 어떻게 발음하는지를 듣고 따라 하면서 처음에는 'cat'과 'cut'의 차이를 모르던 학생들이 모음 하나의 차이를 인지하고, 소리와 뜻의 변화를 알아차렸다. 단자음, 단모음뿐만 아니라 자음+자음의 소리, 자음 간의 미세한 차이에 대해서도 학습했다.

친한 학생들끼리는 같이 모여 앉을 수 있도록 했는데, 자기들끼리 누가 더 많이 공부했는지 은근히 신경을 쓰며 집중하는 모습이 사랑스러웠다. 정규 수업 시간에 배우는 것들은 어려워서 하나도 모르겠다며 배우기를 포기하고 엎드려 있거나, 멍하니 창밖을 내다보던 학생들이었는데, 어쩌다 보충수업에 못 나오기라도 하면 지난 시간에 배운 것을 다 잊어버렸다며 알아서 앞부분으로 돌아가 복습하는 모습을 보고는 칭찬도 해주었다. 한 단계를 넘을수록 학생들의 얼굴에 조금씩 자신감이 묻

느린 학습자를 위한 영어 교재

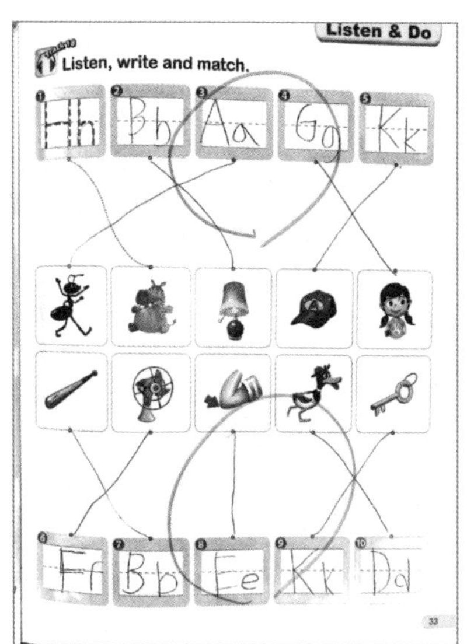

어나더니 어느덧 간단한 단어들을 읽고 쓸 수 있게 되었다. 어느 때부터는 종례를 마치고 온 학생들이 나보다 먼저 보충수업 교실 앞 복도에 앉아서 문이 열리기를 기다리고 있는 모습을 보고 감격스러웠다.

학생당 워크북 4권을 떼면서 20차시의 보충수업을 끝낸 날, ○○이가 사실은 자기가 영어를 읽을 줄 아는데 그동안 연기한 거였다며 너스레를 떨었다. 매 수업 시간마다 이어폰을 챙겨와서 발음을 듣고 작은 소리로 따라 하던 △△이가 고개를 꾸벅 숙여 인사를 할 때는 가슴이 뭉클하기도 했다. 의무도 아닌 방과 후 보충수업을 이렇게까지 해야 하나 싶을 때도 있었는데, 이렇게라도 할 수밖에 없었던 교사로서의 방향성이 인정받은 것 같아서 기뻤다.

그리고 교사 교육과정 이야기를 빼놓을 수 없다. 나는 어떤 교사인가, 왜 이렇게까지 할 수밖에 없는가, 내가 처한 학교와 교실 상황에서 어떤 영어 교육과정을 디자인하고 실천해야 하는가, 이런 고민을 담은 수업이야말로 정말 교사 교육과정을 잘 실현한 수업이라고 생각하기 때문이다. 내 눈앞에 있는 학생들에게 어떤 수업이 필요한지, 그것을 실현하기 위해서는 성취 기준을 어떻게 재구조화해야 하는지 등, 학생들이 교실 뒷문을 열고 나가면서 조금은 성장해 있기를 기대하며 수업을 되돌아본 모든 과정이, 결국은 '성찰'과 '실천'이라는 교사 교육과정의 본질과 맞닿아 있을 것이라 믿기 때문이다.

나는 과목과 상관없이 교육을 이야기할 때 '사람'이라는 단어를 빼놓을 수 없다고 생각한다. 학교는 사람이 서로 유대와 지지를 경험하는 과정을 통해 끊임없이 성장할 기회를 제공해야 하는 공간이고, 교사, 학생, 학부모 다 중요하지만 특히 교사가 마주하는 학생들은 존재 그 자체로 존중받는 경험을 해야 한다고 믿는다. 그것이 곧 '더 나은 사람'으로 살아갈 수 있도록 우리가 아이들을 돕는 길일 것이기에, 나는 교사로서 영어 수업을 통해 학생들을 존중하고 인정하는 교육철학을 관통함으로써 좋은 영향을 미치기를 희망한다.

6. 마치며 : 당신은 어떤 교사입니까?

임용 고시를 준비하면서 경기도 교육과정 총론의 '교육과정-수업-평가-기록 일체화'를 처음 읽었을 때가 생각난다. 총론에 나와 있는 내용을 맹목적으로 암기하며 2차 면접을 준비하던 그 시절에는 앞으로의 교직 인생에서 이게 얼마나 중요해질지 몰랐다. 영어 교사로 임용된 2017년에는 동료 선생님을 따라서 간 '교육과정-수업-평가-기록 일체화 교사 모임'에서 다른 학교 선생님들의 수업 사례를 들었다. 교과는 달랐지만 '수업을 어쩌면 저렇게 유기적이고 생생하게 할 수 있지?' 하고 감탄했다. 이때부터 '나는 저렇게 못할 것 같다'와 '나도 저렇게 하고 싶다'는 양가감정을 가진 채로 교사 모임에 본격적으로 발을 들여놓게 되었다. 교육과정-수업-평가-기록을 어떻게 하나의 원처럼 그려내는 것인지 궁금해서 다른 선생님들의 수업과 실천 사례, 고민과 성장통, 실패담에 귀를 기울였고, 나 역시 그들처럼 도전하고 실패하고 고민하는 과정을 되풀이하고 있다.

내가 끊임없이 일체화를 고민하는 이유는 더 나은 수업을 시도하고 싶고, 이전의 수업들에 익숙해지지 않으려 노력하고 싶기 때문이다. 그리고 이 모든 과정이 나와 함께하는 학생들에게 고스란히 전달될 것이라고 믿기 때문이다. 수업은 학생들과 소통하는 하나의 방법이고, 소통의 대상인 학생들은 매년 달라지니까 수업도 매년 달라져야 한다. 이제는 일체화가 너무 당연한 것이 되어서 계획대로 또는 생각대로 실천하지 못할 때는 죄책감이 들기도 한다. 한 학년을 혼자 가르치는 게 아니다 보니 동료 선생님들께 함께 하자고 설득하는 작업은 여전히 어렵지만, 그래도 포기하지 않으려 한다. 그리고 실패해도 예전처럼 크게 낙담하지도 않으려 한다. 지향점을 향해 꾸준히 걷다 보면 모든 발자취가 모여서 내가 어떤 길을 걸어온 교사인지 증명해줄 것이다.

교사 교육과정은 새로운 말이 아니라 일체화의 연장선이다. 엄밀히 말하면 교육과정-수업-평가-기록 일체화 중에서도 '교육과정'에 더 방점이 찍히는 것은 맞지만, 본질적으로는 둘이 크게 다르지 않다고 생각한다. 일체화든 교사 교육과정이든 교사에게 '당신은 어떤 교사입니까?', '수업이 뭐라고 생각하십니까?', '어떤 수업을 하고 싶은가요?', '당신에게 학생들은 어떤 존재인가요?'라는 질문을 계속해서 던지게 만든다는 점에서 그렇다. 교사로서의 정체성과 수업의 존재 이유를 묻는 질문에 대답하고, 자신이 생각하는 수업의 정의를 내리면, 그때부터 본격적으로 교사 교육과정의 개발자이자 실천자로서 첫걸음을 내디디는 셈이다. 내가 지금까지 소개한 수업 사례들과 그런 수업을 하게 된 이유도 마찬가지였다.

학생 수는 매년 줄어들고 있으며, 시대와 사회는 학생 개개인의 특성을 고려한 교육과정을 요구하고 있다. 매스컴에서는 단순 지식 전달에 그치는 수업을 지양하고, 학습자들 스스로 사고하고 해결하는 역량을 길러주는 수업을 하라고 말한다. 그런데 과연 우리 사회가 교사들에게 정말 그런 수업을 할 만큼의 자율성을 보장하고 있는지, 교사들의 전문성을 얼마나 신뢰하고 있는지, 시스템은 제대로 갖추어져 있는지 등에 대해서는 의문이다. 오래전부터 교육과정에 대한 관심이 큰 데 비해서 교사의 교육과정 개발권에 대한 인식은 부족한 편이었기 때문이다.

앞으로는 교사가 교육과정을 능동적으로 개발하고 실천하고 성찰하는 주체임을 인정하고, 교사의 전문성에 대한 신뢰가 확보되기를 기대한다. 아울러 교사들이 교육과정과 수업을 충분히 연구할 수 있는 여건을 마련해주기를 바란다. 학생들을 찬찬히 살펴볼 수 있는 시간이 주어지기를, 새로운 패러다임을 남발해서 교사들이 좌절감과 무력감을 느끼지 않게 하기를 바란다. 교사들 또한 시대의 변화에 민감하게 반응하며 변화의 객체가 아닌 주체로서 그리고 혼자가 아닌 함께 변화하는 길을 찾아나갔으면 한다.

교사 교육과정이라는 판이 깔린 이상 지금부터는 교사들의 몫이다. 시대적 상황을 고려했을 때 교사 교육과정은 이제 피해갈 수 없는 어쩌면 운명 같은 것이라고도 생각한다. 학생들에게 자기 삶에 주체적인 태도를 가지라고 가르치려면 교사도 자기 수업에 주체적으로 임하는 책무성을 지녀야 할 것이다. 그래야 교사의 성장이 곧 학생의 성장이라는 교육 목표에 도달할 수 있을 것이라고 믿는다.

6장

교사 교육과정 이야기 : 국어

나의 거울을 손바닥으로 발바닥으로 닦는 일*

고승선 / 안양 대안중학교 교사

* 윤동주의 시 〈참회록〉에서 빌려 씀

1. 10월, 어느 날

마음이 바쁘다. 왜 이리 바쁜지 모르겠다고, 할 일이 너무 많다고, 마음 편히 화장실 다녀올 시간도 없다고 잔뜩 티를 내며 자리에 앉는다. 다음 시간은 환경 수업인데, 이번엔 또 뭐하지? 1학년 프로젝트 수업 진도는 어디까지 나갔더라? 다음 주까지 끝낼 수는 있을까? 한 시간 만에 이 활동을 마무리할 수 있으려나? 역시 이번에도 과했던 걸까? 이 주제와 활동이 자연스럽게 연결이 되나? 왜 이렇게 욕심을 냈지…?

누가 시켜서 한 일도, 억지로 떠맡은 일도 아니었다. 분명 신이 나서 시작한 일이었다. 새로운 것에 도전한다는 설렘과 이쯤이야 하는 자신감도 있었다. 잘 해내고 싶었고, 잘할 수 있을 것 같았다. '고 선생은 다 계획이 있었구나' 하는 감탄사가 듣고 싶었던 건지도 모른다. 그런데 꺾여버렸다. 다른 건 몰라도 수업만큼은 지치면 안 된다는 나름의 사명감이 있었는데, 혼란과 분주함 속에서 어느새 수업을 한 켠으로 밀쳐두고 있었다.

2. 2월, 새 학년 준비

올해 3학년 선택 과목으로 환경이 들어왔다. 범교과이긴 하지만 성격상 과학이나 기술가정과 근접한 교과목이다. 그런 것을 국어과인 내가 굳이 나서서 맡겠다고 했다. 어려움을 기꺼이 껴안는 책임감 있고 솔선수범하는 교사로 보이고 싶었던 것은 아니다. 그간의 수업 경험을 바탕으로 활동 중심의 프로젝트 수업을 진행하면서 학생들의 성장 과정을 잘 관찰했다가, 학기 말에 교과 세부 능력 및 특기 사항란을 빼곡히 채워주고 싶었다. 다정도 병이라고, 이쯤 되면 근거 없는 이 자신감은 중증이 틀림없는 듯했다. 그런데 아는 것이 하나도 없네. 어떻게 하면 좋지? 아, 모르겠다, 일단 책부터 사고 보자.

3. 3월, 떨리는 첫 수업

공우석의 《지구와 공생하는 사람 : 생태》에서 일부를 발췌해 학생들과 함께 읽으며 수업의 첫 번째 문을 열었다. 얼마나 긴장을 했던지, 아이들과 제대로 눈도 못 맞춘 채 벼락치기로 공부한 것들을 쏟아놓았다. 그 와중에도 머릿속은 수업에 아무런 도움이 되지 않는 생각들로 복잡했다. '부끄러운 수업을 해선 안 되는데. 나 혼자 떠들다 끝내는 수업은 안 되는데. 아무래도 망한 것 같지? 내가 비전문가라서 수업이 만족스럽지 못하다고 하면 어쩌지?' 첫술에 배부를 리 없건만, 조급증 또한 근거 없는 자신감과 더불어 나를 규정하는 중요한 특징 가운데 하나였다.

수업을 매번 환경 칼럼으로 구성하기에는 단조롭다는 한계가 있었다. 환경 교과서를 어떻게 활용해야 할지도 감이 잡히지 않았다. 주당 4~5시간인 국어 수업하고는 호흡이 너무 달라서 당황스럽기도 했다. 주당 1시간, 코로나19의 여파로 여전히 원격과 대면 수업을 반복하고 있었기 때문에, 학습 내용을 전 차시에서 다음 차시로 자연스럽게 연결하기도 어려웠다. 한 시간 안에 완결할 수 있는 수업 콘텐츠가 필요했다.

교사의 수업 전문성에서 가장 중요한 세 가지를 꼽으라고 한다면 나는 주저 없이 첫째, 교수자인 나에 대한 이해, 둘째, 내 앞의 학생들에 대한 이해, 셋째, 나와 아이들의 만남에 매개가 되는 교과에 대한 이해라고 대답해왔다. 그런데 17년을 국어 교사로 지냈으면서 짧은 시간 안에 스위치 전환하듯 환경 교사로서의 정체성을 가질 수 있으리라 기대한 것이 오만이었다. 교과와 교사가 조화하지 못하는 삐걱거림 속에서 흔들리는 불안한 눈빛을 아이들에게 들킬까 봐 두려웠다. 뭔가 방법을 찾아야 했다.

4. 3월부터 1학기 끝날 때까지

근거 없는 자신감과 조급증이 나를 설명하는 키워드라고 했는데, 여기에 또 빠지면 섭섭한 것이 오기였다. 되겠다 싶을 때까지 포기하지 않는 것, 누군가는 이런 나를 보고 맷집이 좋다고 했다. 될 때까지 찾아보고, 두드려보고, 시도해보고, 포기를 모르는 불굴의 의지까지는 아니더라도 '뒤통수가 화끈거리지 않는 수업'이라는 화두만은 절대 놓칠 수 없었다.

교과서보다 현실과 가까운 이슈들을 다루고 싶어서 한국언론진흥재단이 운영하는 e-NIE 홈페이지에서 신문 기사를 활용한 다양한 수업 지도안과 활동지를 다운로드받아 활용해보기로 했다. 환경교육포털(https://www.keep.go.kr)에서 우수 환경 도서를 대여받아 독서 활동을 하기도 하고, 환경 일기장 쓰기도 해보고, 환경 방학 프로젝트 워크북을 신청해서 수업 시간에도 활용하고, 방학 중에는 자율 과제로 내주기도 했다.

교실 밖으로 나가 학교 화단의 식물들을 관찰하고, 검색하고, 식물도감을 찾아보는 환경 체험 수업도 해보았다. 수준이 너무 낮지 않을까 걱정하며 시작한 자연물을 활용한 예술 작품 만들기 활동은 나름 성공적이었다. 학교에 상자 텃밭을 마련하고 농업기술센터의 지원을 받아 텃밭 가꾸기 활동을 이어갔으며, 수원시 기후변화체험관에서 운영하는 기후변화 협상 게임 프로그램도 서둘러 신청하는 등, 수업에 활용할 만한 거라면 눈에 불을 켜고 찾아서 신청을 했다. 단조롭지 않게, 다양한 활동 중심으로, 여러 교재와 프로그램으로 꾸역꾸역 수업을 채워나갔다. 중간 중간 환경 관련 기념일을 이용한 이벤트나 환경사랑대회를 개최하는 등 교과 활동을 학교 행사로 확대하는 일도 빠뜨리지 않았다. 성취도를 내지 않는 범교과 과목이다 보니 평가로부터 자유로웠던 것이 다양한 시도를 가능하게 한 측면도 있었다.

그러나 그럼에도 만족스럽지 않았다. 어떤 분은 이런 나를 보고 왜 그리 모든 것에 진심이냐고 물었지만, 단지 부끄럽지 않은 수업을 하고 싶어서라는 대답만으로는 충분하지 않았다. 도대체 무엇이 문제인 걸까?

5. 8월, 국어 수업에서 환경을?

여름방학이 찾아왔다. 작년에는 고작 2주였는데, 올해는 한 달 가까이 되었다. 2학기 수업과 평가 계획을 세우고, 교육과정을 재구성해볼 만한 시간적 여유가 있었다. 원격 연수도 찾아서 들어보고, 어떻게 수업을 해나갈지 고민했다. 3학년 주당 1시간으로 프로젝트 수업을 잘 꾸려나갈 수 있을까? 환경과 생태에 평균 정도의 식견밖에 없는 내가 말을 해봐야 한계가 있을 테니, 전문가다운 힘이 실리지 않는다는 사실에 내내 발목을 잡힌 기분이었다. 그러니 내가 잘할 수 있는 것부터 시작해서 자신감을 회복하는 일이 우선이었다. 일단 1학년 국어 수업을 '환경과 생태'라는 주제를 중심으로 재구성해보기로 했다. 국어과 교육과정 성취 기준에 '환경과 기후 위기' 문제를 담기로 한 것이다.

국어는 교육과정을 재구성해서 주제 융합 수업을 진행하기에 수용력이 높은 교과이다. 듣기·말하기, 읽기, 쓰기 등 기본적인 의사소통 기능과 관련한 성취 기준에 도달할 역량을 기르는 것을 목표로 하므로, 성취 기준을 잘 잡으면 어떤 주제의 콘텐츠도 충분히 품을 수가 있다. 올해 처음으로 수업을 맡으면서 알게 된 환경 교과는 기후변화와 생물 다양성 감소 등 인류가 직면한 환경문제를 해결하고, 지속 가능한 사회를 만들어갈 것을 목표로 삼고 있었다. 따라서 다른 사람들 또는 생명들과 지구 생태계에서 조화로운 삶을 살아갈 수 있는 의지와 역량을 함양하도록 설계되어 있다.

국어 교과는 다양한 유형의 담화, 글, 작품을 정확하고 비판적으로 이해하고, 효과적이고 창의적으로 표현하며, 소통하는 데 필요한 기능을 익히는 것을 목표로 한다. 환경 교과의 목표와 내용 요소들을 국어 교과의 기능 요소들과 융합해서 교육과정을 재구성한다면 환경과 지속 가능한 삶에 대한 시야를 넓힐 수 있고, 의사소통 기능도 향상할 수 있을 것이다. 삶의 문제를 앎의 영역으로 가져오고, 다시 앎이 삶을 위한 함(행동)으로 전환될 수 있도록 수업을 설계할 수 있을 것 같았다.

6. 9월, 프로젝트 수업의 설계

프로젝트의 주제는 '지구와 공생하는 삶의 실천을 위한 우리의 약속'이었다. 이 주제는 '호모 심비우스'라는 개념에서 가져온 것으로, 학생들이 다른 생명과 공유하며 살겠다는 의지를 가진 공생인(共生人)으로서 생태 민주주의적 관점과 지구 시민성을 지닌 사람으로 성장하기를 바라는 마음에서 선정했다. 수업의 큰 가닥은 다음과 같다.

1. 환경문제와 관련한 견문을 넓히기 위해 청소년들이 쉽게 읽을 수 있는 환경 관련 도서를 선정해서 한 학기 한 권 읽기 활동으로 연계한다.
2. 환경문제의 해결책을 개인적 차원이 아니라 공동체가 함께 찾아나가기 위해 다양한 사람의 의견을 들을 필요가 있으므로 토의하기와 관련한 성취 기준을 가져온다.

3. 중학교 1학년 학생들의 수준을 고려해서 수업 주제를 어려워하지 않고 편안하게 접근할 수 있도록 다양한 그림책을 활용한다.
4. 프로젝트 내용을 바탕으로 자신의 생각을 통일성을 갖춘 한 편의 글로 완성하는 것으로 활동을 마무리한다.

학습 주제	지구와 공생하는 삶의 실천을 위한 우리의 약속
성취 기준	[9국02-03] 읽기 목적이나 글의 특성을 고려하여 글 내용을 요약한다. [9국02-08] 도서관이나 인터넷에서 관련 자료를 찾아 참고하면서 한 편의 글을 쓴다. [9국03-06] 다양한 자료에서 내용을 선정하여 통일성을 갖춘 글을 쓴다. [9국01-04] 토의에서 의견을 교환하며 합리적으로 문제를 해결할 수 있다.
평가 준거 성취 기준	- 환경 관련 도서를 요약하며 읽고(한 학기 한 권), 기후 환경 위기의 심각성을 인식한다. - 그림책을 통해 환경문제를 인권 및 정의의 문제로 접근할 필요성을 확인한다. - '지구와 공생하는 삶의 실천을 위한 우리의 약속'을 주제로 토의 안건을 도출한다. - 안건과 관련한 자료를 수집하고 내용을 선정하여 통일성을 갖춘 글로 정리한다. - 정리한 내용을 바탕으로 모둠별로 토의하고, 그 결과를 갤러리 워크로 공유한다.
관련 단원	2. (2) 통일성 있는 글쓰기 / 4. (1) 토의하기
참고 자료	- 최원형, 《환경과 생태 쫌 아는 10대》 - 구사바 가즈히사, 《행복을 파는 남자》 - 안드레아 미놀리오, 《기후 위기 안내서》 - 권정민, 《지혜로운 멧돼지가 되기 위한 지침서》 - 데이비드 J. 스미스, 《지구가 100명의 마을이라면》 - 배성호, 《우리나라가 100명의 마을이라면》
수행평가	프로젝트 활동 평가

과정	교수·학습 활동	학생 활동	수업 형태
1차시	– 기후 위기 프로젝트 안내, 환경 인식 설문 조사, 모둠 구성 – 《행복을 파는 남자》 읽고, 《토끼와 자라》 캐릭터와 비교하기	학습 활동지 정리	대면
2차시~ 4차시	– 《환경과 생태 쫌 아는 10대》 읽기 – 모둠별 주제 선택하여 독서+요약하기	요약하며 읽기	대면
5차시~ 6차시	– 그림책으로 기후 위기를 기후 정의의 문제로 이해하기(《지구가 100명의 마을이라면》, 《우리나라가 100명의 마을이라면》, 《지혜로운 멧돼지가 되기 위한 지침서》)	학습 활동지 정리	원격
7차시~ 8차시	– 환경 다큐멘터리 〈붉은 지구〉 감상 – 모둠 토의 주제 선정	학습 활동지 정리, 토의 주제 선정	원격
9차시	자료 수집 및 개요 쓰기(도서 및 인터넷 활용)	자료 검색·수집, 개요 작성	대면
10차시	토의하기 및 결과 공유	토의하기, 토의 결과 발표	대면
11차시	– 통일성 있는 글쓰기 강의 – 토의할 주제에 대해 통일성 있는 글쓰기	통일성 있는 글쓰기	대면
12차시	활동 평가 및 마무리	소감 나누기	대면

7. 10월, 프로젝트 수업의 시작

(1) 눈앞에 있는 학생들을 분석하다

드디어 프로젝트 수업의 첫발을 떼었다. 몇 년 전부터 교육과정 재구성을 통해 학기마다 프로젝트 수업을 구상하고 실천해왔던 터라, 새로운 주제로 시도하는 데 어려움이나 두려움은 없었다. 오히려 교과서에서 벗어나 자유로운 활동을 한다는 사실에 설레었다. 그럼에도 과연 의도와 목적에 맞게, 내가 설계한 대로 수업이 흘러갈지 걱정이 되었다.

수업을 본격적으로 펼치기 전에 환경과 생태에 대한 학생들의 인식 수준을 확인해보기 위해, 이재영 교수(공주대, 국가환경교육센터)의 기후 리터러시 설문 조사지를 일부 활용해서 재구성한 인터넷 설문을 수업 시간에 실시했다. 이 설문에는 1학년 학생 81명 중 70명이 응답했다.

평소 환경문제에 얼마나 관심을 가지고 있느냐는 질문에는 72.8%가 관심이 있다고 대답했다. 8개 분야로 나누어 살펴본 환경문제의 심각성에 대해서는 전 분야를 막론하고 심각하다는 인식이 지배적이었다. 환경문제를 일으키는 궁극적인 원인의 1순위로는 '당장의 편리함과 물질적 부를 추구하는 인간의 욕망'이라는 응답이 가장 높게 나왔으며, '환경문제의 심각성에 대한 시민들의 무지와 무책임', '지나친 도시화, 산업화 및 지구 전체의 인구 증가' 순으로 응답했다. 우리나라 환경 상황에 대해서는 보통 수준보다 나쁘다는 응답이 높았으며, 우리나라 사람들의 환경 의식 수준 역시 나쁘다고 인식하고 있었다. 그러나 본인의 환경 의식 수준은 보통보다 높다고 판단하고 있다는 점이 흥미로웠다.

환경 용어에 대한 이해도는 분야를 막론하고 잘 알고 있지 못하다는 응답이 높았으나, 탄소 중립, 자원 순환, 햇빛 발전소, 생태 발자국, 파리 기후 협정 등의 항목에 대해서는 알고 있다는 응답이, 잘 알지 못한다는 응답과 비슷한 수준으로 나왔다. 환경문제 중 우선적으로 개선해야 할 분야로는 자연 생태계 파괴를 1위로 꼽았으며, 지구온난화 및 기후변화가 2위, 대기 환경이 3위였다. 기후 위기와 환경 재난으로 인한 인류의 위기는 이미 현실이 되었거나 10년 후에 닥칠 것이라는 응답이 전체 응답자의 67.2%를 차지했으며, 10년 후 지구의 환경이 지금보다 나빠질 것이라는 응답은 87.2%에 달했다.

환경보호에 대해서는 자신을 비롯한 국민 모두의 책임이라는 응답이 가장 많아, 환경문제를 접근하는 데 있어서 개인의 역할과 책임을 무겁게 받아들이고 있었다. 생활의 편리함과 친환경적 생활 태도 중 자신의 위치는 보통보다 친환경적인 쪽에 속한다고 인식하고 있었으며, 환경보호를 위해 대중교통이나 친환경적 교통수단을 이용하고, 다회용품을 사용하며, 물을 아껴 쓰고, 분리수거를 철저히 하고 있다고 응답했다.

또 환경문제 해결을 위해 현재 삶의 태도를 바꿀 의향이 있느냐는 질문에는 81.4%가 그럴 수 있다고 응답했다.

응답 결과를 검토해보니 학생들은 환경문제에 대한 관심과 인식이 높은 편이었으며, 현재의 환경문제를 심각하게 받아들이고 있었다. 그리고 현재도 환경보호를 위해 실천하고 있으며, 앞으로 생활의 불편함을 감수할 용의가 있다는 점도 확인되었다. 그러나 환경과 관련한 다양한 이슈와 용어들에 대해서는 거의 알고 있지 못했으며, 환경문제를 개인적 노력 차원에서 해결할 수 있다고 생각하는 점에서 한계를 보였다.

(2) 1단계 : 새 프로젝트를 선행 학습과 연결하기

어쩌면 나의 강박이자 집착일 수도 있는데, 교과서에 없는 활동으로 수업을 구성하다 보면 왠지 완전히 낯선 세계로 학생들을 안내하고 있는 것 같아서, 기왕이면 선행 학습과 자연스러운 호흡으로 연결해야 한다는 생각에 사로잡히게 된다. 어떻게든 낯섦과 어색함을 줄여주고, 이제까지와 달리 오늘부터 색다른 수업이 시작된다는 느낌을 갖지 않도록 선행 학습과의 연계성을 찾으려고 애쓰게 되는 것이다.

이번 프로젝트 수업을 하기 바로 전에 소설과 희곡을 갈등의 진행과 해결 과정에 따라 이해하며 읽는 활동을 했는데, 이때 채택한 텍스트가 고전소설 《토끼전》을 희곡으로 각색한 《토끼와 자라》였다. 작품을 감상하고 나서 등장인물들의 갈등 관계를 정리하고, 캐릭터를 분석하는 활동으로 마무리를 했던 터라, 《토끼와 자라》와 그림책 《행복을 파는 남자》에 등장하는 캐릭터들의 연관성을 찾아보는 활동으로 시작해보기로 했다.

자신의 해석대로 캐릭터들의 공통점을 분석하는 활동이기에 정답은 없었지만, 학생들은 대부분 자신의 병을 낫게 하기 위해서라면 다른 생명을 해치는 일도 서슴지 않는 이기적인 '용왕'과, 마을 사람들에게 행복을 가져다주겠다며 그들의 소박한 삶을 물질적인 잣대로 측정하고 자연을 훼손하는 일을 아무렇지 않게 하는 '행복을 파는 남자'를 연결시켰다. 우직하고 충성스럽지만 다른 사람의 말을 쉽게 믿는 순진한 '자라'와 닮은 캐릭터로는 행복을 파는 남자들에게 쉽게 속아 넘어간 '마을 사람들'을 연결했고, 꾀가 많고 영리한 '토끼'에는 소박하고 생태적인 삶에 만족을 느끼던 마을이 행복을 파는 남자에 의해 무너져가는 것을 바로잡으려 지혜를 발휘한 '재성이'를 자연스럽게 연결했다.

활동을 마무리하면서 나는 학생들에게 지금 우리는《토끼와 자라》에서 꼼짝없이 간을 내놓아야 하는 처지에 놓였던 '토끼'처럼, '행복을 파는 남자'의 말에 속아서 행복이 물질적 가치에 있다고 생각하며 살고 있는 것은 아닐까? 그러다 소중한 것을 잃어버린 '마을 사람들'처럼, 우리의 일상과 행복한 삶을 위협하는 기후 위기와 환경 재난이라는 상황에 놓이게 된 것은 아닐까? 하는 질문을 던져보았다. 그리고 이 위기를 극복하려면 '토끼'나 '재성이' 같은 지혜가 필요하다는 것을 강조하며, 우리가 앞으로 하려는 수업은 이러한 지혜를 찾아가는 과정이 될 것이라고 덧붙였다.

그림책 낭독은 전년도에 자유학기제 프로그램을 하면서 녹화해둔 영상을 활용했다. 예전에 그림책으로 비경쟁 독서 토론 수업을 할 때는 나를 중심으로 학생들을 교실 바닥에 둥그렇게 둘러앉게 하고 책을 읽어주었는데, 코로나가 기승을 부리고 있는 상황에서는 옹기종기 다정한 분위기를 연출하기가 부담스러웠고, 모든 학생이 그림책을 다 볼 수 있도록 하기 위해서라도 예전에 찍어둔 영상을 활용하는 편이 낫겠다고 판단했다. 내 목소리를 다시 듣고 있으려니 낯간지러웠지만, 학생들은 그런 것쯤은 너그럽게 넘어가 주었다.

(3) 2단계 : 모둠 독서 및 정리하기

예전에는 딱히 학생들의 특성을 고려한 것도 아니고, 그냥 제비뽑기로 모둠을 구성해서 자리를 정해주고 정리하는 데만도 한 시간이 훌쩍 지나갔다. 그래서 모둠 구성을 쉽게 할 수 있는 방법을 찾다가 한 사이트(https://flippity.net)를 알게 되어, 유튜브로 이용 방법을 파악한 다음 학생들이 보는 앞에서 랜덤으로 모둠을 구성해보았다.

"오늘은 5일이니까, 선생님이 이 버튼을 다섯 번 누를 거야. 다섯 번째로 구성된 모둠이 앞으로 진짜 모둠이 되는 거야." 별것도 아닌데 모둠이 바뀔 때마다 안도하거나 아쉬워하는 기색을 내비치는 아이들의 모습이 귀여웠다. 우연에 의해 구성된 모둠이라서 그런지, 아니면 코로나로 학교에서 좀처럼 모둠 수업을 할 기회가 없어서 그런지, 모두 모둠 구성에 만족해하며 자리를 옮겼다.

코로나19 예방 차원에서 교실에는 플라스틱 가림막을 설치해놓아 모둠 활동을 하기에는 부적절했다. 우리 학교는 학생 수 감소로 인해 생긴 유휴 교실을 공용으로 쓰고 있는데, 운 좋게도 몇 년째 같은 공간을 국어 수업에 이용할 수 있었다. 코로나 전에는 ㄷ 자로 배치해서 수업을 하기도 했고, '포켓 문고'라는 작은 책장을 두고 학생들이 편하게 책을 가져다 읽을 수 있게 하거나, 수업 결과물을 전시하기도 했다. 특히 공용 교실을 쓰면 아이들을 나만의 공간으로 맞아들이며 환영해줄 수 있다는 점이 좋았다. 각 학급으로 옮겨 다니며 수업을 할 때는 내가 아이들의 공간으로 들어가는 것이라서 눈에 익을 때까지 시간이 걸렸는데, 나의 교실에서는 쉬는 시간에 미리 문을 열어놓고 들어오는 아이들을 맞이할 수 있었다. 그러면 반가운 손님을 초대한 기분이 들어서 "안녕하세요?"라고 인사하는 아이들에게, 나도 "그래, 어서 와" 하고 다정하게 대답해주곤 했다.

공용 교실에서는 수업 준비며 구상한 수업을 진행하는 데 불편함이 없도록 자리를 배치할 수도 있었고, 수업이 끝나고 쉬는 시간에는 재잘재잘 이야기를 늘어놓는 아이들과 웃으며 대화할 수도 있어서 즐거웠다. 그런데 코로나 이후로는 이용이 제한돼서 한동안 그런 기분을 느끼지 못한 채 지내야 했다. 그렇다고 언제까지 일렬로 앉아서 수업을 할 수는 없었기에, 프로젝트 수업을 계획하면서 조심스레 다시 시도해보기로 했다. "얘들아, 이제부터는 4층 공용 교실에서 수업을 할 거니까 늦지 않게 오도록 해."

공용 교실에 있는 책걸상들은 낡기는 했지만, 플라스틱 가림막을 설치하지 않아서 모둠 활동을 하기에 적합했다. 그래도 예전처럼 더 가까이 밀착하라고 할 수는 없어서 가운데 공간을 남기고 4~5개의 책상을 배치하고, 그 간격이 좁아지지 않도록 주의를 주었다. 그랬더니 마스크를 써서 그런지 의사 전달력이 시원치 않았고, 서로의 목소리가 잘 안 들리니까 아이들의 거리가 어느새 슬금슬금 가까워지기 시작했다. 그리고 급기야 자리에서 일어나더니 자연스럽게 친구들의 어깨에 팔을 두르고 이야기를 나누는 장면이 연출되었다. 그 모습을 보고 조마조마한 한편 눈물겨웠다. 학교는 이렇게 친구들끼리 자연스럽게 어울리는 장소여야 하는데, 교실에는 이런 수업 장면이 많아야 하는데, 어쩌다 이렇게 된 것일까?

다시 수업 이야기로 돌아가서, 학생들과 함께 읽으려고 준비한 책은 《환경과 생태 쫌 아는 10대》였다. 3학년 환경 수업을 앞두고 겨울 방학에 찾아본 책으로, 함께 읽기에 무리가 없어 보였다. 친근하게 이야기하듯 풀어냈을 뿐만 아니라 다양한 이슈를 다루고 있어서, 환경과 생태 문제를 바라보는 시야를 넓혀줄 수 있을 것으로 기대했다. 책은 처음부터 끝까지 읽되, 모둠이 다 함께 읽고, 내용을 정리할 환경 이슈를 세 가지 선정해서 그것부터 읽도록 했다. 학생들은 소제목을 훑어보고 책장을 넘기면서 흥미로운 주제를 찾았고, 토의를 통해 세 가지 주제를 골랐다. 그리고 한 차시에 한 주제씩 읽고, 요약하는 활동을 이어갔다. 그동안 국어 수업 시간마다 10분 독서를 꾸준히 해왔던 터라, 책을 읽고 요약하는 활동에 진지하게 집중하는 모습을 보였다. 그냥 눈으로 묵독할 수도 있지만 읽은 내용을 '배운 것, 느낀 것, 실천할 것' 중심으로 요약하며 읽도록 지도한 덕분인지, 책을 읽는 태도와 집중력은 기대 이상이었다. 나는 학생들이 편안한 분위기에서 책 읽기에 집중할 수 있도록 잔잔한 음악을 틀어주어 북 카페 같은 분위기를 연출해보았다.

1학기 때도 성장소설을 소개하고, 읽고 싶은 소설별로 모둠을 구성해서 함께 읽고 자신의 경험과 생각을 나누는 비경쟁 독서 토론을 해보았는데, 함께 책을 읽는 즐거움과 효과에 대해서는 그때 이미 실감한 바 있었다. 예전에는 사람마다 책 읽는 속도가 다르고 취향이 다른데 같은 책을 함께 읽는 것이 과연 효과가 있을까, 의문을 갖고 있었다. 그런데 모둠 친구들과 분량을 정해서 읽으면 혼자 읽을 때보다 책임감을 더 갖고 독서 활동에 참여한다는 사실을 알게 되었다. 수업이 끝난 뒤에도 주인공이나 사건에 대해 이야기를 나누기도 하고, 책에 나오는 표현에 자신의 생각을 곁들이는 등, 아이들의 대화에 책이 매개 역할을 한다는 것을 확인한 터였다. 그럴 때마다 아이들이 얼마나 기특한지, 교사로서 뿌듯했다.

학생들은 대체로 20~25분 정도면 하나의 주제 읽기를 끝냈고, 요약하기 활동까지 마무리하는 데는 30~35분이면 충분했다. 하지만 책 읽는 속도가 다소 느린 학생도 있어서 일단 45분 동안 주제 하나를 읽어내는 것을 목표로 하고, 모둠 독서에 3시간을 배정했다. 먼저 활동을 마무리한 친구들은 다음 주제로 넘어가거나 모둠에서 정하지 않은 다른 주제도 읽어보도록 했다.

(4) 대면 수업과 원격 수업, 어떻게 연결할까?

책 읽기 활동을 마무리하고, 이어지는 내용은 원격 수업으로 진행했다. 대면 수업과 원격 수업의 계획은 이미 나와 있던 터라, 처음 디자인할 때부터 어떻게 하면 단절된 느낌이 들지 않게 연결할 수 있을까, 두 상황의 활동이 분리되지 않도록 구상하는 것이 큰 과제였다. 사실 먼 미래의 일쯤으로 여겨왔던 비대면 원격 수업이 코로나로 인해 일상으로 훅 들어왔고, 과연 이것이 수업이 될 것이냐 말 것이냐를 고민할 겨를도 없이 진행해야 했다. 대책도 없이 들판에 내던져진 기분으로 눈치껏, 재주껏 낯선 기기와 플랫폼, 인터넷 원격 수업의 방법들을 배워야 했고, 어찌 되었든 자신에게 주어진 수업을 책임져야 했다.

콘텐츠 활용 중심의 동영상 수업에서 실시간 쌍방향 수업으로, 원격 수업에도 변화가 일어났다. 그리고 급기야 '블렌디드 러닝'이라는 새로운 학습 개념이 현장에 들어왔는데, 예전에 '거꾸로 수업'을 해본 경험은 있지만 성공적이라고 느끼지 못한 터라, 솔직히 블렌디드 러닝에 대해서도 회의적이었다. 물론 교사들에게 원격 수업이 낯선 것만은 아니었다. 하지만 그것은 어디까지나 학습자일 때 이야기지, 수업자로서 운영하는 것은 또 다른 문제였다.

모니터를 보고 수업을 해야 한다고? 학생들은 모니터를 보면서 수업을 들어야 한다고? 어른도 한두 시간이면 집중력이 떨어지는데, 6~7교시를? 처음에는 시쳇말로 '멘붕'이 왔다. 아이들이 겪을 지루함과 답답함이 고스란히 상상이 돼서 왠지 미안해지기도 했다. 그럼에도 딱히 할 수 있는 일이 없다는 사실에 무력감에 빠지기도 했다. 그나마 불행 중 다행인 것은 국어 수업의 단위 수가 다른 교과에 비해 크다는 점, 진도에 쫓기지 않고 교육과정 재구성을 통해 한 학기 수업을 조절할 수 있다는 점, 같은 학교에 오래 근무하다 보니 적응해야 할 것이 다른 선생님들에 비해 조금 적다는 점 등이었다.

가장 큰 고민은 원격 수업과 대면 수업을 자연스럽게 연결하기 힘든 부분이었다. 원격 수업에서의 교육적 효과에 대한 믿음이 불확실한 상태에서, 심지어 교과서를 학교에 두고 가서 원격 수업 내내 듣기만 해야 하는 학생들, 과제를 내주어도 할 수 없는 상황이 생기는 학생들이 있었다. 결국 원격 수업으로 했던 내용을 대면에서 반복할 수밖에 없었고, 그래서 내가 선택한 방법은 원격 수업용 워크북을 따로 제작해서 나름 투 트랙으로 교과 수업을 운영해보는 것이었다. 대면 수업에서는 교과서로, 원격 수업에서는 워크북으로!

학생들의 자기 주도적 학습을 돕기 위해 교과서 밖 다양한 지문을 읽고, 색다른 활동을 해볼 수 있도록 여러 자료를 참고해서 워크북을 만들었지만, 결론적으로 말하면 성공적이진 않았다. 내가 검사하고 관리해야 할 일이 엄청 늘어나는 바람에 대면 수업과 원격 수업 모두 산만해진 기분이었다. 아이들을 관찰하고 성장을 도울 피드백이 더없이 중요해진 시기였는데, 그것을 놓쳤다는 생각이 들었다. 결국 방법은 하나, 원격 수업과 대면 수업이 가진 특성을 잘 파악하고 분석해서 장점과 기회 요소를 결합한, 교육적 효과가 큰 수업을 짜는 수밖에 없었다.

그런데 주제에서 벗어나지 않으면서 상황에 적합한 활동으로 구성하기가 참 힘들었다. 어쨌든 원격 수업 기간에는 주로 영상을 활용한 활동으로 구성했기 때문에, 대면 수업에서는 모둠 협동 학습과 토의·토론이 활발히 일어날 수 있도록 하는 것이 중요하다고 판단해 모니터를 보는 활동은 자제하기로 했다. 책은 이미 읽었고, 다음 대면 수업에서는 토의 활동을 해야 하니, 원격 수업에서는 우리가 다루는 주제를 바라보는 관점에 대한 이해나 주제와 관련한 배경지식을 넓히는 활동으로 구성해야겠다고 마음먹었다.

(5) 3단계 : 지구 공동체의 위기를 바라보는 관점 세우기

지구 공동체가 맞닥뜨린 환경문제를 해결하기 위해서는 '시스템 사고'를 하는 것이 중요한데, 시스템 사고는 시스템을 구성하고 있는 각 부분이 상호작용한다는 것, 즉 상호 관련되어 있고 상호 의존한다는 사실을 인식하는 데서 출발한다. 그리고 시스템 사고는 복잡하게 얽혀 있는 인과관계 유형들의 연관성과 순환 과정을 살펴서 현실을 정확하게 인식하도록 하고, 우리가 희망하는 미래를 창조하기 위해 현명한 전략을 구상할 수 있도록 돕는다. 복잡한 상황의 기저에 있는 구조를 파악하고, 부분이 아닌 전체를 조망함으로써 시스템을 건강하게 만드는 방법을 모색하는 일이기도 하다.

시스템 사고에 따르면 행동과 결과 사이에는 '지연'이 존재한다. 바로 이것 때문에 우리의 행동이 지구환경에 어떤 영향을 미치고 연쇄 반응을 일으켜서 우리에게 되돌아오는지 잘 알아차리지 못하는 것이다. 환경문제의 비가시성과 복합성과 추상성은 적극적인 관심과 실천을 촉구하는 호소력을 약화시키고, 거대성과 불확실성은 때로 심리적인 반발을 불러일으키며, 생태적 행동 효과에 대한 회의적 인식과 무관심한 태도를 갖도록 만든다.

환경문제의 거대성과 심리적 장벽을 허물기 위한 방법으로 활용한 것이 그림책 《지구가 100명의 마을이라면》과 《우리나라가 100명의 마을이라면》이었다. 《지구가 100명의 마을이라면》은 우리가 사는 지구라는 행성이 실제로는 이웃과 더불어 사는 한 작은 마을이라는 사실을 깨닫게 해준다. 세상을 보는 방식과 삶을 살아가는 자세를 다르게 함으로써 우리가 평화롭게 살아갈 수 있도록 돕기 위한 목적으로 썼다고 한다.

이 책의 내용을 활용해서 만든 영상을 유튜브에서 쉽게 찾아볼 수 있는데, 배경음악으로 마이클 잭슨의 'Heal the World'가 흘러나온다. 영상을 보면서 책의 목적과 메시지에 딱 맞는 노래라는 생각이 들었는데, 특히 마이클 잭슨의 음성은 그 자체로 뭉클한 감동을 주는 힘이 있었다. 다행히 우리에게는 마이클 잭슨 때문에 영어 공부를 하게 되었다는 1학년 영어 선생님이 계셨다. 나는 이 노래의 가사를 학생들과 음미해보면 좋겠다는 제안을 드렸고, 흔쾌히 받아들여주신 덕분에 영어 수업 시간에 노래 가사를 해석하며 감상할 수 있었다. 한 학생이 이때의 경험을 토대로 2학기 문예 대회에서 '나에게 음악은 무엇인가?'라는 글을 쓰기도 했으며, 후일담에 따르면 영어 선생님은 이 수업 이후로 한동안 마이클 잭슨에 대한 그리움을 달래느라 힘들었다고 한다.

영상과 그림책을 통해 학생들은 우리가 누리는 안전과 평화, 위생과 치안이 결코 당연히 주어지는 것이 아니라는 것을 알게 되었고, 기본적인 인간의 권리조차 보장받지 못하는 사람들의 삶과 경제적·사회적 불평등 문제에 대해 생각해보게 되었다.

《우리나라가 100명의 마을이라면》은 우리 사회의 모습을 쉽고 간명하게 바라볼 수 있게 해주는 책이다. 우리가 더불어 행복하게 살아가기 위해서는 사회를 객관적으로 바라보되, 구성원들의 삶의 차이를 이해하고, 다채로운 삶의 모습이 존재한다는 사실을 알아야 한다. 이 책은 우리 사회가 안고 있는 문제들을 풀어나갈 방법과, 더불어 사는 사회를 모색할 수 있도록 생각할 거리를 던져줌으로써 학생들의 사고를 자극한다. 원격으로 수업이 진행되는 만큼 사전에 그림책 낭독 영상을 녹화해서 학생들과 함께 보았으며, 영상을 보고 난 소감을 자유롭게 활동지에 정리하는 것으로 활동을 마무리했다.

이어서 그림책《지혜로운 멧돼지가 되기 위한 지침서》를 읽고, 환경권, 주거권, 안전권 등 인간다운 삶을 위해 보장되어야 하는 기본권을 생각해보는 시간을 가졌다. 이 책은 개발로 인해 삶의 터전을 잃어버린 멧돼지 가족이 새로운 보금자리를 찾기 위해 좌충우돌하다 지혜롭게 도시에 정착하기까지의 과정을 그리고 있다. 책에서 소개한 지침들과 인간의 기본적인 권리를 연결 짓고, 친구들의 발표를 들으며 자신의 생각과 비교해보는 시간을 가졌다. 기후 위기와 환경문제로 인해 인간다운 삶을 사는 데 필요한 기본권을 위협받고 있는 사람들을 떠올리며, 환경문제를 인권 차원에서 접근할 필요성에 대해서도 함께 생각해보았다.

교사의 계획과 의도대로 잘 따라와주고 있다고 생각한 수업이었는데, 활동지를 걷어서 확인하는 과정에서 구멍이 크게 나 있다는 것을 발견했다. 영상을 시청한 소감을 기록하는 활동에서 많은 아이가 '지구가 100명의 마을이라면', '우리나라가 100명의 마을이라면'이라는 주제로 글쓰기를 한 것이다. 예를 들면 '지구가/우리나라가 100명의 마을이라면 외롭겠다, 너무 쓸쓸할 것이고, 나는 결혼을 할 수 없을 것 같다'는 식이었다. 황당하다고 해야 할지, 과제 해석력이 창의적이라고 해야 할지, 교사의 계획과 의도를 정확하게 전달하는 데 한계가 있었음을 깨달았다.

(6) 4단계 : 기후 위기의 심각성 인식하기

그림책 다음으로 기후 위기와 환경문제의 심각성을 다큐멘터리를 통해 확인했다. 추석 연휴에 BBC에서 제작한 《완벽한 행성, 지구》 6부작을 굉장히 흥미롭게 봐서, 아이들과도 같이 보고 싶다는 생각에 방법을 찾아 보았지만 쉽지 않았다. 그러다 KBS에서 제작한 환경 다큐멘터리 4부작 《붉은 지구》를 찾게 되었고, 그중 1부 〈엔드게임 1.5℃〉를 같이 시청했다. 이때도 영상을 통해 새롭게 알게 된 사실과 느낀 점, 실천할 내용을 정리하도록 안내했다.

설명이나 글로 이해했던 내용을 실제 영상으로 확인하면서 학생들은 기후 위기와 환경문제의 심각성을 더 직접적이고 묵직하게 느끼는 듯했다. 기상 이변으로 고통받는 지구촌 곳곳의 생생한 영상과 인터뷰를 보고, 기후 위기가 더 이상 남의 일이 아님을 확인하게 된 것이다. 영상을 시청한 학생들은 지구온난화의 '티핑 포인트(tipping point, 급변점)'에 다다르기 전에 자신이 무언가 행동을 취해야 한다는 생각을 갖게 되었다고 말했으며, 상황이 심각하다는 것을 알면서도 생활양식을 바꾸지 않은 것을 반성하기도 했다. 지금 당장 지구를 식히는 일을 시작하지 않으면 다음 세대에게 통제 불가능한 상황을 넘겨주게 될 것이라는 제임스 한센 교수의 말을 인용하며, 국가적·정치적 차원에서의 대책이 필요하다고 말한 학생도 있었다.

(7) 5단계 : 토의 주제 선정하기

다시 대면 수업을 하게 되어 3차시 모둠 독서 활동을 마무리하고, 모둠에서 집중 토의할 주제를 선정하기로 했다. 토의 주제는 지금까지 학습활동을 해오면서 관심이 생긴 내용에 대한 이야기를 나누면서 결정하도록 했다. 특히 토의란 공동의 문제를 해결하기 위해 여러 사람의 의견이나 생각을 주고받는 협력적 말하기라는 것을 강조했고, 그 실천 방법과 근거를 제시하는 말하기 활동을 이어갈 것이라고 안내했다. 학생들은 '지구와 공생하는 삶의 실천을 위한 우리의 약속'이라는 포괄적이고 광범위한 주제를, 각자 모둠 안에서 토의할 안건으로 축소해나갔다. 이 과정에서 우리가 하려는 활동이 토론이 아닌 토의임을 지속적으로 주지시킴으로써 이에 적합한 문장으로 안건을 정리하도록 지도했다.

학생들은 토의할 안건을 의문문 형식으로 정리하는 활동을 생각보다 어렵게 받아들였다. 다양한 해결 방법이 나올 수 있도록 열린 질문 형식으로 만들어야 하는데, '예/아니오' 같은 찬반 질문으로 만드는 경우가 많아서 토의에 적합하도록 다듬어주었다. 또 그 안건을 왜 선정하게 되었는지에 대해서도 간략히 정리하도록 했다. 이 활동은 이후에 통일성 있는 글쓰기를 할 때 '서론-문제 제기'에 해당하는 부분이므로, 왜 그 문제를 심각하게 생각했는지를 꼭 써보도록 했다. 다음은 각 학급에서 나온 토의 안건을 정리한 것이다.

학생들이 정리한 토의 주제 안건

학급	1모둠	2모둠	3모둠	4모둠	5모둠	6모둠
1반	나의 식생활 어떻게 해야 환경에 피해를 줄일까?	플라스틱 쓰레기를 어떡하면 줄일 수 있을까?	동물들을 보호하기 위해 개인이 할 수 있는 일이 뭐가 있을까?	동물들의 희생을 줄이며 우리가 살아갈 수 있는 방법은 무엇일까?	육식을 대체할 방법에는 무엇이 있을까?	동물들의 희생 없이 인간이 편리함을 느낄 수 있는 방법은 없을까?
2반	환경을 지키기 위한 먹거리와 행동에는 무엇이 있을까?	전자 폐기물을 어떻게 재활용할 수 있을까?	화학물질을 줄이기 위해 무엇을 해야 할까?	지구상의 동물을 보호하기 위해 무엇을 해야 할까?	어떻게 하면 위험한 화학물질을 줄일 수 있을까?	동물권을 보호하는 방법은 무엇이 있을까?
3반	우리의 식생활에서 환경 파괴를 줄이는 방법은 무엇일까?	밥상에 어떻게 하면 로컬 푸드를 올릴 수 있을까?	우리는 어떻게 전자 쓰레기를 줄이고 재활용할 수 있을까?	미세 플라스틱을 줄일 수 있는 방법은 무엇일까?	우리는 메탄가스를 어떻게 줄일 수 있을까?	전자 쓰레기를 줄일 수 있는 방법은 무엇일까?

토의 주제는 동물권이나 동물 복지와 관련한 것이 가장 많았는데, 아무래도 다른 주제에 비해 고통받는 동물들의 실체를 쉽게 머릿속에 떠올릴 수 있어서였던 것 같다. 원래는 기후 위기와 지구온난화 같은 주제를 더 다뤄주었으면 하는 기대가 있었지만 학생들은 동물실험, 라이브 플러킹(살아 있는 동물의 가죽과 털을 마취 등의 조치 없이 마구잡이로 뜯어내는 것), 공장식 축산, 로드킬 등 동물들의 희생에 큰 관심과 안타까움을 보였다. 어떻게 보면 다른 생명체나 생태계가 지닌 내재적 가치를 인정하고 보호받을 권리가 있다는 생명 중심주의, 생태 중심주의적 사고야말로 지속 가능한 삶을 생각하는 첫걸음이 될 수도 있겠다는 생각을 했다.

(8) 6단계 : 토의 및 공유하기

안건을 정했다고 해서 바로 토의에 들어가는 것이 아니라 토의에서 자신이 제시할 의견과 근거를 먼저 개인 활동지에 정리해보도록 했다. 모둠의 토의 안건을 다시 한번 쓰고, 이것을 안건으로 상정하게 된 이유를 현황과 문제점, 원인으로 나누어 생각해보고, 두 가지 해결 방안을 제시하도록 안내했다. 이때, 의견을 뒷받침할 근거를 짧더라도 반드시 찾아서 적도록 했다. 필요한 자료는 지금까지 읽고 정리한 책을 중심으로 찾되 스마트폰으로 인터넷 검색을 하는 것도 허용했는데, 주제에 따라서는 환경교육포털이나 한국폐기물협회 등의 사이트에서 자료와 정보를 수집할 수 있도록 안내했다. 이런 활동을 할 때 학생들은 인터넷 포털 사이트에 주제를 그대로 입력해서 검색하는 경우가 많은데('네이버 지식인' 등에 나오는 정보를 그대로 수용하는 등), 공신력 있는 사이트나 자료를 찾도록 지도했다. 학생들은 아무리 새로운 정보를 찾는 게 중요한 게 아니라고 강조하고, 지금까지 학습하고 활동지에 정리한 내용을 바탕으로 적어보라고 해도, 수업 시간에 스마트폰을 쓸 기회를 주면 좀처럼 놓으려 하지 않는다.

《기후 위기 안내서》도 참고해볼 것을 권했는데, 지구가 망가지는 걸 멈추기 위해 어떤 실천을 할 수 있는지, 15개 주제로 나누어 소개한 책이다. 지구의 기온이 오르는 이유는 무엇인지, 기온이 오르면서 어떤 일이 벌어지는지, 망가져가는 지구 시스템을 보완하기 위해서는 어떻게 노력해야 하는지, 현재 과학과 기술은 어디까지 발전했는지 등을 다루고 있다. 현재의 환경문제를 개인적 차원의 죄책감, 무력감, 불안감, 무임승차 같은 감정에서 벗어나 생태적 삶의 양식으로 전환해나갈 수 있도록 용기를 북돋워주는 책이기도 하다.

모둠 토의에서 자신이 제시할 의견에 대한 정리가 끝나면 본격적으로 모둠 토의에 들어간다. 먼저 토의에서 지켜야 할 규칙과 주의 사항을 안내하고, 이젤패드를 활용해 자신의 의견을 기록하며 토의를 이어나가게 했다. 그런데 아이들은 이젤패드를 4등분으로 나누는 데 지나치리만큼 집착하는 모습을 보였다. 제시해준 대로 모둠 활동지인 이젤패드를 구분해서 각자 자신의 의견을 쓸 칸을 마련하라고 했는데, 어떻게 하면 직사각형을 공평하게 나눌 것인지에 대해 심각하게 고민했다. 그냥 선을 쓱쓱 긋고 시작하라고 해도 듣지 않고, 자를 대신해 매직박스 커버를 이용해 반듯하게 선을 그리더니 가운데 토의 주제를 누가 쓸 것인지, 누구 글씨가 반듯하고 예쁜지를 정하는 데 시간을 쓰고 있었다. 선 같은 건 아무래도 괜찮으니 얼른 하고 토의에 들어가라고 해도 소용 없었다. 아이들은 아이러니하게도 이런 지점에서 집중력과 진지함을 보여주었다. 결국 내가 포기하고, 만족할 때까지 정확하고 반듯하게 구역을 나누라고, 오늘 못한 토의는 내일 하자고 한발 물러섰다.

이젤패드를 활용해 모둠원 의견 기록하기

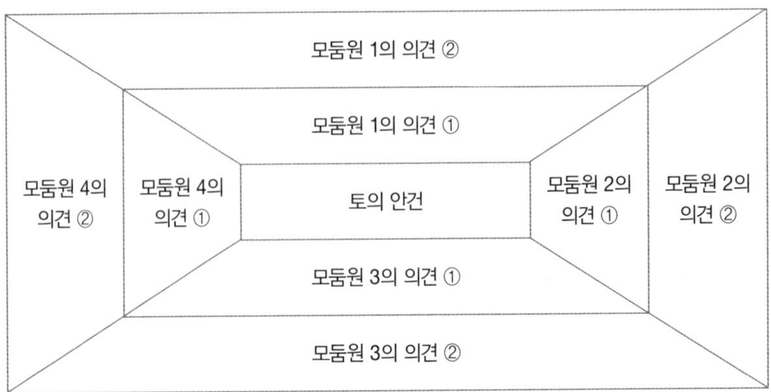

진지한 이젤패드 논의가 일단락되자, 아이들은 안건에 대해 자신의 해결책과 근거를 제시하는 본격적인 토의에 돌입했다. 그런데 또 예상치 못한 질문 세례가 이어졌다.

"선생님, 저랑 얘랑 의견이 똑같으면 어떻게 해요?"

"선생님, 해결책만 써요? 아님 근거도 써요?"

"선생님, 저희 모둠은 다섯 명인데, 어떻게 써요?"

"선생님, 이거 틀렸는데, 어떻게 해요?"

"선생님, 근데, 재가요…."

해당 안건에 대해 자신의 생각을 진지하게 나누고 적극적으로 경청하는 모습을 상상했건만, 아이들은 언제나 예상보다 스펙터클해서 흥미

진진했다. 어렵게 토의를 마치고, 안건의 해결책으로 가장 효과적이라고 판단한 의견은 무엇인지, 어떤 해결책이 가장 실현 가능성이 높아 보이는지, 생각을 모아보도록 했다. 그리고 각 모둠의 토의를 공유하기 위해 발표자를 정하도록 했다.

공유하기 발표는 원래 '월드 카페' 형식으로 진행하려고 했으나, 코로나로 인해 모둠 수업에 대한 경험이 축적되어 있지 않은 상태라서 단순한 형태인 모둠별 발표하기로 대신했다. 말 잘하고 공부 좀 한다는 아이가 등 떠밀려 나오지 않도록 누구나 발표할 수 있다는 것을 알렸고, 첫 발표에 대한 부담을 덜고 메시지가 명확하게 전달될 수 있도록 간단한 '발표 시나리오'를 칠판에 적어놓았다. 물론 말할 내용을 스스로 구성해서 발표하게 하는 것이 바람직하지만, 아직은 중학교 1학년인지라 친구들 앞에서 어설픈 모습을 보이는 것이 부끄러울 수 있다는 판단에서였다. 또 발표 방법을 잘 모르는 학생에게는 좋은 시범이 될 수도 있다고 생각했다.

발표 후에는 질의응답 시간을 가졌는데, 학급별로 차이가 커서 흥미로웠다. 질의응답이 활발하게 이어진 학급이 있는가 하면, 좀처럼 질문이 나오지 않는 학급도 있었다. 활발하게 이어진 학급에서는 질문하고 답변할 때 상대를 궁지로 몰지 말 것, 말꼬리를 잡고 늘어지지 말 것을 당부했다. 사소한 의도를 곡해해서 반론을 늘어놓는 경우도 종종 있었는데, 이 점도 주의를 주었다. 좀처럼 질문이 나오지 않는 학급에서는 교사가 시범을 보여 후속 질문들을 이어가고, 발표 내용에 집중할 것을 환기했다.

시나리오가 있어서였는지, 아이들은 대체로 떨지 않고 발표를 잘했다. 그러나 예상치 못한 질문이 나올 때는 당황하는 모습이 역력했다. 앞으로 이런 식의 모둠 활동 또는 수행평가가 계속 있을 테니, 이번을 계기로 익숙해지기를 바란다고 당부하며 활동을 마무리했다.

모둠별 토의와 공유하기를 위한 발표

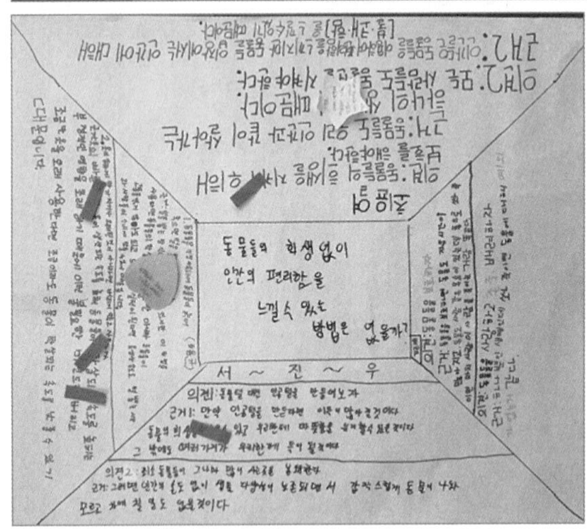

(9) 7단계 : 학습한 내용을 바탕으로 글쓰기

발표와 질의응답까지 마치고 나면 이제 프로젝트는 마무리 단계로 접어들어, 지금까지 학습한 내용을 바탕으로 통일성을 갖춘 한 편의 글을 완성해야 한다. 글의 통일성이란 주제와 세부 내용 사이의 긴밀한 연결을 의미하는 말로, 통일성을 갖춘 글이어야 주제와 메시지를 명확하게 전달할 수 있다. 또 글쓰기는 완전히 새로운 활동이 아니라 지금까지 해온 요약하기, 제안할 안건을 생성하기 위한 토의 및 공유하기를 통해 얻은 아이디어를 정리하는 활동이기도 하다. 일련의 과정을 통해 확장된 사고를 논리적 체계를 갖춘 한 편의 글로 완성하는 것뿐이니 학생들이 큰 부담을 갖지 않기를 바랐다.

하지만 이미 내용 생성과 개요 작성을 마친 활동이었음에도 학생들은 여전히 자신의 생각을 글로 정리하는 것을 어려워했다. 글의 처음-중간-끝 부분에 각각 어떤 내용을 써야 할지 막막해하는 학생이 많아서 여러 번 설명하며 예시를 들어주어야 했다. 한 시간 안에 완성하는 학생이 거의 없어서 최종 정리하는 데까지 한 시간을 더 주었다. 글을 다 쓰고 난 뒤에는 자신의 글을 다시 읽어보며 평가 기준에 따라 상중하로 점검하고, 스스로 자기평가를 해보라고 했다. 학생들 대부분 자기가 쓴 글을 다시 읽으며 고쳐 쓰는 습관이 들어 있지 않은 상태라, 일부러 글을 새로 읽어보고 객관적으로 판단할 기회를 부여해주었다.

글쓰기까지 끝낸 뒤에는 한 달여에 걸친 프로젝트 활동을 정리하는 시간을 가졌다. 왜 국어 수업 시간에 이런 활동을 계획하게 되었는지, 이 수업에서 선생님이 의도한 것은 무엇이었는지 등을 설명하며 활동의 의의를 짚어주었다. 코로나19 팬데믹 상황에서 1년간 3학년 환경 교과를 가르치면서, 또 학교 환경관리실에서 쓰레기 분리수거를 하면서 들었던 생각도 들려주었다. 인류에게 과연 22세기가 올까를 의심할 수밖에 없는 두려움 속에서 나를 만나는 너희의 삶이 앞으로도 계속 안정적으로 지속될 수 있기를 진심으로 소망한다고도 전했다. 아울러 프로젝트 수업을 마친 학생들의 소감과 수업에 대한 피드백도 받아보았다.

학생 A : 우리는 지구온난화를 인식한 첫 번째 세대이고 위기를 막을 수 있는 마지막 세대이므로 모두가 노력해서 지구를 다시 일으켰으면 한다. 나에게는 참 의미 있는 시간이었고, 토론과 글쓰기 실력이 늘었다고 생각한다. 다음에도 이런 독서 토론 활동을 다양한 주제로 하면 좋겠다.

학생 B : 평소 기후 문제에 관심이 많았는데, 마침 학교에서 기후 관련 활동을 하니 흥분되고 재미있었다. 선진국 사람들의 편리와 행복을 위해 개발도상국 사람들이 피해를 받고 있다는 사실에 마음이 좋지 않았다.

학생 C : 기후 위기 프로젝트 수업을 하면서 환경에 관심이 많아지고, 신경을 쓰게 되었다. 환경문제가 발생하는 곳이 생각보다 많아서 놀랐고, 환경문제가 우리 주변에도 많다는 것을 알게 되었다. 관심이 있던 것을 배워서 좋았고, 앞으로 사람들에게 환경보호에 대해 알려주며 환경을 보호하자고 제안하고 싶다.

학생 D : 이 프로젝트를 하면서 지구의 현실과 기후 위기가 심각하다는 것을 깨달았다. 이와 관련된 자료들을 찾아 '우리는 메탄가스를 어떻게 줄일 수 있을까?'라는 주제로 모둠원들과 토의하면서 다양한 의견을 듣고, 내 의견도 말하는 좋은 시간이었던 것 같다. 나는 앞으로 기후 위기를 막기 위해 육류 소비 줄이기, 대중교통이나 자전거 이용하기, 쓰레기 배출량 줄이기 등 작은 것이라도 꾸준히 해나가, 나와 우리 미래 세대가 지구와 평생 공생할 수 있게 할 것이다.

학생들은 다행히 환경 수업에 관심과 흥미를 보였고, 나아가 인식의 전환을 경험한 것 같았다. 물론 어린 시절 그림일기의 마지막 문장이 언제나 '참 즐거운 하루였다'인 것처럼, 어쩌면 상투적이고 뻔한 결론이었을지도 모른다. 그래도 교사인 나는 학생들의 이런 마음이 오래가기를 바랐다.

(10) 8단계 : 피드백하기

'교육과정-수업-평가-기록의 일체화' 측면에서 볼 때, 나에게 늘 아쉬운 것은 피드백이었다. 수업을 디자인할 때마다 반드시 성장 중심 평가에 걸맞은 피드백을 해야겠다고 다짐했지만 잘 지키지 못했다. 그런데 이번에는 달랐다. 자유학기제에서도 '수업-평가 피드백'을 강화할 것을 요구했기 때문이다. 학생의 학습과 성장을 지속적으로 지원하는 선순환 체제를 정착시키기 위해 수시로 언어적·비언어적, 또는 개별 면담, 성장 기록지, 학교생활통지표 등을 활용해서 피드백을 하라고 한 것이다. 학부모에게는 학생의 학습 단계별 상황에 대한 정보를 학기당 2회 이상 제공하되, 방법 및 교과는 교과협의회를 거쳐 교과 특성에 따라 학교별로 달리 운영하도록 하는 지침도 마련되었다. 우리 학교 역시 피드백의 방법은 교과마다 재량껏 자율적으로 하되, 한 학기에 두 번 제공하는 것을 원칙으로 했다.

또 2학기에 학생 및 학부모 대상으로 실시한 학교 만족도 설문 조사와 대토론회에서도 코로나로 인한 학교 생활의 제약으로 학습 결손과 격차가 우려되는 바, 학생들의 성장을 돕는 과정 중심 평가와 피드백, 수업에 대한 요구가 나왔다.

그동안 수업을 하면서 느낀 피드백에 대한 아쉬움과 학생 및 학부모들의 요구, 게다가 지침이라는 세 가지가 맞물려서 이번에야말로 마음먹고 해보았다. 다음은 이번 학기에 가정으로 보낸 중간 통지표와 학생들에게 코멘트한 피드백 내용이다. 일일이 코멘트를 다는 일은 쉽지 않았고, 평소에 아이들을 관찰한 모습을 바탕으로 칭찬하거나 충고하고 싶은 마음과, 감성적인 격려를 하고 싶은 욕구를 참느라 힘들었다. 최대한 원래의 성취 기준에서 벗어나지 않도록 피드백하는 것이 뜻밖에 어려웠다는 의미이다. 결론적으로 무엇을 평가하고자 했는지, 성취 기준에서 무엇이 부족하고, 무엇이 우수했는지에 대해 객관적인 정보를 제공하는 정확한 피드백을 하려고 노력했다.

가정으로 보낸 중간 통지표

1학년 자유학기제 국어 교과 중간 평가 결과 알림

(　　)반 (　　)번 이름 (　　　　　)

학부모님, 안녕하세요? 저는 1학년 국어 교과를 담당하고 있는 교사 고승선입니다. 자녀의 2학기 국어 교과 중간 평가 결과를 알려드립니다. 지금까지 형성 평가 2회와 프로젝트 평가를 진행했습니다.
형성 평가는 아이들의 암기력과 기억력이 아닌 이해도를 파악하는 것이 목적이므로, 오픈북으로 교과서를 충분히 참고하여 풀 수 있도록 지도하였습니다. 이후 채점 결과를 돌려주고, 틀린 부분을 다시 풀어 재검사의 기회를 주었습니다.
이번 학기 프로젝트 수업은 '지구와 공생하는 삶의 실천을 위한 우리의 약속'을 주제로, 약 한 달간 진행했습니다. 우리 아이들이 생태 시민성을 갖춘 사람으로 성장하기를 바라는 마음에서 환경과 생태를 주제로 교육과정을 재구성하여 수업을 진행했습니다. 수업은 독서와 자료 수집, 토의하기, 논술 쓰기 등의 활동으로 구성했고, 프로젝트 활동에 대한 평가는 두 부분으로 나누어 진행했습니다.

1) 프로젝트 활동 전반에 성실히 참여하였는가?
2) 통일성을 갖춘 글을 쓸 수 있는가?

학생들에게 참고가 될 수 있도록 평가 결과는 간단한 코멘트를 곁들여 돌려주었습니다. 학생들이 본인의 부족한 부분을 확인하고, 좀 더 개선해나갈 수 있도록 지도 부탁드립니다.
1학년은 자유학기제로 성취도가 산출되지 않습니다. 다만 수업 활동에서 이루어진 다양한 평가들을 바탕으로 학교생활기록부에 활동 내용과 성취 수준을 기록하게 됩니다. 지난 2년간 코로나19로 인해 학생들이 학업에 집중하기 어려운 환경이었습니다. 특히 원격 수업에서는 평소 대면 수업보다 집중력이 많이 떨어지는 모습을 확인할 수 있었습니다. 어려운 상황이지만 아이들이 학업에 흥미를 갖고 배움의 즐거움을 느낄 수 있도록 열심히 지도하겠습니다. 부모님들의 많은 관심과 협조 부탁드립니다. 감사합니다.

아래 결과표와 학생 활동지를 확인하신 후 회신해주시기 바랍니다.

■ 형성 평가 2회
2. (1) 요약하며 읽기(오프라인 평가) (정답 개수 :　　　　/ 20문항)
3. (1) 언어의 본질(온라인 평가) (정답 개수 :　　　　/ 20문항)

■ 프로젝트 평가 : 지구와 공생하는 삶의 실천을 위한 우리의 약속
관련 단원 : 4. (1) 토의하기 / 3. (2) 통일성 있는 글쓰기
– 프로젝트 활동 전반 (　　　　　) (도장 개수 :　　/ 11개)
– 통일성 있는 글쓰기 (　　　　　)

학생 확인　　　　(서명) / 학부모 확인　　　　(서명)

학생들에게 코멘트한 피드백 내용

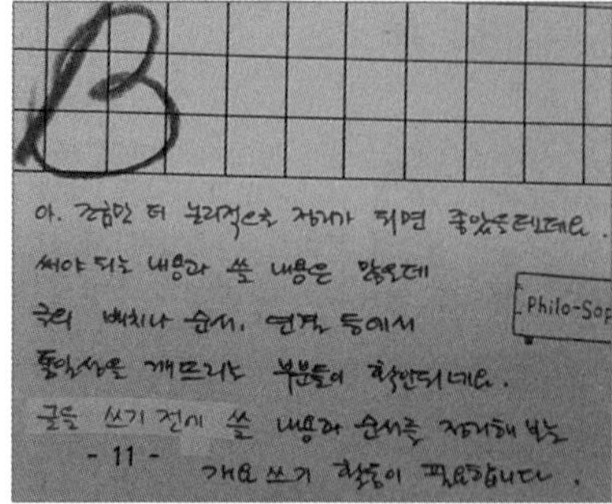

B

아. 조금만 더 논리적으로 정리가 되면 좋았을텐데요. 써야 되는 내용과 쓴 내용은 많은데 글의 배치나 순서, 연결 등에서 통일성을 깨뜨리는 부분들이 확인되네요. 글을 쓰기 전에 쓸 내용과 순서를 정리해 보는 개요 쓰기 활동이 필요합니다.

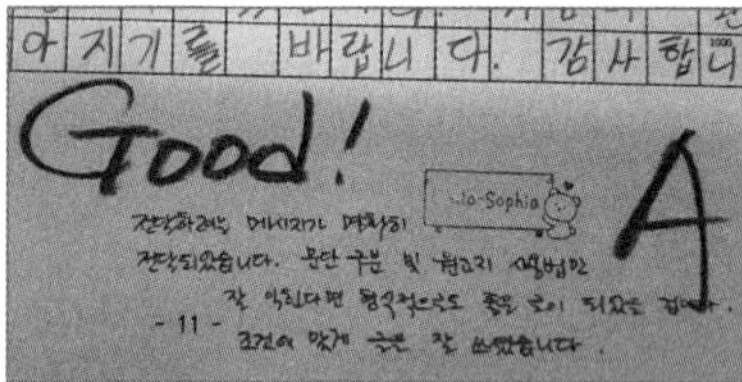

짧고 좋은 논술에 불필요한 문장들이 많긴 하지만 왜 이 주제를 선택했고, 그것이 가져오는 사각지대와 그 원인, 그리고 해결책들도 잘 제시하였습니다. 다만 의견을 한 두 개 정도로 좁히고, 그 근거를 구체적으로 밝혀 적었으면 더 좋았을 것 같네요.

Good! A

전달하려는 메시지가 명확히 전달되었습니다. 문단 구분 및 원고지 사용법만 잘 익힌다면 형식적으로도 좋은 글이 되었을 겁니다. 조건에 맞게 글을 잘 썼습니다.

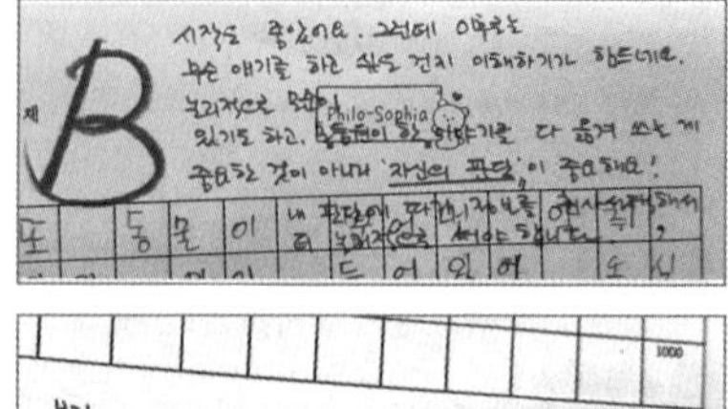

B

시작은 좋았어요. 그런데 이후로는 무슨 얘기를 하고 싶은 건지 이해하기가 힘드네요. 논리적으로 ... 읽기도 하고, ... 다 옮겨 쓰는 게 중요한 것이 아니라 '자신의 판단'이 중요해요!

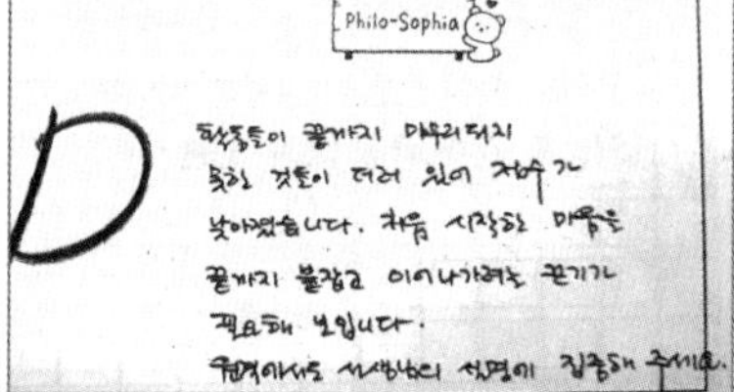

분량이 아쉽네요. 동물권이 침해되는 사례와 그 원인을 잘 지적했습니다. 그러나 그런 문제를 해결하기 위한 방안과 그에 따른 근거들은 다소 논리적인 설득력이 부족해 보이네요. 책을 참고하고 토의를 했던 만큼 좀 더 객관적이고 타당한 근거들도 쓸 수 있었을 텐데 아쉽습니다.

D

학생들이 끝까지 마무리하지 못한 것들이 더러 있어 점수가 낮아졌습니다. 처음 시작한 마음을 끝까지 붙잡고 이어나가려는 끈기가 필요해 보입니다. 원격에서도 선생님의 설명에 집중해 주세요.

8. 11월, 프로젝트 수업을 되돌아보다

이 수업을 통해 학생들은 환경에 대한 지식과 이해를 넓힐 수 있었다. 환경을 주제로 한 달여 동안 집중적으로 학습하면서 기후 위기와 지구 온난화, 환경 파괴 등에 대한 경각심과 환경과 관련한 다양한 이슈에 관심을 가지게 되었다. 또 지속 가능한 발전, 사회적 불평등, 인간 중심 사고, 성장 중심 사고의 한계에 대해서도 생각해볼 기회를 얻었다. 인간과 자연의 조화로운 공존을 모색하며 생태학적으로 사유하고, 생태 보호를 실천하며, 삶에 대한 근본적인 태도를 전환할 필요성에 대해서도 깨달았을 거라고 믿는다. 시스템 사고에 대한 정확한 의미를 이해하는 단계까지는 아니더라도 적어도 나와 내 이웃이 연결되어 있다는 것, 우리는 모두 상호작용을 하며 살아가고 있다는 것, 지구 시스템을 구성하는 일원으로서 나의 행동에 따르는 영향력과 책임감의 크기에 대해서도 알게 되었을 것이다. 그리고 국어과 성취 기준을 바탕으로 디자인하고 재구성한 수업을 통해 독서, 요약하기, 토의하기, 글쓰기 활동을 함으로써 읽기, 듣기·말하기, 쓰기라는 국어 능력이 향상되었기를 기대한다.

물론 아쉬움도 적지 않은데, 무엇보다 프로젝트 수업 이후에 대한 부분이었다. 기후 위기와 환경문제는 주변에 그 심각성을 깨닫고 삶의 양식을 생태적으로 전환하려는 사람이 많아야 실천 의지를 오래 유지할 수 있다. 따라서 토의 결과를 보다 많은 사람과 공유하며 인식의 변화를 이끌어내는 것이 중요한데, 수업을 개인적 차원의 글쓰기로 마무리한 것이 끝내 아쉬웠다. 토의 결과를 놓고 포스터나 환경 신문, 캠페인 같은 활동을 계획해서 학교 전체와 공유하는 방향으로 설계했으면 좋았을 것이다. 당시에는 이 수업을 한 달이나 진행한 데다 남아 있는 진도 등을 고려할 때 시간을 더 부여하기는 어려웠다. 또 포스터나 환경 신문을 만들어서 캠페인 활동을 하는 것이 과연 국어과 성취 기준에 적합한지에 대해서도 확신이 서지 않았다. 미술이나 과학, 기술가정과 융합하는 재구성을 했더라면 해소할 수도 있는 문제여서, 타 교과와의 협업에 용기를 내지 못한 점도 마음에 걸렸다.

아울러 토의 안건으로 모둠에서 제시한 의견들을 생활 속에서 얼마나 실천하고 있는지 점검하는 체크리스트나 실천 일기 등을 써보는 후속 활동을 했어도 좋았을 것이라는 생각이 든다. 기후 위기, 지구온난화 같은 복잡하고 거대한 공동체의 문제를, 내가 살고 있는 마을과 지역(지금, 여기)의 현실적인 문제로 연계하는 교육과정을 설계하지 못한 것도 과제로 남는다. 이런 아쉬움들은 다음 과제로 남김으로써 또 다른 교육과정을 디자인하는 출발점으로 삼으려고 한다.

9. 다시, 3학년 환경 수업으로

2학기가 되었지만 환경 수업은 여전히 어려웠다. 원격으로는 '환경 NIE 워크북'을, 대면으로는 교육부와 환경부가 공동 제작한 '내가 GREEN 탐구 일기'라는 워크북을 활용하는 수업을 했지만, 주제만 다를 뿐 단조롭고 반복적인 활동으로 집중력이 떨어지고 있다는 느낌을 지울 수 없었다. 환경 교과에 대한 관심이 멀어지는 것 같거나 수업 시간에 나른해하는 기색이 보이면 자꾸 학생들 눈치를 보았다. 나의 예민함과 비전공 과목이 주는 부담감에 주눅이 들었고, 특히 3학년 친구들과는 1, 2학년 때 수업으로 만난 적이 없어서 낯설었다.

환경이라는 교과를 국어 교사로서 인문학적으로 접근해 근사하게 가르쳐보리라던 다짐은 어디로 갔는지, 어느새 수업이 부담스러워지고 있었다. 그렇다고 노력을 하지 않은 것은 아니었다. 주제에 적합한 동영상을 찾고, 미리 공부하면서 다양한 이슈, 함께 나눌 이야깃거리를 끊임없이 알아봤다. 하지만 시간이 갈수록 지루하다는 기색으로 엎드리는 아이들을 보면서 내 시간에만 그러는 건 아니겠지, 마음을 달래야 했다.

그럼에도 이런저런 이유로 도전을 미룬 것은 전적으로 내 탓이었다. 1학기 수업을 마무리하면서 실시한 수업 설문에서 아이들은 수업 스타일과 환경 수업에 대한 관심과 호기심을 분명히 보였고, 2학기에 해보고 싶다던 활동도 있었다. 야외 수업, 토론 수업, 환경 주제를 예술로 표현해보기 등 좋은 아이디어를 얻어놓고도 활용할 기회를 좀처럼 만들지 못했다.

볕 좋은 가을날 산길을 산책하다가 문득 이 아름답고 귀한 날을 아이들과 나누면 좋겠다는 생각이 들었다. 환경 수업이라는 게 꼭 기후위기, 지구온난화 같은 무거운 주제들만 다뤄야 하는 것은 아니지 않은가. 계절과 환경의 변화를 느껴보는 것도 소중한 경험이 될 터였다. 실제로 1학기에 학교 화단의 식물을 관찰하는 활동을 했을 때나 자연물을 이용한 예술품 표현하기 활동을 했을 때 아이들은 즐거워했고, 자신이 발 딛고 서 있는 현실에서 미처 관심을 받지 못하고 있던 주변 환경을 새삼스러운 눈으로 바라보았다.

나는 지금 있는 학교에 꽤 오래 근무해서 곧 옮길 예정이라, 이 학교의 어느 하나 남달리 보이지 않는 곳이 없다. 문득 아이들은 이 학교를 어떻게 기억할지, 궁금해졌다. 내가 생활하는 공간이 의미를 가진 곳이 되려면 추억이 담겨 있어야 하는데, 곧 졸업할 3학년 아이들이 기억하는 학교는 어떤 모습일지, 추억의 장소는 어디일지 궁금했다. 그래서 진행한 것이 '수일 사랑 사진 공모전'이었다. 시상이 있는 대회도, 학기 초에 계획된 행사도 아닌 말 그대로 이벤트였다.

화단 식물 관찰해서 예술적으로 표현해보기 활동

수업 시간에 '학교를 마음껏 돌아다니며 사진을 찍어보라'고 하기엔 용기가 없었다. 다른 수업에 방해가 될까 봐, 스마트폰으로 게임만 할까 봐, 혹시 친구의 우스꽝스러운 모습을 찍어서 SNS에 올릴까 봐, 별별 걱정이 주저하게 만들었다. 그래서 결국 등하교 때나 방과 후 시간을 이용해서 자율적으로 찍어 패들렛에 짧은 멘트와 함께 사진을 올리라고 했다. 그러나 여느 중학교 남학생들이 그렇듯 앞에서 듣고 돌아서면 잊어버렸다. 간식으로 유혹을 해도 응모작은 기대에 못 미쳤지만, 그래도 사진에 사연들이 더해지면서 아련하고 그리운 느낌을 주기에는, 그리고 먼 훗날 추억으로 되돌아보기에는 충분했다.

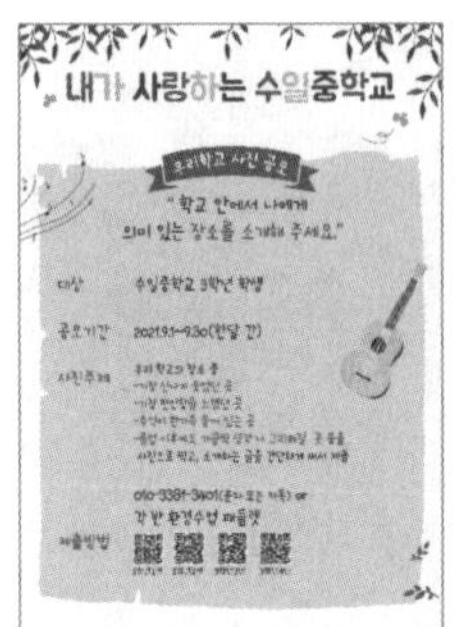

그리고 워크북을 활용한 수업 외에도 수원시 기후변화센터의 도움을 받아 진행한 기후변화 협상 게임 프로그램과, 말라리아 감염 여부를 쉽게 진단할 수 있도록 마누 프라카시 교수가 고안한 적정기술인 종이 원심분리기 만들기 수업을 하면서 활동에 대한 아쉬움을 달랠 수 있었다. 이것은 내가 직접 디자인한 수업은 아니지만, 지역사회의 자원을 찾아서 사전에 활동을 조율하고, 학생들에게 좋은 프로그램을 경험하게 하는 것도 의미가 있다고 생각한다. 마을 속 학교로서 지역사회와 연계한 수업도 중요하기 때문이다.

10. 12월, 이제는 우리가 헤어져야 할 때

12월, 방학까지 한 달이 남았다. 이제 남은 것은 기록이다. 생기부에 쓸 때 활용할 거라며 1학기 때부터 잔뜩 모아둔 학생들의 과제와 자료가 어수선한 자리 한쪽을 크게 차지하고 있다. 기록은 어떻게 보면 내가 학생들에게 '수업 시간에 너를 관찰하고 지켜본 결과, 나는 너에게 이런 이야기를 하고 싶었어'라고 보내는 편지와도 같다. 그래서 집에 와서 밤에 고요한 마음으로 쓰게 된다. 처음엔 몇 개의 문장을 만들어놓고 이렇게 저렇게 조합해서 비슷한 듯 결코 같지는 않게 요령껏 써야겠다고 생각하고 시작한다. 그런데 자료들을 들여다보고 있으면 그 아이의 얼굴이 떠오르고, 그 아이가 보여준 행동과 말과 눈빛이 다시 살아난다. 나를 불편하게 해서 얄미운 아이, 수업 시간에 꼭 화장실 다녀오겠다던 아이, 너무 열심히 해줘서 고맙다는 말이 절로 나오는 아이 등 수업 시간에는 미처 이름을 부르지 못한 아이들이 하나둘씩 떠오른다.

그때 너 이런 걸 만들었잖아, 아이디어가 참 좋았어. 그 주제로 수업했을 때 이런 발표를 했잖아, 너의 생각을 참 잘 정리해주었어. 모둠 활동할 때 옆 친구를 도와줬잖아, 그 모습이 참 멋졌어…. 그때그때 미처 못 건넨 말들을 딱딱하고 건조한 어투에 숨겨서 전하는 것이 내가 쓰는 생기부 기록이다. 눈이 아프고, 거북목이 되고, 어깨가 결리는 꽤 고된 작업이지만, 쓰고 나면 미안하고 고마운 마음이 남는다. 아이들과 내 수업을 향한 부끄러움을 성찰하는 시간, 새로운 기대와 다짐으로 다음 한 해를 약속해보는 시간, 아이들로 인해 내가 한 뼘 더 성장하고 성숙할 수 있음에 감사하는 시간, 이형기 시인의 시 〈낙화〉의 시구처럼 '결별이 이룩하는 축복'과도 같은 역설적인 시간, 그런 시간이다.

11. 마치며 : 교육과정 재구성을 왜 하는가?

교육과정 재구성이라는 말을 처음 들은 것은 2014년, 긴 육아휴직을 끝내고 복직한 때였다. 아니, 왜 굳이? 전문가들이 어련히 알아서 잘 만들었을 텐데. 그런 거 안 해도 지금까지 잘 가르쳤는데. 지금까지 해오던 대로 하면 되는 거 아니야? 도대체 재구성을 한다는 게 무슨 의미고, 어떻게 해야 되는 거지? 그해 연구과 선생님(교사로서 나를 구성하는 데 큰 비중을 차지한, 내 소중한 배움 벗)으로부터 '1년 수업 계획서'라는 교육과정 재구성 양식을 받았다.

가르침이라는 행위가 이렇게 어렵고 낯선 것일 줄이야. 매일같이 교실에서 아이들을 만나고 수업을 하면서 한 번도 던져보지도, 생각해보지도 못한 질문에 당황스러웠다. 낯섦에서 오는 어리둥절함과 막연한 불편함 때문에 불만이 컸지만, 돌이켜보면 이것이 '교사로서 나의 지속 가능성'을 찾게 된 계기였다.

1년 수업 계획서
1. (학년) 교과명
2. 수업의 키워드 – 우리 학교 창의·지성 교육과정의 핵심 과제 : – 감수성 교육(문화·예술), 독서, 토론, 진로
3. 1년 동안 학생들에게 전해주고 싶은 배움은 무엇인가?
4. 1년의 수업을 진행한 후 학생들에게 어떤 말을 듣고 싶은가?
5. 의미 있는 배움을 만들기 위해서 내가 할 일은 무엇인가?

질문을 받으면 대답을 하는 것이 인지상정일 텐데 답을 찾기가 생각보다 어려웠다. 정(定)해진 답이 있는 것도, 옳은(正) 답이 있는 것도 아니었다. 힘들더라도 나에게 맞고 내가 할 수 있는 것을 찾는 수밖에 없었다. 비록 그 답이 어설프고 횡설수설할지라도 나 아닌 누군가가 대신해줄 수는 없는 일이었다. 라이너 마리아 릴케는 그의 시 〈젊은 시인에게 주는 충고〉에서 이렇게 쓰고 있다. '마음속에 풀리지 않는 질문을 인내하라. 질문 그 자체를 사랑하라. 답을 구하지 말라. 지금 질문을 살아라. 그러면 서서히 자신도 알지 못하는 사이에 먼 훗날 그 답을 살고 있을 것이다.'

내가 지금 '질문에 대한 답을 사는 그 먼 훗날'에 와 있는지는 잘 모르겠다. 여전히 갈 길이 멀다는 생각도 든다. 그러나 한 가지 확실한 것은 나는 오늘도 이 질문을 붙들고 살고 있다는 사실이다. 그리고 이 질문을 삶으로써 교사로서 나의 지속 가능성을 발견한다. 인간으로서도 교사로서도 괜찮은 사람이고 싶다는 소망을 품어본다(차마 좋은 사람, 훌륭한 사람이고 싶다는 소망은 품기 두렵다. 이것이 언제 또 독선이나 위선으로 변질될지 모르니까!).

교사는 그 자체로 매체가 된다. 아이들이 나를 통해서, 내가 가르치는 교과와 수업을 통해서 세상을 바라보기 때문이다. 나는 눈앞에 있는 아이들에 대한 애정이 담긴 이해를 바탕으로 교사로서 내가 가진 역량과 전문성을 발휘해서 전해주고픈 가치를 수업과 평가에 담는다. 그리고 이것을 매개로 아이들이 세상은 살 만한 곳이며, 믿을 수 있는 어른이 있고, 실수는 포용되고, 실험과 도전은 권장되고, 자신의 상상력을 펼칠 수 있는 곳이라고 생각할 수 있다면 좋겠다. 그러려면 매일 밤 '손바닥으로 발바닥으로' '파란 녹이 낀 구리거울'을 닦아내던 윤동주 시인의 〈참회록〉 속 화자의 간절함을 마음에 담아야 하지 않을까.

나에게 교육과정 재구성은 내 마음에 품은 질문을 살아가는 일이며, 내 마음속 거울을 열심히 닦는 일이다. 질문을 살고, 거울을 닦다 보면 언젠가는 내 자체가 교육과정이 되는 때도 오지 않을까, 하는 발칙한 상상을 해본다. 이 상상이 나를 또 부추긴다. 올해도 기대와 설렘으로 새 학년과 아이들을 맞이하라고, 신나고 즐거운 일이 펼쳐질 거라고.

7장

교사 교육과정 이야기 : 경제

배움이 아이들의 삶에 가닿기를

이하영 / 안산 부곡고등학교 교사

1. 나는 왜 수업을 디자인하는가?

(1) '교육답게'와 '입시답게' 사이에서

처음 교사가 되었을 때는 내 눈앞에 있는 학생들에게 최선을 다해 가르치자는 마음뿐이었다. 그런데 졸업을 한 뒤에도 계속해서 찾아오는 아이들과 장래에 대한 이야기를 나누면서는 현재와 연결된 미래가 보이기 시작했다. 단순히 학습 내용을 잘 전달하고 이해하게 하는 것만으로는 부족하다, 어떻게 하면 배움이 아이들의 삶에 지속적으로 영향을 미치게 할 수 있을까, 이런 고민을 하게 되었다.

한 아이의 엄마가 되어서는 학생들에게서 내 아이의 모습이 겹쳐 보이기 시작했다. 학생들에게는 배움이 기다려지는 선생님, 아이에게는 자랑스러운 엄마 선생님, 학부모에게는 내 아이를 믿고 맡길 수 있는 선생님이 되고 싶었다. 그래서 '감동을 주는 교사가 되자'라는 목표를 세웠다. 아이들과의 관계에서, 수업에서, 상담에서, 업무를 추진하는 과정에서 감동을 주는 교사, 다양한 상황에서 의미를 만들고 여운을 남기는 교사가 되고 싶었다.

하지만 교사로 임용된 이후 줄곧 고등학교에 근무하면서 '교육답게'와 '입시답게' 사이에서 줄다리기를 할 수밖에 없었다. 한때는 학생들을 위한 교육을 한다는 명목으로 '입시다운' 교육에 최선을 다했다. '수능 1등급 만들기'를 목표로 수업에서는 잘 가르치는 교사, 평가에서는 잘 변별해주는 교사가 되기 위해 애썼다. 성적이 오른 아이들이 기뻐하며 고마워하는 모습을 보면서 보람을 느꼈고, 성적이 오르지 않거나 좋은 등급을 받지 못한 아이들에게는 더 노력하라고 위로하면서도 정작 그들의 상실감과 패배감은 외면할 수밖에 없었다. 줄곧 고3을 맡으면서 과정보다 결과에 초점을 맞춘 덕분인지(?) 나름 인정받는 교사이기도 했다.

그러다 이 잘못된 생각을 크게 꾸짖는 일을 겪었다. 나는 2008년 3월, 안산 단원고로 첫 발령을 받은 이후 2014년 2월까지 그곳에서 근무했다. 2014년 3월에 학교를 옮기면서 세월호 사건을 직접 겪지는 않았지만, 함께 생활한 학생들과 교사들이 세월호에 타고 있었다. '가만히 있으라'는 말에 가만히 있도록 교육한 교사 가운데 한 명이기도 했다. 나는 무엇을 하는 사람인지, 앞으로 어떻게 살아가야 하는지, 아이들에게 무엇을 가르쳐야 하는지, 모든 것이 혼란스러웠다. 그리고 정답은 못 찾았지만 한 가지 확실하게 깨달은 것이 있다. 지금까지 내가 해온 교육은 아이들을 위한 교육이 아니었다는 것이다.

'입시다운' 교육에서 아이들은 자기 삶의 주인공이 될 수 없었다. 나는 아이들이 자기 삶의 주인공이 되어 주체적으로 살아갈 수 있도록 하는 교육이 필요하다는 것을 통감했다. 그리고 고등학교에서 경제, 정치와 법, 사회·문화를 가르치는 교사로서 '교육다운' 교육을 해야겠다는 책임감을 갖게 되었다. '교육다운' 교육을 통해서 가만히 있는 아이들이 아니라 자신의 삶에 주체적으로 반응하고 도전하도록 가르쳐야겠다는 새로운 목표를 세웠고, 이 목표를 실현하기 위한 교육과정과 수업을 고민하게 되었다.

(2) 수업을 준비하는 나의 다짐

"선생님은 수업에 대해 어떤 철학을 가지고 계신가요?" 나는 이런 질문을 받으면 바로 대답을 못하는 교사였다. 하고 싶은 말이 입 안에서만 맴돌 뿐 밖으로 나오지 않아서, 아이들에 대한 이야기로 화제를 돌리며 얼버무리곤 했다. 교사로서 수업에 대한 뚜렷한 소신이나 철학이 없는 상태로 가르치다 보니 수업이 주로 교과서에 머물러 있었다. 수업이 수업으로만 끝나고, 이후에 펼쳐지는 아이들의 삶으로 연결되지 않았던 것이다.

세월호 사건은 그동안 해온 이런 수업 방식을 바꾸게 만드는 계기가 되었다. 교사로서 평생 갚지 못할 마음의 빚을 졌기에 남겨진 사람으로서 더는 미안해지고 싶지 않았다. 앞으로 만날 아이들에게는 삶을 위한 힘을 키워주고 싶었다. 아이들의 삶으로 들어가서 의미와 방향을 찾아가는 수업을 해야겠다고 다짐했다. 아이들을 누군가가 시키는 대로 따라가는 삶이 아니라 자신의 목소리를 내며 사회에 민감하게 반응하는 어른으로 키우고 싶었다. 그리고 아이들에게 선생님이자 멘토이고 싶은 마음, 아이들이 수업 시간에 가만히 듣기보다 적극적으로 의사 표현을 했으면 하는 마음, 엎드려 자지 않았으면 하는 마음, 수업에서 저마다의 의미를 찾았으면 하는 마음, 이런 마음들과 마주하며 수업의 방향을 잡아나갔다. 학생들이 왜 배워야 하는지, 무엇을 배워야 하는지, 어떻게 배우게 할 것인지를 진지하게 고민했다. 이렇게 수업을 바라보니 해야 할 일들이 보이기 시작했다. 먼저 아이들을 대하는 나의 다짐부터 적어 내려갔고, 이 내용을 교과서에 붙여놓고 수업을 준비할 때마다 읽었다.

아이들을 대하는 나의 다짐
1. 아이들에게 묻자 : 왜, 무엇을, 어떻게(첫 수업에서 조사하기) 2. 아이들의 멘토가 되자 : '소중하게 나누고픈 이야기'로 시작하는 수업 3. 아이들의 앎과 삶을 연결하는 수업을 하자 : 수업의 주제 선정, 사례 선택, 방법을 적용할 때 고려하기, 융합 수업(사회와 나, 시와 나의 연결고리) 4. 아이들이 자신의 소신, 관점을 가질 수 있도록 격려하자 : 자신의 의견을 밝힐 수 있는 기회 만들기 5. 아이들이 스스로 주인공이 될 수 있게 지원하자 : 맞춤형 개별화(블렌디드 러닝)

이 다짐들은 한 해가 지날 때마다 추가하고 수정해서 매년 교과서 앞 표지에 붙인다. 막연히 다짐으로 적은 것들이 수업에서 구체적인 활동으로 이어지고, 한 장면 한 장면으로 살아나면서 괄호 안에 적히는 내용도 늘어갔다. 특히 유난히 힘든 날이나 아이디어가 잘 떠오르지 않을 때는 꼭 들여다보는데, 그럴 때마다 나를 다시 일어나게 하는 힘이 되어준다. 한 명의 교사가 30여 년을 가르치면서 만나는 수많은 아이들, 그 아이들이 받을 영향을 생각하면 교사로서 어떤 소신과 교육철학을 가지고 있는지는 정말 중요하다.

(3) 수업을 설계할 때 주목하는 것

내가 수업을 설계하면서 목표로 삼는 것은 '나와 수업에서 만나는 학생들'에게 '앎과 삶의 연결고리'를 만들어주는 것이다. 이 과목을 왜 배워야 하는지, 수업을 통해서 어떤 역량을 키워주고 싶은지, 수업과 학생들의 삶을 어떻게 연결할 것인지, 수업 이후에 학생들에게 어떤 변화가 나타나기를 바라는지 등을 고민한다. 또 교육과정을 재구성하고 수업과 평가로 연결하는 과정에서 학생들의 생각을 자신의 언어로 표현할 수 있도록 격려하고, 삶을 살아가는 힘을 길러주고자 노력한다. 이때 기반이 되는 것이 '교육과정-수업-평가-기록의 일체화'이다. 이런 관점으로 재구성한 '교사 교육과정-융합 수업 그리고 학생 맞춤형 선택 학습'에 대한 이야기를 하려고 한다.

최근에는 코로나19를 겪으면서 '학생들이 처한 상황과 학습 태도'에도 주목하고 있다. 원격 수업이 장기화하면서 자기 주도적 학습 태도를 갖추지 못했거나, 교사와의 상호작용에 소극적인 학생들의 학습 결손과 격차 문제가 심각하기 때문이다. 대면 수업에서는 학생들에 대한 이해를 바탕으로 동기를 자극하고, 격려와 지지를 통해 학습 태도를 바로잡아줄 수 있지만, 원격 수업을 하다 보면 아무래도 한계가 있을 수밖에 없다. 원격 수업의 사각지대에서 소외되고 있는 학생들을 어떻게 참여하도록 이끌 수 있을까를 고민하다가, 블렌디드 맞춤형 수업에 도전하게 되었다.

수업 설계 이야기를 하기 전에 잠깐 현실적인 고백을 하자면, 교사가 아무리 단단한 교육철학을 가지고 교육과정-수업-평가를 재구성해도 학생들이 무기력한 태도를 보이면 그 의미를 실현하기가 어렵다. 교사는 학생들과 소통하면서 함께 성장하기를 간절히 기대하지만, 그것은 교사만의 짝사랑일 때가 많다. 또 정성을 쏟은 만큼 돌아오기를 기대하는 것은 아니지만, 교사도 상처를 받을 때가 꽤 있다. 실제로 내가 겪은 일이기도 하다.

2. 수능 비인기 선택 과목 교사에게 필요한 것은?!

(1) 수업 일기 ① : 인내심이 필요하다

자존심이 상했다. 한 주 내내 수업 준비를 하고 자료를 만들었는데, 엎드려 자는 학생들이 있다니! 수업 시간에 한 번도 일어나지 않고 의리의 '의' 자도 보여주지 않는 아이들, 오직 자신만의 세계에 빠져 있는 아이들을 만났다. 이상했다. 수업을 정말 열심히 준비했기에, 몇몇 아이들에게 수업 시간이 기다려진다는 말을 들었기에, 자는 아이들이 문제가 있다고 생각했다. 그래도 포기하고 싶지 않아서 자꾸 엎드리는 아이들을 깨웠다. 그러자 한 아이가 이 수업의 '필요성'을 따졌다. 나는 '도움이 된다, 의미가 있다, 그래도 수업은 들어야 한다'며 어르고 달랬다.

수업을 준비할 때마다 아이들의 얼굴을 떠올리며 반응을 예측한다. 그리고 전 과정을 시뮬레이션까지 하고 나야 자신감이 생기고, 교실로 들어가는 발걸음이 가벼워진다. 그런데 수업을 마치고 나오는 발걸음은 무거울 때가 많다. 엎드려 있는 아이들, 반응 없는 아이들, 무기력한 아이들의 모습이 계속 눈에 밟힌다. 아이들을 깨우며, 반응을 유도하며 수업을 끌고 나가지만, 매번 비슷한 반응을 보이는 아이들에게 변화를 기대하기란 힘들어 보인다. 한번은 다른 교재의 문제를 풀고 있는 학생을 꾸짖은 적이 있다. 학생은 당당히 말했다. "저 수능에서 이 과목 선택 안 할 건데요." 잠시 할 말을 잃었지만, 이렇게 말해주었다. "수업이 수능만을 위해서 있는 건 아니잖아. 수업 시간에 배우는 내용들은 앞으로 네가 살아가는 데 유익할 거야. 다음부터는 꼭 들어봐, 분명히 도움이 될 거야." 이 학생은 다음 시간에 다른 교재를 펼쳐놓지는 않았지만, 결국 중간에 엎드려 잤다. 수능 비인기 선택 과목 '경제'를 가르치는 교사로서 경제는 삶과 밀접하다고 강조하지만, 이런 상황이 반복될 때마다 힘이 쭉 빠진다.

학교에서 아이들과 가장 가까이, 가장 오래 마주하는 때가 수업 시간이다. 아이들과 눈을 맞추고, 대화를 주고받고, 감정과 생각을 공유한다. 때로는 침묵을 인내하기도 하고, 소란스러움을 북돋우기도 하면서 서로 성장한다. 수업이 잘된 날은 교사로서 효능감과 만족감을 느끼고 학교생활이 즐거워진다. 반대로 수업이 잘 풀리지 않은 날은 마음이 무겁고 자신감을 잃는다. 하지만 여기서 포기하면 아이들의 멘토가 되어 자기 삶의 주인공으로 살게 하겠다던 다짐도 무너진다. 포기하지 않는 인내심이 중요하다.

(2) 수업 일기 ② : 도전이 필요하다

다른 선생님들은 어떻게 수업을 하고 있는지 궁금했다. 배움을 얻고자 수업과 관련한 연수가 있으면 주말이든 방학이든 가리지 않고 신청해서 들었다. 코로나19 이전에는 집합 연수에 참여해서 강사 선생님들께는 수업에 대한 경험과 노하우를 들었고, 참여한 선생님들과는 서로의 고민을 나눌 수 있었다. 물론 중요한 것은 배운 내용을 내 수업에 적용하고 실천하는 일일 것이다. 경제 과목의 필요성을 깨닫게 해주는 즐거운 수업을 하려면 어떻게 해야 할까? 엎드려 자는 아이들이 없는 수업을 하려면 어떻게 해야 할까?

수업에도 유행이 있는 것 같다. 한때는 '거꾸로 수업' 열풍이 전국을 휩쓸었고, 한때는 하브루타 토론 수업, 시뮬레이션 수업, 프로젝트 수업 등이 인기를 끌었다. 나 역시 다양한 수업 방법을 열심히 배워서 실천해보았다. 여러 방법과 기법을 활용하니 확실히 학생들의 참여가 활발해졌고, 교우 관계와 사회성, 인성, 태도 등도 살필 수 있었다. 그리고 무엇보다 수업에 대한 학생들의 흥미와 관심사가 무엇인지 알 수 있게 되었다.

수업 시간에 매번 엎드려 자던 보람이는 청소년 근로시간, 시급, 휴게시간의 개념을 알려주는 청소년 노동 인권 수업을 할 때는 한 번도 엎드리지 않고 집중했다. 드라마나 영화 속에서 문제의 장면을 찾는 활동에 누구보다 열심히 참여했고, 심지어 본인이 이해한 내용이 맞는지 되묻기도 했다. 근로계약서를 작성하는 짝 역할극에서도 악덕 사장님으로 활약하며 수업의 하이라이트를 장식했다. 보람이에게 수업 태도를 칭찬하자, 멋쩍게 웃으며 아르바이트를 하고 있는데 궁금했던 내용이라 재미있었다고 했다. 보람이가 아르바이트를 하고 있다는 사실을 처음 알았다. 잠이 부족해서 수업 시간에 엎드려 있었던 것이다. 아이들이 수업에 집중하지 못하는 데는 다른 이유가 있다는 것을 알았고, 아무리 피곤해도 관심이 있거나 자신의 삶과 연관된 내용에는 집중한다는 사실도 알게 되었다.

수업이 아이들의 삶과 맞닿아 있다는 것을 체득한 날이기도 하다. '아르바이트'라는 삶의 주제가 수업을 통해 다시 연결되는 것을 확인했고, 모두가 주인공이 되는 수업을 설계할 방법이 보이는 것도 같았다. '아이들이 저마다 경험하고 있는 삶의 이야기'에서 스스로 '나는 어떠한 입장을 가지고 있는지'를 자신의 언어로 표현하고 세상과 소통하는 법을 이야기할 수 있도록 해야겠다. 수업에서 아이들이 삶의 경험을 펼칠 수 있도록 돕는 도전이 필요하다.

3. 교사 교육과정 : 융합 수업으로 '삶 속 나의 이야기' 만들기

(1) 학생들에 대한 교육과정

'인내심'과 '도전'이 필요하다는 수업 일기 속 교훈은 '학생들에게 무엇을, 어떻게 배우게 할 것인가?'라는 고민을 던져주었다. 그리고 이 고민은 '학생들은 왜 배워야 하지?', '왜 내 수업을 들어야 하지?'라는 생각으로 이어졌다. 이에 대한 대답을 학생들과 교사인 내게서 찾고자 했다. 교육과정 설계의 시작과 끝도 언제나 '질문'이었다. '내가 바라는 수업은 무엇인가?', '내 수업에서 마주하는 학생들은 누구인가?', '학생들이 바라는 수업은 무엇인가?' 질문에 대한 대답을 얻으려면 눈앞에 마주하고 있는 학생들을 아는 것이 먼저였다. 나는 매년 새로운 아이들을 만나는 첫 시간에 항상 설문 조사를 실시한다.

학생들에 대해 알아보기
알찬 수업을 하기 위해, 여러분에게 궁금한 것이 있어요. 솔직하게 답변해주세요. 1. 학번과 이름을 적어주세요. 2. 진로 희망을 적어주세요. (교사, 경찰관, 건축기사 등) 3. 희망 학과를 적어주세요. (국어교육학과, 경영학과, 건축학과 등) 4. 자신에 대한 소개를 간단하게 해주세요. (좋아하는 것, 잘하는 것, 싫어하는 것, 좋아하는 과목과 이유, 싫어하는 과목과 이유) 5. 경제 과목에 대한 호감도는 어떤가요? (좋음/보통/싫음 중에서 선택하고, 이유 적기) 6. 경제 과목을 수능에서 응시할 의사가 있나요? (네/아니오/잘 모름 중에서 선택하기) 7. 학교 수업 외에 경제 과목 공부를 따로 하는 것이 있나요? (있다/없다 중에서 선택하고, 있다면 강의명이나 사이트 등 적기) 8. 경제 과목을 공부할 때 느끼는 어려움이 있나요? 경제 과목에 대한 고민을 구체적으로 적어주세요. ('다 어렵다'는 빼고, '특히 이런 부분이 어렵다', '왜 어렵다'와 이유) 9. 경제 수업에서 기대하거나 바라는 점이 있나요? (어떤 수업이었으면 하는지, 선생님에게 바라는 점 등) 10. '이런 수업 인상 깊었다', '이런 수업은 도움이 되었다' 하는 것이 있었다면 이유와 함께 구체적으로 소개해주세요.

설문 조사에서는 학생들의 진로 희망, 자기소개, 과목 호감도, 기대하거나 바라는 점 등에 대해 물었고, 다양한 답변 속에서 관심사를 찾아내어 수업의 방향을 잡을 수 있었다. 다음 자료는 2021년 2학년 경제 수업을 설계하면서 학생, 교사, 교육 여건의 강점과 약점을 바탕으로 기본적인 학습 환경을 분석한 내용이다. 수업을 설계할 때 이런 틀이나 양식이 있으면 방향성이 확실해지고, 수업을 더 촘촘하게 구조화할 수 있어서 큰 도움이 된다.

기본적인 학습 환경 분석	
학생 (강점/약점)	(강점) 선택 과목으로 경제를 수강하는 학생들로 토의와 토론, 게임 등을 통해 학습하는 것을 좋아한다. 경영·경제 관련 진로를 희망하는 학생이 한 반에 4~5명 된다. (약점) 전반적으로 경제 개념에 대한 이해가 부족하고, 이과 성향인데 사탐 선택 과목 중 차선으로 선택한 학생이 한 반에 3~4명 된다. 경제에는 관심이 없는데 친구들과 '같은 이동 수업반'으로 모이려고 선택한 학생도 한 반에 5~6명 된다. 온라인으로 학습하는 상황에서 학생 간 반응성, 적극성, 성실성 등에서 격차가 크다. 실시간 화상 수업에 거부감을 갖는 학생도 한 반에 5~6명 있다.
교사 (강점/약점)	(강점) 학생 중심 수업 실현에 대한 열정이 높고, 학생들의 삶과의 관련성을 높이는 수업 주제를 활용한 '감성(感省 : 깨달아 살핌) 경제 수업'을 운영하고자 노력한다. (약점) 작년에 주로 3학년 수업을 해서 격주 원격 수업이 낯선 상황이며, 전입 2년차로 학생들 간 성취도 차이, 휴대폰 사용이 자유로운 교실 문화 등에 조금씩 적응해가는 중이다.
교육 여건 (강점/약점)	(강점) 혁신고, 고교학점제 선도 학교로서 학생 중심 수업 및 학생 선택권 강화를 중시하여 교과 중심 활동, 협의체 운영 등에 적극적으로 지원하고 있다. (약점) 지역 외곽에 위치하다 보니 교통, 주변 환경 등의 영향으로 학생들의 학교에 대한 선호도가 높지 않다.
분석 결과	
00고등학교 2학년 학생들은 경제 과목을 수능으로 응시할 생각은 별로 없고, 관심이 있어서 선택은 했으나 좋아하지는 않는 편이다. 또 강의식 수업보다 토의나 토론, 모둠 활동을 선호한다. 실시간 화상 수업에 강한 거부감을 표시하는 학생들이 있어서 부담 없이 참여하고 소통할 수 있도록 방법을 고민해야 한다. 교사인 나는 학생들의 삶을 앎으로 연결하는 경제 수업, '감성(感省) 경제=따뜻한 경제' 수업을 하고 싶다는 열망이 크다. 학교는 이러한 수업에 대해 예산을 비롯해 지원하려는 의사가 충분하다.	

설문 조사 결과를 찬찬히 읽으며 기본적인 학습 환경을 분석하다 보니, 나와 학생들이 바라는 수업의 방향과 목표를 잡을 수 있었다. 이에 따라 올해 경제 수업의 목표는 다음과 같이 정리했다.

① 경제 수업을 통해 경제 현상이 우리 삶과 밀접하고 친숙하다는 것을 알게 해야겠다. 경제에 대한 호감도를 높이자.

② 경제 과목을 배우면서 이성과 감성의 조화로운 시각으로 사회현상을 바라볼 수 있는 눈과 마음가짐을 갖게 하자.

③ 학생들의 경제 멘토로서 수업 내용과 학생들의 삶을 함께 살피자.

수업에 대한 목표를 바탕으로 수업의 방향은 다음과 같이 잡았다.

①-1 학생들이 삶에서 접하는 것을 수업의 소재로 삼자.

②-1 학습한 이론과 개념에 비추어 경제 현상이나 문제를 이해하는 것도 중요하지만, 자신의 입장에서, 나아가 타인의 입장에서 생각할 수 있게 하자.

③-1 음악, 미술, 문학, 철학, 과학 등을 융합하여 경제가 다양한 현상과 연결되어 있음을 알게 하자.

③-2 자신의 삶과 경제를 연결 짓는 따뜻한 경험을 하게 하자.

'학생들의 삶을 살피는 조금은 따뜻한 감성(感省) 경제 융합 수업'에 대한 도전은 이렇게 시작되었다. '학생들이 사회에 민감하고, 개인의 소감을 밝힐 줄 알며, 타인의 의견에 공감할 줄 아는 깨달아 살필 줄 아는 경제 수업'을 함께 만들어가고자 했다. 그렇다, 학생들이 경제를 배워야 하는 이유는 그리고 경제 수업을 함께 만들어가야 하는 이유는 경제 수업을 통해 자신의 목소리를 내도록 하기 위해서, 주체적인 삶을 사는 힘을 갖게 하고 싶어서, 삶의 주인공으로 살아가는 법을 배우도록 하기 위해서였다.

이와 같은 분석과 다짐을 바탕으로 교육과정을 재구성했는데, 다음은 '합리적 선택' 단원을 가르치기 위해 교육과정 성취 기준을 만들고 수업에 대한 의도를 정리한 것이다.

1단계 : 교육과정 재구성	
성취 기준	[12경제01-01] 사람들의 경제생활에서 희소성이 존재함을 인식하고 합리적 선택의 필요성을 이해한다. [12실경01-01] 경제문제를 해결하기 위해 비용-편익분석 등을 이용하여 합리적으로 선택하는 방안을 사례로 설명하고, 이 원리를 실제 생활에 적용한다. [12고윤02-03] 관계적 존재로서 인간을 탐구하고, 삶 속에서 서로 베풂의 관계를 형성하기 위한 자세를 제시할 수 있다.
성취 기준 재구성하기	합리적 선택의 의미와 한계를 파악하고, 관계적 존재로서 인간에 대한 이해를 바탕으로 실제 생활에 적용하며(통합), 합리적 선택을 자신의 언어로 재개념화할 수 있다(재조정).
수업 의도	경제학에서 말하는 합리적 선택이라는 개념이 절대적 우위에 있는 것이 아니라, 다양한 해석 및 비판이 공존하고 있음을 학생들이 이해하도록 지도한다. 나아가 학생 스스로 자신의 삶과 사회적 관계 속에서 합리적 선택의 의미를 재개념화하고 실천할 수 있는 역량을 키운다.

경제와 실용 경제, 고전과 윤리 과목 간 성취 기준을 통합하고 재조정함으로써 '합리적 선택'의 의미를 학생들 스스로 정의 내리고, 자신의 언어로 표현해보는 융합 활동을 설계했다. 합리적 선택의 의미를 자신의 삶에 비추어 적용하고 실천하는 역량을 길러주기 위해서였다. 교사 교육과정 재구성의 초점은 '학생들의 삶과 연결하고, 자기 목소리를 내도록 하는 것'에 두었다.

(2) 학생들의 삶을 담은 수업 : 감성(感省) 경제 수업

'학생들의 삶을 수업에 담으려면 어떻게 해야 할까?'

수업에 학생들의 이야기를 담으려면 융합 주제와 사례 탐구 과정 그리고 개별·모둠 활동 과정에 삶을 연결하고 적용할 기회를 만들어주어야 한다고 생각했다. 따라서 배우는 단원마다 반드시 알아야 할 핵심 개념을 삶의 경험과 연결하는 탐구 수업으로 구성하고, '주제 및 사례 탐구'와 '생각 넓히기' 활동을 설계해서 반영했다. 아울러 자신의 생각을 언어로 표현하는 기회를 많이 주려고 노력했다. 원격과 대면 수업이 격주로 이루어지는 상황에서, 학생들 간 자기 주도 학습 역량에 따라 격차 및 결손이 나타나는 현상에도 주목했다. 이 문제를 해결하고자 원격 수업 후 첫 대면 수업을 학생 맞춤형 선택 학습으로 구성했다. 다음은 '합리적 선택' 소단원의 수업 디자인 내용이다.

<table>
<tr><th colspan="3">2단계 : 수업 디자인</th></tr>
<tr><td rowspan="2">수업
구성</td><td>핵심 개념 : 지식(알다)</td><td>활동 : 기능, 태도(하다)</td></tr>
<tr><td>경제적 인간, 이기적 인간, 합리적 선택의 의미와 한계</td><td>– 학습 주제 탐구 : 삶과 연결된 사례
– '피자 주문'을 통한 인간의 합리성 실험
– 생각 넓히기 활동 : 시문학 작품과 융합</td></tr>
<tr><td>수업
방식</td><td colspan="2">– 핵심 개념 : 주제 탐구 및 강의
→ 학습 주제 탐구(자료 분석 및 서술), PPT 활용 강의
→ 학생 맞춤형 선택 학습
– 활동 : 학습 주제 탐구(서술 및 논술), 인간의 합리성 실험(서술 및 발표), 생각 넓히기 활동(융합 주제 탐구 및 토의)</td></tr>
</table>

학생들의 삶은 교실과 학교 울타리 너머에도 존재한다. 수업에서 작은 사회를 먼저 경험하고 성찰해봄으로써 학교 밖 삶을 살아가는 힘을 기를 수 있지 않을까, 하는 것이 수업을 설계하면서 던진 질문이었다. 나아가 우리가 살아가는 세상은 다양한 현상이 복잡하게 얽혀 있고,

서로 영향을 주고받는 융합적인 상황인 경우가 많다. 배움도 특정 분야에 한정해서 분절적으로 일어나지 않도록, 융합적으로 접근하고 사고할 기회를 만들어줄 필요가 있었다. '삶을 살아가는 힘, 융합적인 관점을 기르는 수업', 이름은 다소 거창하지만 실제로는 교사들이 평소에 하고 있는 수업과 크게 다를 바 없다. 조금 더 보태면 학생들의 삶을 살피며 경험을 연결 짓고, 학생들의 목소리가 살아 있는 수업을 만들고자 나름대로 고민하고 노력한 과정이라고 할 수 있을 것이다. 더 자세히 소개하면 다음과 같다.

(3) 경제 융합 수업의 개요

학년 및 교과	고2 경제	**단원**	1. 경제생활과 경제문제 2. 비용과 편익을 고려한 합리적 선택
학습 주제	합리적 선택 재개념화하기		
학습 목표	1. 합리적 선택의 의미를 비용과 편익, 기회비용의 사례를 들어 설명할 수 있다. 2. 합리적 선택의 의미와 한계를 파악하고, 합리적 선택에 대해 자신의 언어로 재개념화하여 발표할 수 있다.		
1~3차시	원격	사례 탐구를 통해 자신의 생각 정리하기	
4차시	대면	자기 진단을 통해 학습 방법 선택하기	
5차시		합리성 실험을 통해 합리적 선택이 어려운 이유 탐구하기	
6차시		'시' 작품 탐구를 통해 합리적 선택의 의미 재개념화하기	

'비용과 편익을 고려한 합리적 선택' 단원을 가르치기 위해 6차시 분량의 수업을 설계했다. 1~3차시는 원격 수업으로 학생들과 영상, 실시간 댓글, 채팅으로 소통했고, 학생들이 수행한 과제는 네이버 폼으로 받

아서 라이브로 공유하는 방식을 채택했다. 4~6차시는 대면 수업으로 진행했는데, 4차시는 원격 수업의 학습 결손을 메꾸기 위해 학생 맞춤형 선택 학습으로 운영함으로써 원격 수업과 대면 수업을 연결하고자 했다. 5차시는 원격 수업 때 배운 개념들을 합리성 실험을 통해 개별적으로 탐구하고 생각을 나누는 토의를 진행했다. 6차시는 복효근 시인의 시 〈세상에서 가장 따뜻한 저녁〉을 함께 읽고, 작품 속 인물들의 입장에서 합리적 선택의 의미를 재개념화하는 활동을 모둠별로 수행하고 발표했다. 1~6차시 수업의 흐름은 다음과 같다.

■ 1~3차시

도입 : '소중하게 나누고픈 이야기(소나기)'로 시작하는 '삶 속 고민과 이야기'

전개 : 사례 탐구와 개념 학습

① 삶과 관련한 사례

② 융합 사례(미술, 음악, 문학 등)

정리 : 나의 삶과 연관 짓기, 나의 생각 발표하기

■ 4차시

수업 결손과 격차를 줄이기 위해 원격-대면 수업 사이의 공백 메우기

도입 : 진단 평가 및 학습 방법 선택

전개 : 학생 맞춤형 선택 학습(개념 보충 학습과 도전 과제 학습 중 택1)

정리 : 학습 내용 공유하기

■ 5~6차시

합리성 실험을 통해 합리적 선택이 어려운 이유를 탐구하고, '시' 작품을 통해 합리적 선택의 의미 재개념화하기

도입 : '소나기'로 시작하는 '삶 속 고민과 이야기'

전개 : 사례 탐구와 개념 학습

① **삶과 관련한 사례**

② **융합 사례(미술, 음악, 문학 등)**

정리 : 나의 삶과 연관 짓기, 나의 생각 발표하기

(4) 수업 사례(1~3차시) : 탐구를 통해 자신의 생각 정리하기

■ 도입 : '소중하게 나누고픈 이야기(소나기)'로 시작하는 '삶 속 고민과 이야기'

중단원을 시작할 때마다 '소나기'를 준비해서, 시를 읊어주거나 노래를 들려주거나 격언을 읽어주었다. 수업의 시작을 '소나기'로 하게 된 계기는 코로나19였다. 2020년 코로나19로 개학이 연기되면서 결국 원격 개학을 하게 되었고, 학생들과 얼굴 한번 마주하지 못한 채로 수업을 시작해야 했다. 모두에게 닥친 불행한 상황이었지만, 고등학생이라는 입장이 더해져서 아이들이 얼마나 불안하고 초조할까 걱정스러웠다. 아이들에게 힘을 실어주고 싶다는 마음에서 계획한 '소나기'였지만, 교사이자 멘토로서 함께 수업을 만들어나가고 싶다는 바람을 담은 것이라서 코로나가 끝나도 계속할 생각이었다. 첫 번째 '소나기'는 첫 만남을 기리는 의미로 정현종 시인의 시 〈방문객〉을 골랐다.

나는 시 구절 하나하나를 정성껏 읽어주며 '온 마음을 다해 여러분의 과거와 현재 그리고 미래를 진심으로 환대한다'는 환영의 인사를 건넸다. 얼굴 한번 보지 못하고 낯선 상황에서 한 달을 보낸 아이들을 진심으로 환영하는 내 마음이 전해졌는지, 아이들은 실시간 댓글로 응답해주었다. 나는 댓글을 하나하나 읽어주며 '18년을 살아온 각자의 삶이 지금 여기에 함께 있다는 것을 꼭 기억하고 존중하겠다'고 말했다. 아직 한 번도 만나지 못했지만, 앞으로 1년을 함께할 첫 관계 맺음을 이렇게 시작했다.

■ 전개 : 사례 탐구와 개념 학습

학생들이 합리적 선택의 의미를 교과서에서 정의한 개념으로만 이해하기보다 다각적으로 고민할 수 있도록 사례 탐구 수업을 설계했다. 특히 ① 삶과 관련한 사례 ② 미술, 음악, 문학작품과 연계한 융합 사례를 제시하고자 했다. 경제 과목에 대한 흥미도를 높임과 동시에 경제를 통해 세상을 바라보는 시각과 관점을 가질 수 있도록 하기 위해서였다. 사례 탐구 수업에 필요한 자료들은 일단 교과서 5종을 모두 섭렵해서 학생들의 삶과 관련이 있거나 의미 있어 보이는 내용들을 수집했다. 또 다양한 서적을 찾아보고 유튜브를 둘러보며, 인문학이나 예술 방면에서 경제 개념과 연결할 수 있는 소재들을 찾아서 학습지로 재구성했다.

① 삶과 관련한 사례

'선택의 과정에서 무엇을 고려해야 할까?'라는 질문을 던지고, 다음과 같은 사례를 제시했다(지학사 교과서 활용).

서울에 사는 K씨는 주말에 친구 결혼식에 가려고 합니다. 장소는 부산이고, 아내와 동행하며, 교통편으로는 고속철도, 고속버스, 자가용 중에서 한 가지를 선택하려고 합니다. 세 가지 교통수단에 대한 비교를 통해 "여러분이 K씨라면 어떤 교통수단을 선택할 것인지 결정하고, 그 이유를 적어보세요."		
세 가지 교통수단의 편도 비용 비교		
고속철도	**고속버스**	**자가용**
1. 집에서 서울역까지 20분 소요(버스 요금 1인당 1,500원) 2. 서울역에서 부산역까지 2시간 30분 소요(고속철도 요금 1인당 55,000원) 3. 부산역에서 결혼식장까지 10분 소요(지하철 요금 1인당 1,300원)	1. 집에서 고속버스 터미널까지 30분 소요(버스 요금 1인당 1,500원) 2. 서울에서 부산까지 4시간 20분 소요(고속버스 요금 1인당 30,000원) 3. 부산 터미널에서 결혼식장까지 10분 소요(지하철 요금 1인당 1,300원)	1. 집에서 부산 결혼식장까지 4시간 30분 소요(유류비 60,000원, 고속도로 통행료 20,000원)

학생들에게 15분 정도 시간을 주고, 자신만의 기준으로 '비용-편익분석'을 통해 '합리적 선택'의 개념을 실제 상황에서 어떻게 판단하고 적용할지 고민해보도록 순회 지도했다. 제시한 자료에서는 '친구의 결혼식'이라는 설정이었지만, 실제로는 몰입감을 높이기 위해서 '친척 결혼식'에 가는 것으로 변경했다. 자신들의 삶과 친숙한 사례였기 때문인지, 학생들은 작은 변화를 준 것만으로도 즐거워하며 활동에 참여했다. 또 다른 사례로는 다음과 같은 내용을 제시했다.

고등학교 3학년인 부곡이는 지필 평가 성적을 올리기 위해 4주간 스터디 카페를 등록하려고 합니다. 현금 11만 원으로 스터디 카페 시간권과 정액권, 기간권 중에서 한 가지를 선택해야 합니다. "여러분이 부곡이라면 어떤 것을 선택할 것인지 결정하고, 그 이유를 적어 보세요."

지필 평가를 앞두고 누구나 고민해볼 만한 내용이라 자신이 처한 상황에 비추어서 서술하고 발표하게 했다. 사례를 활용할 때의 장점은 발표를 듣는 과정에서 학생들의 생활 패턴과 성향 등을 파악할 수 있다는 것이다. 또 학생들끼리도 친구가 학원을 다니는지, 자기 주도 학습을 하는지, 생활 패턴이 자유로운지, 아니면 계획적인지 등을 자연스럽게 아는 기회가 되기도 한다. 실제로 학생들은 비슷한 고민을 한 경험이 있거나 삶과 밀접한 주제에 흥미를 보이면서 적극적으로 참여했다. 비용, 편익, 합리적 선택의 개념이 교과서에만 머무르지 않고 수업을 통해 앎에서 삶으로 이어지는 자연스러운 경험을 하게 된 것이다.

② 융합 사례(미술, 음악, 문학작품)

'합리적 선택을 하려면 기회비용을 고려해야 한다'는 중요한 내용을 학습하기 위해 루벤스의 〈파리스의 심판〉을 활용했다. 이 그림은 예술 작품으로서도 의미가 있지만, 그리스신화를 배경으로 한 '트로이의 멸망'이라는 역사적 사건과 연결된다. 미술 작품을 탐구하는 과정에서 정치, 역사, 신화, 미술 등 다양한 분야를 경험하게 하고, 경제 개념인 '기회비용'을 통해 '선택'의 중요성을 환기할 수 있다는 판단에서 적용해보았다.

루벤스의 〈파리스의 심판〉으로 본 기회비용

"루벤스는 왜 〈파리스의 선택〉을 그림에 담아냈을까요?"

보는 이들에게 그만큼 '선택'이 중요하다는 점을 환기하고 싶었던 것은 아닐까요?

선택을 통해 포기하게 되는 가치 중에서 가장 큰 것을 '기회비용'이라 하고, 기회비용이 가장 적은 것, 즉 순편익이 큰 선택을 하는 것을 '합리적 선택'이라고 한다. 이 과정에서 학생들은 개념의 정의를 이해했더라도 실제 삶에서 어떻게 구현되는지에 대해서는 막연하게 여길 수 있다. 그래서 다음과 같은 사례를 제시하고, 학생들에게 '내가 파리스라면 과연 무엇을 선택할 것인가'에 답해보고 토의하도록 했다.

> 루벤스의 〈파리스의 심판〉은 파리스라는 청년이 가장 아름다운 여신이 누구인지를 선택하는 고대 그리스신화의 한 장면을 담은 그림입니다. 세 여신은 자신을 선택해주는 조건으로 각각 ① 헤라는 부귀영화와 엄청난 권력을 ② 아테나는 전쟁에서의 승리와 명예를 ③ 아프로디테는 세상에서 가장 아름다운 여인을 줄 것을 조건으로 내걸었습니다. 이제 파리스는 누가 가장 아름다운 여신인지를 선택하는 정도의 고민이 아니라, 그의 인생을 걸고 가장 원하는 것을 선택해야 할 순간에 놓이게 되었습니다.

학생들이 자연스럽게 자신의 생각과 이유를 말할 수 있도록 격려하고, 선뜻 나서지 않을 때는 이름을 호명해서 토의를 이끌었다. 세 여신이 내건 조건에서 학생들이 무엇을 선호하는지를 살필 수 있었고, 이유를 듣는 과정에서 수업의 분위기가 자연스럽게 편안해지는 효과도 있었다. 한 남학생이 "저는 무조건 아프로디테요"라고 하자, 다른 학생이 "야, 잘 생각해. 부귀영화와 권력이 있으면 모든 걸 가질 수 있잖아?"라고 되물어서, 교실이 한바탕 웃음바다가 되기도 했다. 또 어떤 학생은 "아테나가 말한 전쟁에서의 승리와 명예가 제일 중요해요. 부귀영화든 아름다운 여인이든 전쟁에서 승리해야 모두 지킬 수 있잖아요"라고 말해 친구들의 지지를 받았다. 이렇게 교실에서 학생들이 자신의 생각을 표현하는 것이 어렵지 않도록 분위기를 만들어주는 것이 교사의 중요한 역할이라고 생각한다. 자신의 의견을 말할 수 있고, 친구들의 생각을 듣고 생각해보는 기회를 통해 학생들이 조금씩 성장한다고 믿기 때문이다.

사례 탐구를 마치면서 학생들에게 이런 질문을 던졌다. "루벤스는 왜 〈파리스의 선택〉을 그림에 담아냈을까요?" 학생들에게 고민할 시간을 주고 다양한 의견을 경청한 다음, "보는 이들에게 그만큼 '선택'이 중요하다는 점을 환기하려고 했던 것은 아닐까요?"라고 마무리했다. 아울러 아이들이 각자 이 수업의 내용과 질문을 되새기며 삶의 교훈으로 삼기를 희망했다.

■ 정리 : 나의 삶과 연관 짓기, 나의 생각 발표하기

수업 정리는 학생들이 스스로 삶의 주인공이 될 수 있도록 격려하는

시간으로 설계했는데, 오늘 배운 기회비용, 합리적 선택이라는 경제 개념의 중요성을 되새기도록 타이거 우즈와 스티브 잡스의 이야기를 들려주었다. 세계 최정상에 있었던 두 사람이 진로를 선택하는 과정에서 명문 대학교를 중퇴한 사연, 선택에는 반드시 기회비용이 따른다는 내용이었다. 그리고 '나는 나의 선택을 위해서 무엇을 포기할 수 있는지', 다시 생각해보도록 했다. 롤 모델의 삶에 비추어 나의 삶을 성찰하고, 앞으로 1년간 학교생활을 어떻게 하면 좋을지에 대해 다짐하는 시간도 가졌다. 수업을 삶으로 연결하고, 이를 친구들 앞에서 발표하는 것만으로 서로에게 약속이 되기 때문이다. 모두 선택의 주체이자 자기 삶의 주인공으로서 책임감 있게 살 것을 강조하며, '지금 내가 포기한 것이 내일의 나를 변화시킬 수 있다는 것을 기억하자'는 말로 수업을 끝냈다.

(5) 수업 사례(4차시) : 자기 진단을 통해 학습 방법 선택하기

원격과 대면 수업이 격주로 교차하는 상황, 학생들 간 자기 주도 학습 역량에 따라 학습 격차와 결손이 나타나는 문제에 주목했다. 이를 해결해보고자 원격 수업 이후 첫 대면 수업을 학생 맞춤형 선택 학습으로 구성해서, 원격 수업과 대면 수업의 연결고리를 만들고자 했다. 학생들이 학습 방법을 선택함으로써 원격 수업 내용 중 부족한 부분을 보충하거나 이해한 내용을 심화할 수 있도록 설계한 것이다.

한 교실에서 다양한 방식으로 배울 수 있을까? 한 교실에서 맞춤형 수업이 가능할까? 이 질문에 대한 실마리는 새이잔 조지(Sajan George)의 '블렌디드 학교교육 모델'에서 찾았다. 이 모델에 따르면 한 교실을 4개의 서로 다른 구역으로 나누고, 학생들은 각 구역에서 자신만의 학습 경로를 따라서 학습한다. 한 교실에 있으면서도 각자의 필요와 속도에 맞춰서 학습하는 것이다. 나는 이 모델의 '다양한 방법과 속도'를 원격 수업의 사각지대에서 발생한 학습 결손과 격차를 줄이는 데 활용하기로 하고, 원격 수업이 끝나고 이어지는 첫 대면 수업에서 학생들이 학습 방법을 선택할 수 있도록 했다. 학습과 배움을 연결하는 방법으로는 새이잔 조지의 모델을 응용, 교실을 2개의 공간으로 분리해서 세 단계로 운영했다.

<table>
<tr><th>차시</th><th>수업 유형</th><th colspan="3">수업 방법</th></tr>
<tr><td>1~3</td><td>원격 수업</td><td colspan="3">콘텐츠 영상 제작 또는 줌을 통한 개념 학습</td></tr>
<tr><td rowspan="2">4</td><td rowspan="2">대면 수업</td><td>1단계 : 도입
10분
진단 평가 및
학습 방법 선택</td><td>2단계 : 전개
25분
학생 맞춤형 선택 학습</td><td>3단계 : 정리
15분
학습 내용 정리</td></tr>
<tr><td>- 형성 평가
- 퀴즈 풀이
- 학습 방법 선택</td><td>- 개념 보충 학습
- 도전 과제 학습</td><td>- 도전 과제 풀이
- 발표 및 정리</td></tr>
</table>

■ 도입 : 진단 평가 및 학습 방법 선택

첫 번째 단계는 학생들의 학습 상황을 진단하고 확인하는 과정이었다. 학생들에게 원격 수업 때 배운 내용에 대해 10문제 정도 퀴즈를 내고 10분 동안 풀게 했는데, 교과서나 학습지를 활용할 수 있도록 했다. 퀴즈를 제공한 목적이 학습 상황을 진단하는 데만 있는 게 아니라, 학습 기회를 제공하는 데도 있었기 때문이다. 학생들은 교과서를 활용할 수 있어서인지 10분이라는 짧은 시간 동안 모두 집중해서 풀었다. 나는 교실을 순회하며 학생들의 속도와 성취도를 확인하고 참여를 독려했다. 그리고 10분 뒤에 퀴즈 정답을 공개하고, 스스로 학습 상황을 진단하도록 했다.

■ 전개 : 학생 맞춤형 선택 학습
(개념 보충 학습과 도전 과제 학습 중 택1)

두 번째 단계는 학생 맞춤형 선택 학습 과정으로, 퀴즈를 맞힌 개수와 상관없이 스스로 필요하다고 여기는 학습 방법을 선택하게 했다. 하나는 개념에 대한 보충 학습으로, 이를 원하는 학생들은 텔레비전 화면 앞으로 모이게 했다. 또 하나는 학습 내용을 심화하고 탐구하는 것으로, 도전 과제를 제공했는데, 이를 원하는 학생들은 복도 쪽 책상으로 자리를 옮기게 했다. 학생들이 이 과정을 수준별 학습으로 받아들이지 않도록 하는 것이 중요했기 때문에, 맞힌 개수를 기준으로 구분하지 말고, 본인의 필요와 흥미에 따라서 선택할 것을 거듭 강조했다.

그리고 25분 동안 교실을 2개의 공간으로 분리해서 '따로 또 같이' 학습하는 시간을 가졌다. 개념 보충 학습을 선택한 학생들은 교사인 나와 함께 원격 수업 3차시 동안 배운 주요 개념과 사례들을 학습했다. 어려운 부분을 다시 반복함으로써 학습 결손을 보충하고, 흥미를 잃지 않도록 격려하는 시간이었다. 도전 과제를 선택한 학생들은 배운 내용에 대해 더 깊이 고민하도록 서·논술형 문제나 토의·토론 과제를 제공해서 사고력을 키울 수 있는 시간으로 활용했다. 이 과정에서 두 그룹이 양쪽을 넘나들 수 있도록 모두에게 도전 과제를 학습지로 제공했다. 개념 보충 학습을 하던 학생 중 일부는 이해가 잘 안 되는 부분만 함께 학습하고 도전 과제로 넘어가기도 했고, 도전 과제를 수행하던 학생 중에서도 중요하다고 판단한 내용이 나오면 과제를 잠시 멈추고 설명에 귀를 기울이기도 했다.

■ 정리 : 학습 내용 공유하기

마지막 단계는 학생들 주도로 학습 내용을 공유하고 정리하는 시간이었다. 도전 과제를 수행한 친구들이 개념 학습을 한 친구들에게 풀이한 내용을 설명하고, 15분 정도 생각을 공유하는 시간을 가졌다. 이 과정에서 자연스럽게 학생들 간 질문과 대답을 주고받을 수 있도록 독려했으며, 도전 과제를 수행하지 않은 학생들도 학습지와 친구들의 설명을 통해 과제를 수행할 수 있도록 했다. 학생들이 개념 보충 학습에 만족하지 않도록 도전 과제 학습지를 포트폴리오 수행평가와 연결했는데, 수업과 평가의 연계를 통해 학생들의 성장을 유도하기 위해서였다.

원격 수업 후 첫 대면 수업을 이렇게 운영한 이유는 학습 결손이나 격차 문제를 줄일 실마리를 찾기 위해서였다. 원격 수업 기간에 학습한 내용을 대면 수업에서 보충하거나 심화할 수 있도록 선택권을 줌으로써 원격-대면 수업을 유의미하게 연결하고자 했다. 학생들이 수업에 대한 책임감과 주도성을 가진다면 가르침의 대상을 넘어 배움의 주체가 될 수 있다고 믿었다. 이어지는 두 번째, 세 번째 대면 수업에서는 학생들이 모둠별 프로젝트 활동을 하거나 토의·토론을 통해서 관점을 세우고, 자신의 언어로 표현하는 과정과 연계했다. 수업 내용의 이해를 뛰어넘어 개개인의 삶과 연결해서 관점과 태도를 갖출 수 있도록 하는 것이 중요했기 때문이다.

(6) 수업 사례(5~6차시) : '합리성 실험'과 '시'를 통해 '합리적 선택'의 의미 재개념화하기

■ 도입 : '소나기'로 시작하는 '삶 속 고민과 이야기'

두 번째 '소나기'는 원격 수업을 하고 있는 상황에서 학생들을 격려하고 싶은 마음에, 정현종 시인의 〈모든 순간이 꽃봉오리인 것을〉이라는 시를 골랐다.

시를 읽어주고 나서 "여러분의 지금 이 순간은 어떤가요?"를 묻고, 실시간 댓글을 달아달라고 부탁했다. 학생들은 반갑다는 인사를 건네면서도 힘들어요, 슬퍼요, 우울해요, 그냥 그래요 등 대체로 부정적인 반응을 보였다. 그 마음을 헤아리며 '모든 순간이 다아 꽃봉오리인 것을, 내 열심에 따라 피어날 꽃봉오리인 것을!'이라는 마지막 구절을 다시 읽어주었다. 그리고 이렇게 덧붙였다. "여러분은 지금 이 순간에도 꽃봉오리예요. 어떻게 마음먹고 지내느냐에 따라 얼마든지 활짝 피어날 수 있어요. 힘든 상황이지만 우리 함께 가볼까요? 1년 뒤에 지금을 떠올릴 때, 웃으면서 추억할 수 있도록 해봐요." 언제 얼굴을 보게 될지 모를 학생들에게 힘을 주고 싶었고, 너희는 혼자가 아니라는 것, 학교에서 선생님이 기다리고 있다는 믿음을 갖게 해주고 싶었다.

■ 전개 : 사례 탐구와 개념 학습

1~4차시에 학습한 내용을 바탕으로 실제 상황에서 우리가 얼마나 '비용-편익 분석'에 기반한 '합리적 선택(최소 비용으로 최대 만족을 주는 행위)'을 하고 있는지 살펴볼 수 있도록 설계했다. 수업에서는 '피자 주

문을 통한 합리성 실험'을 통해 스스로를 진단하고, 실험 결과를 공유·분석하도록 했다. 이에 앞서 《장하준의 경제학 강의》에서 '합리적 선택'과 관련한 내용을 발췌해서 함께 읽고, 이 자료를 토대로 고전파 경제학에서 정의하는 경제적 인간, 합리적 선택의 정의를 추론하고 정리하는 시간을 가졌다. 그리고 '합리성 실험'에 참여하도록 유도했다.

① 삶과 관련한 사례

'우리는 합리적 선택을 하기가 왜 어려울까?'라는 질문을 던지고, 다음과 같은 사례를 제시했다.

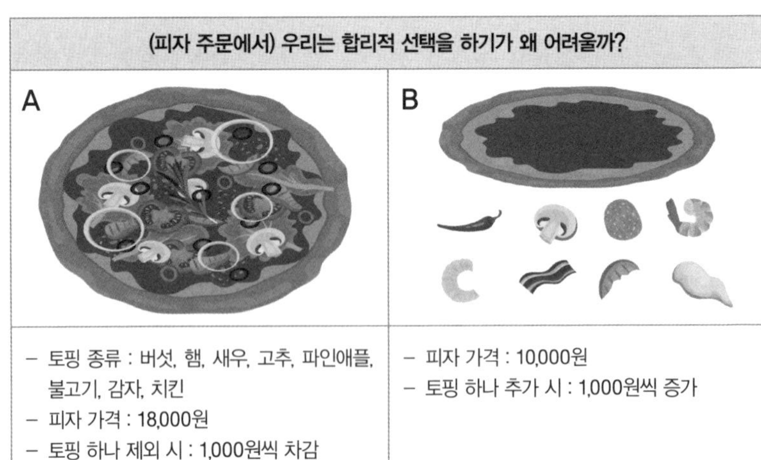

(피자 주문에서) 우리는 합리적 선택을 하기가 왜 어려울까?	
A	B
- 토핑 종류 : 버섯, 햄, 새우, 고추, 파인애플, 불고기, 감자, 치킨 - 피자 가격 : 18,000원 - 토핑 하나 제외 시 : 1,000원씩 차감	- 피자 가격 : 10,000원 - 토핑 하나 추가 시 : 1,000원씩 증가
Q. 어떤 토핑을 제외하겠습니까? **Q. 총 주문 가격은?**	**Q. 어떤 토핑을 추가하겠습니까?** **Q. 총 주문 가격은?**

질문 및 토의하기

① 여러분의 주문 가격은 동일한가요? 아니면 동일하지 않은가요? 왜 그런 선택을 하게 되었는지, 선택의 과정을 생각하면서 정리해봅시다.

② 사람이 합리적이라면 피자 주문 가격은 두 상황 모두 동일해야 합니다. 그 이유를 정리해봅시다.

피자가 아니라도 우리는 음식을 주문하는 상황을 자주 겪는다. 최근에는 개인의 취향을 존중하고 선택권을 보장하는 차원에서 소스를 고르거나 토핑을 추가할 수 있는 음식점이 늘어나고 있다. 이때 어떻게 하는 것이 합리적인 선택인지, 단순한 실험을 통해 고민해보게 했다. A는 토핑이 모두 올라가 있는 상태에서 토핑을 제외할 때마다 1,000원씩 차감하고, B는 토핑이 하나도 없는 상태에서 토핑을 추가할 때마다 1,000원씩 올라간다. 학생들에게 두 가지 질문을 던지고 솔직하게 답변하도록 했다. 정답은 없으니 오직 자신의 기호와 취향에 따라 선택하면 된다고 덧붙였다. 다음은 학생들이 작성한 답변이다.

✤ 여러분의 주문 가격은 동일한가요 아니면 동일하지 않은가요? 선택의 결과와 왜 그런 선택을 하게 되었는지 선택의 과정을 생각해 보면서 이야기해 봅시다.

동일했다. 나는 고추와 파인애플은 싫어한다. 그래서 A와 B 모두 고추와 파인애플을 넣게나 뺐다

✤ 사람이 합리적이라면 피자 가격 주문 가격은 동일해야 합니다. 그 이유를 말해 봅시다.

경제학에서 합리적 선택은 최소 비용으로 최대효과를 내는 것이기 때문에 추가를 하든 제외를 하든 비용은 같게 나와야 한다.

✤ 여러분의 주문 가격은 동일한가요 아니면 동일하지 않은가요? 선택의 결과와 왜 그런 선택을 하게 되었는지 선택의 과정을 생각해 보면서 이야기해 봅시다.

A는 버섯·고추·치킨을 빼서 15,000원. B는 새우·파인애플 불고기·감자를 올려 14,000원. 이게 어찌된 일이냐면. 햄은 별로 좋아하지 않지만 싫어하지도 않아서 그냥 냅두다보니 A에선 들어가고 B에서는 빠져버렸다. 이게 A는 이미 정해진 가격에서 토핑을 포기하는 대신 할인을 받는 느낌이라면, B는 토핑을 선택해 얼마나 비싼 피자를 먹을지 결정하는 느낌이다. 그래서 B는 이걸 추가하면 1,000원을 더 내야하는데 굳이 그래야할까 하면서 인색해졌다

✤ 사람이 합리적이라면 피자 가격 주문 가격은 동일해야 합니다. 그 이유를 말해 봅시다.

사실 A나 B나 과정만 다르지 두 상황에서 똑같은 모습과 가격의 피자를 만들어낼 수 있다. 그러므로 과정말고 만들어진 피자의 결과를 보고 판단하는 것이 합리적인 선택 방안일 것이다. 그런데 인간은 어쩔수없이 과정에도 신경을 쓰게 되는 것 같다.

토핑을 제외하거나 추가하는 상황에서 비슷한 결과가 나온 학생들도 있었지만, 조금씩 차이가 나는 학생이 많았다. 비슷한 결과가 나온 학생들은 보통 취향이 확고하거나 합리적 선택을 하려고 의식한 경우였다. 다른 결과가 나온 학생들은 처음 상태를 그대로 유지하고자 하는 성향이 강하거나, 상황을 판단할 때의 느낌이나 감정을 충실히 따르는 경향이 있었다.

학생들에게 교실 속 실험 결과와 실제 실험이 이루어진 대학교의 결과가 비슷했다는 사실을 알려주며, '현상 유지 편향'이 선택에 영향을 미치기도 한다는 것을 설명했다. 즉, 선택에서 '비용-편익'이라는 경제학적 논리뿐만 아니라 다양한 요소가 영향을 줄 수 있다는 것을 안내했다. 이어서 "우리는 합리적 선택을 하기가 왜 어려울까?"라고 묻자, 몇몇 학생이 어느덧 자연스럽게 그 내용을 이해하고 자신의 언어로 표현하기 시작했다.

② 융합 사례(미술, 음악, 문학 등)

생각 넓히기 활동 '시와 나의 연결고리'에서는 시를 함께 읽고, 문학적인 해석과 아울러 경제적인 해석을 시도해보았다. 합리적 선택의 의미를 시문학 속 등장인물의 입장에서 한 번 더 고민해봄으로써, 학생들이 자신의 언어로 합리적 선택의 의미를 재개념화하는 경험을 하도록 수업을 설계한 것이다. 나는 시가 주는 따뜻한 감성과 울림을 좋아해서 자연스럽게 시를 '소나기'의 소재나 융합 주제로 자주 활용하는 편이다. 합리적 선택 단원의 수업을 준비하면서도 학생들과 함께 경제학에서 정의하는 합리적 선택의 의미뿐만 아니라, 현실 속 수많은 선택이 경제학에서 주장하는 합리적 선택의 의미와 괴리되어 있다는 문제의식을 나누고 싶었다. 그래서 고른 복효근 시인의 〈세상에서 가장 따뜻했던 저녁〉을 함께 읽고, 세 가지 질문을 던져보았다.

시에서 화자는 어두워질 때까지 밥을 제대로 먹지 못해 배가 몹시 고픈 상황이다. 친구인 선재는 이 사실을 알고 화자가 학교에서 나올 때까지 버스정류장 앞에서 기다리고 있다가 미리 사둔 붕어빵 다섯 개를 몰래 가방에 넣어둔다. 그걸 모르고 집으로 돌아온 화자는 가방에서 붕어빵을 발견하고는 감동해서 '내 열여섯 세상에 가장 따뜻했던 저녁'이라고 표현한다.

학생들과 시를 읽고 해석하며 문학적 감성을 한껏 나누었고, 그동안 배운 경제 개념들을 바탕으로 다시 해석해볼 것을 제안했다. 배고픈 친구의 허기를 붕어빵 다섯 개로 달래준 선재는 과연 경제적 인간일까? 합리적 선택을 한 것일까?

'생각 넓히기' 질문

1. '선재'는 경제적 인간으로 볼 수 있는가? 그 이유는?
2. '선재'의 행동은 합리적 선택으로 볼 수 있는가? 그 이유는?
3. 경제학에서 말하는 합리적 선택이라는 개념에 대해 재해석 또는 비판해보자.

감성적인 시를 통해 경제학적 접근과 동시에 스스로 개념을 재해석하는 경험을 하도록 15분 정도의 시간을 주고, '정답은 없다는 것', '자신의 생각을 자신의 언어로 표현할 것'을 강조했다. 학생들에게 매 소단원마다 질문을 던짐으로써 '고민하기', '성찰하기', '자신의 언어로 표현하기'를 중요하게 다루었다.

■ 정리 : 나의 삶과 연관 짓기, 나의 생각 발표하기

선재가 경제적 인간인지, 합리적 선택을 한 것인지에 대한 학생들의 의견은 정말로 다양했다. 처음부터 정답은 없으니 자유롭게 생각하고, 배운 개념을 활용해서 자신의 언어로 이야기할 것을 강조했고, 개별적으로 학습지를 채운 다음에는 모둠에서 친구들과 생각을 나눠보고, 마지막에 발표를 하도록 했다. 모둠에는 사회자를 1명씩 뽑아서 '왜'라는 질문을 던지고, 토의가 원활하게 이어질 수 있도록 역할을 부여했다. 나는 어떻게 시작할지 모르고 있거나 너무 일찍 끝난 모둠으로 가서 학생들의 의견을 묻고, 더 고민해볼 문제는 없는지 질문을 던져서 활동이 원활하게 이루어질 수 있도록 독려했다. 그리고 활발히 토의하고 충분히 의견을 나누었다고 판단한 시점에 개별적으로 발표하는 시간을 가졌다. 되도록 다양한 의견을 듣기 위해 손을 들지 않더라도 순회 지도 때 개성 있는 의견을 보인 학생들이 발표를 할 수 있도록 격려했다.

학생들은 '합리적 선택'의 경제학적 정의를 이해하고, 이를 자신의 가치관에 기초해서 재해석해보려는 시도를 했다. 교과서에서 배운 개념을 사전적 정의를 넘어서 자신의 관점으로 정의하고 표현하는 과정을 거치며, 경제학의 개념인 '합리적 선택'이 절대 우위에 있는 것이 아니라, 다양하게 해석하고 비판할 수 있다는 것을 자연스럽게 이해하게 된 것이다. 학생들 스스로 자신의 삶과 사회적 관계 속에서 합리적 선택의 의미를 재해석하고, 어떻게 실천할 것인가를 고민한 것만으로 수업의

목적은 충분히 이루었다고 생각했다. 다음은 학생들이 작성한 학습지 내용의 일부이다.

---

1. 선재는 '경제적 인간'으로 볼 수 있는가? 그 이유는?

아니다. 우리가 아는 경제적 인간은 오로지 '나'만의 이익을 추구하는 이기적인 사람이어야 하는데 선재는 자신의 이익이 아닌 다른 사람에게 베풂으로서 자신의 이익이 아닌 걸 택했기 때문에 경제적 인간으로 볼 수 없다.
* 경제적 인간은 타인을 딱히 돌보지 않고 오직 자신의 이익에 집중함!
그런데 선재는 타인을 돌봄.

2. 선재의 행동은 '합리적 선택'으로 볼 수 있는가? 그 이유는?

합리적 선택이다. 오냐하면 합리적 선택은 기회비용보다 편익이 커야하는데 여기서 선재는 자신의 붕어빵비보다 친구 '희자'를 챙겨주는 그 마음이 더 커 뿌듯함을 느꼈을 것이다. 비용보다 편익이 컸으므로 합리적 선택이다.

3. 경제학에서 말하는 '합리적 선택'이라는 개념에 대해 재해석 또는 비판해보자.

경제학에서의 합리적 선택은 자신의 이익을 최대한 추구하는 것인데. 위의 사례와 같이 자신의 이익을 포기한 것보다 남을 도와 줌으로서 얻는 마음과 사람사이의 정을 생각한다면, 이것 또한 기회비용보다 편익이 큰 합리적 선택이다. 그러나 경제학에 말하는 효율성만을 추구한다면 이번과 같은 상황이 합리적 선택이지만 합리적 선택이 아닐 수 있다. 이러한 점은 큰 문제라 생각한다. 합리적 선택이나 합리적 선택이 아니게 된다면 혼란을 가져올 것이다. 차라리 합리적 선택을 판단할 때 편익을 물질적인 것으로만 한정하면 어떤가?

---

1. 선재는 '경제적 인간'으로 볼 수 있는가? 그 이유는?

경제적 인간으로 볼수없다.
왜냐하면 경제적 인간은 자신에게 유리한 가능성을 선택하며 자신의 물질적 이익만을 추구하는 것인데 선재는 자신에게 이익이 있는 방향으로 한것이 아니라 친구에게 자신이 샀던 것을 주었기 때문이다.

2. 선재의 행동은 '합리적 선택'으로 볼 수 있는가? 그 이유는?

합리적 선택으로 볼수 없다고 생각한다
왜냐하면 효율성을 추구하며 자신의 욕구를 충족하는 것이 합리적 선택인데 선재는 친구한테 붕어빵을 사주는 것으로 자신의 욕구를 충족하였지만 효율성을 추구하였는지는 알수없기 때문이다

3. 경제학에서 말하는 '합리적 선택'이라는 개념에 대해 재해석 또는 비판해보자.

합리적인 선택은 자신의 일정한 욕구를 충족하기 위해서 자신이 가진 자원중에 가장 비용이 적게드는 수단을 선택하여 효율성을 추구하는 것이지만 자신의 욕구를 충족하는 것은 합리적인 선택이라고 생각하지만 자신의 욕구가 아닌 다른사람의 욕구를 위해 자신의 자원을 사용하다라면 경제학에서 말하는 합리적 선택이 맞지 않다

많은 학생이 합리적 선택을 '최소 비용 최대 만족'이라고 정의할 때, 만족의 주체를 당사자인 선재뿐만 아니라 시의 화자까지를 포함해야 한다고 주장했다. 나의 선택이 주변에 미치는 영향을 포함해야 한다, 합리적 선택의 의미가 보다 확대되어야 한다고 본 것이다. 또 어떤 학생은 합리적 선택과 최소 비용 최대 만족을 판단할 때, 주관적인 부분은 제외하는 것이 명확할 것 같다는 주장을 펼치기도 했다. 물론 기존의 의미가 가장 적합하므로, 그 의미를 그대로 적용해야 한다고 주장한 학생도 있었다. 학생들이 '합당한 선택', '적합한 선택' 등 다양한 표현을 언급하는 과정에서 자연스럽게 '윤리적 선택(소비)'으로 초점이 옮겨갔다. 그래서 다음 수업의 주제는 '합리적 소비와 윤리적 소비'에 대해 학습하고, 의견을 나누는 것으로 방향을 잡았다. 원래는 '경제적 유인'을 공부할 계획이었는데, 2~4단원 '경제주체의 역할' 부분에서 가계의 역할과 연관한 수업 내용으로 조정하기로 한 것이다.

4. 수업 성찰하기

학기 초에 각 반에서 지원하는 학생을 대상으로 경제부장을 뽑았는데, 수업 전후로 건의 사항이나 솔직한 피드백을 해주기 때문에 그 역할이 막중했다. 6차시 수업에 대해서는 모두 "수업 시간에 다루는 내용이 우리의 경험과 친숙한 것들이라 이해가 잘 됐어요. 경제를 합리성 실험, 시로 연결해서 고민해보게 한 것도 신선하고 재미있었어요"라고 말해주었다. 학생들이 수업 내용에 흥미를 가지기 시작했다는 것과, 앎을 자신의 삶으로 연결하게 되었다는 것을 얼마간 느낄 수 있었다. 한 학기 수업을 진행하고 나서 전체 학생에게 수업에 대한 피드백을 받아보았는데, 그 반응도 꽤 긍정적이었다.

먼저 사례가 재미있어서 이해가 잘 된다는 의견과, 원격 수업 때 놓친 부분을 개념 학습으로 보충할 수 있어서 좋았다는 의견이 주를 이루었다. 그리고 수업 방법을 선택할 수 있어서 책임감이 생긴다, 질문이 있는 수업이라서 좋다, '소나기' 시간이 기다려진다, 경제 수업인데 인생 수업을 받는 것 같다, (도전 과제를 수행한 경우) 다양한 자료와 과제를 수행할 수 있어서 도움이 되었다는 의견도 많았다. 도전 과제를 더 주었으면 좋겠다는 의견이 있어서, 나중에 2개에서 3~4개로 늘리되 쉬운 것과 어려운 것, 답이 정해진 것과 의견을 밝혀야 하는 것 등으로 다시 구성했다. 또 처음에는 경제 수업에 시나 미술, 음악이 자꾸 나와서 이상했는데 하다 보니 시야가 넓어진 것 같다는 의견도 있었고, 질문에 대해 고민할 시간을 더 주었으면 한다는 의견이 있어서, 이것도 질문 갯수를 조정해서 2학기 수업에 반영했다. 다음 해에는 한 단계 나아가 학생들이 직접 질문을 만들고, 그에 대한 답을 찾아가는 과정을 깊이 있게 다뤄봐야겠다는 아이디어를 얻으면서 학생들과 함께 나도 성장하고 있다는 것을 실감했다. 무엇보다 융합 수업과 맞춤형 선택 수업을 시도하면서 학생들이 적극성을 띠고 흥미롭게 참여하는 모습에 고무되었고, 이것이 원격 수업에서는 파악하기 힘들었던 학생들의 학습 이해도와 수준을 면밀하게 살필 수 있게 해주어서 다음 수업을 설계하는 데 큰 도움이 되었다.

그리고 처음에는 도전 과제 수행을 부담스러워하며 개념 학습만 선택했던 학생들에게 수업이 끝난 다음 개별적인 피드백을 해주면서, 다음 수업에서는 도전 과제에 참여해볼 것을 제안했다. 그러자 차츰 도전 과제와 개념 학습에 경계를 두지 않고 자유롭게 넘나드는 학생들이 늘어났다. 자신에게 적합한 속도와 방법을 찾아서 자기 주도적으로 학습하는 모습을 보며, 학생들이 학습의 중심에 서고 교사가 피드백을 통해 함께 수업을 이끌어가는 경험을 한 것 같아 새롭기도 했고, 그 의미가 크게 다가왔다. 교사로서 학습 결손과 격차 문제를 해결하는 방법은 결국 학생들의 주도성과 책임감을 키울 수 있도록 '수업을 설계하는 것'과 '피드백'에 있다는 소중한 깨달음을 얻었다.

물론 아쉬운 점도 있었다. 학습에 대한 학생들의 선택권이 두 개로 한정되었다는 점, 도전 과제를 선택한 학생들에게 모둠 과제를 부여할 수 없었다는 점 등이다. 좁은 교실에서 개념 보충 학습을 진행하고 있는데, 도전 과제를 수행하는 친구들이 대화를 주고받으면 목소리가 섞이면서 산만해지기 때문이었다. 그래서 첫 대면 수업 이후에는 다음 차시에 모둠별로 협력 과제를 수행하도록 설계했으나, 아무래도 진도에 대한 부담이 생겼다. 이는 교육과정 재구성 그리고 수업과 평가의 연계를 통해 시간을 효과적으로 쓰기 위한 노력이 필요하다는 것을 실감하게 했다. 결국 교육과정 재구성-수업-평가-기록은 함께 갈 수밖에 없다는 것을 수업을 하면 할수록 크게 느꼈다.

5. 학생들을 위한 평가

코로나 팬데믹 상황에서 미래 교육에 대한 관심이 뜨거워지면서 나도 몇 권의 책을 읽어보았는데, 그중에서 가장 와닿은 내용은 핀란드의 교육학자 파시 살버그(Pasi Sahlberg)의 관점이었다. 그는 표준화를 강조하는 세계적인 교육 개혁의 흐름을 비판하면서 그림 하나를 제시했는데, 여기에 나오는 교사가 이렇게 말한다. "공정하게 평가하기 위해 모두 똑같은 시험을 봐야겠죠. 오늘 시험 문제는 나무 오르기예요."

교실에는 각기 다른 재능과 관심을 가진 다양한 학생이 모여 있는데, 똑같은 시험을 봐서 경쟁하게 하고 평가하는 것이 과연 무슨 의미가 있을까? 가령 새, 원숭이, 펭귄, 코끼리, 물고기, 물개, 강아지에게 필요한 것은 표준화된 교육이 아니라 각자의 적성과 흥미에 따른 '맞춤형 수업', '개별화 교육'일 것이다. 나는 여기에 주목했다. 동일한 내용을 배우더라도 다양한 방식으로 접근하고 표현하는 것이 중요하다는 교훈을 통해 학생들의 개별성과 다양성에 집중하고 싶었다. 개념을 이해하고 적용할 수 있는 기회를 제공하고, 수업 과정이 곧 평가로 이어지며, 교사의 관찰과 피드백으로 학생의 성장을 돕는 것, 이것이 내가 생각한 성장 중심의 평가였기 때문이다. 변별을 위한 평가가 아니라 학생들이 성장해가는 과정에 교사가 함께 참여하는 평가를 실천하고 싶었다. 그래서 '합리적 선택' 단원의 평가 디자인을 다음과 같이 해보았다.

3단계 : 평가 디자인			
과정 평가		핵심 개념에서 학생들에게 확인할 요소	활동 중 살펴야 할 요소
	평가 요소	경제적 인간, 이기적 인간, 합리적 선택의 의미와 한계 이해 정도, 합리적 선택의 재개념화	핵심 개념 이해 정도, 자신의 생각을 표현하는 정도, 주장에 대한 근거 제시, 과제 제출의 성실성, 발표 및 경청 태도 등
	평가 방법	관찰 평가, 포트폴리오 평가(서·논술형 평가)	

학생들이 수업에서 핵심 개념을 잘 이해했는지, 이해한 내용을 바탕으로 자신의 언어로 재개념화하고 있는지, 이를 말과 글로 어떻게 표현하고 있는지를 관찰한 포트폴리오 수행평가를 진행했다. 학생들에게 자신만의 필기법을 활용한 학습지이자 수업 일기로 한 권의 경제 포트폴리오를 만들 것을 제안한 것인데, 기본 양식은 다음과 같이 단순하다. '주요 내용 정리하기', '핵심 질문과 내 생각', '수업 성찰' 세 가지만 적혀 있고, 나머지는 공란으로 두어 빈칸 채우기 학습지 대신에 자기만의 방법으로 어떻게 수업 내용을 담을 것인지를 고민하도록 했다.

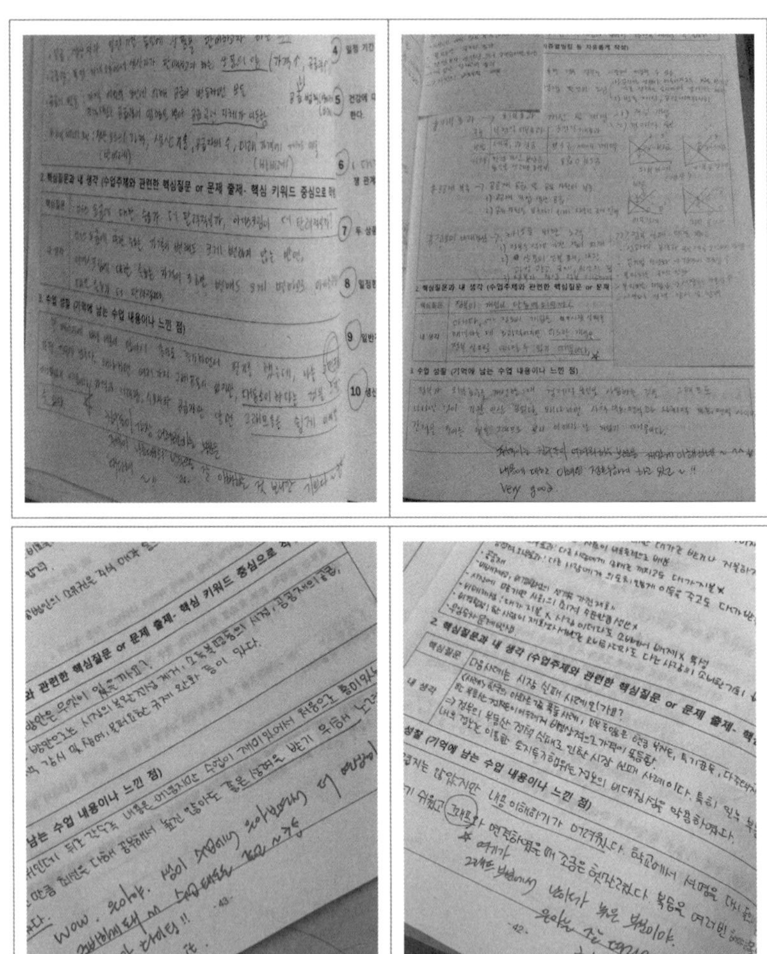

'주요 내용 정리하기'를 마인드맵으로 표현한 학생, 그림으로 그린 학생, 빼곡히 필기한 학생 등을 보며 각자의 성향을 파악할 수 있었다. '핵심 질문과 내 생각'에서는 학생들이 중요하게 여기는 부분과 그 이유를 읽으며, 수업에 대한 이해도를 확인할 수 있었다. 솔직하게 자신의 생각을 적은 '수업 성찰'을 통해서는 수업에 대한 이해도뿐만 아니라 학생들의 호불호를 파악할 수 있었는데, 꼼꼼히 읽고 즉각적인 피드백을 해주거나 대화형 글쓰기로 소통하며 격려하고자 노력했다. 이 과정이 다음 수업의 방향을 잡는 데도 도움이 되었다.

6. 학생들을 위한 기록

고등학교는 학교생활기록부 기록이 중요하다. 그렇다고 기록 때문에 수업과 평가를 일부러 신경 쓰는 것은 아니지만, 수업과 평가가 잘 이루어지면 기록으로도 잘 연결이 되는 것만은 분명하다. 학생들은 같은 수업 활동이라도 자신의 진로나 관심 분야에 따라 다양한 반응을 보이기에, 한 명 한 명 신중하고 다양하게 기록하게 된다. 다음은 '합리적 선택' 수업을 한 뒤에 정리한 기록의 예시문이다.

4단계 : 기록

주제 탐구 활동 '이기적 인간과 합리적 선택'에서는 개념에 대한 이해를 바탕으로 실험과 의견 발표에 적극적으로 참여함. 원격 수업 기간 동안 학습한 내용에 대해서는 스스로의 진단과 필요에 따라 '개념 보충/도전 과제' 중에서 심화 학습인 도전 과제를 선택, 설명이 필요한 개념을 다시 학습하고 깔끔하게 정리함. 탐구한 내용을 학생들에게 자신의 언어로 설명하는 과정에서 경제학적 사고력과 표현력이 돋보임. '피자 주문하기'를 통한 인간의 합리성 실험에서는 토핑을 제외할 때의 주문 가격과 토핑을 추가할 때의 주문 가격이 다르게 나온 것에 대해, 선택의 순간에 작용하는 현상 유지 편향과 자신의 선호도 및 태도를 근거로 조리 있게 발표함. 경제학에서 합리적 선택을 하기 어려운 이유와 인간의 선택 문제를 다룬 활동에서는 복효근 시인의 시 〈세상에서 가장 따뜻했던 저녁〉에 등장하는 선재의 입장에 투영해서 발표함. 합리적 선택의 의미를 경제학적 정의를 넘어 '관계적 존재로서의 인간'이라는 윤리적 관점으로 접근하여 재개념화는 모습에서 비판적 사고력과 인문학적 감성이 돋보임.

7. 내일의 수업을 준비하며

(1) 학생들에게 묻다

수업을 설계하면서 가장 주목하는 것은 무엇보다 '수업에서 만나는 학생들'이다. 그래서 수업에 대한 나의 첫 번째 다짐은 경제를 왜 배워야 하는지, 무엇을 배워야 하는지, 어떻게 배워야 하는지를 '끊임없이 학생들에게 묻는 것'이다. 그런데 '학생들에게 묻기'는 가장 중요하지만 또 주의해야 하는 부분이기도 하다. 이런 이야기가 있다.

한 소년이 강아지에게 휘파람 부는 법을 가르쳤다고 이야기하자, 다른 소년이 강아지가 휘파람 부는 것을 들어본 적이 없다고 반박했다. 그러자 앞의 소년이 말했다. "나는 가르쳤다고 했지, 강아지가 배웠다고 하지는 않았어."

내 수업에서도 마찬가지일 것이다. 교사로서 나는 학생들에게 많은 것을 가르치려고 노력했지만, 그렇다고 해서 학생들에게 배움이 일어났다고 확신할 수는 없다. 배움은 누군가에 의해 이루어지는 것이 아니라 스스로의 필요와 관심에 의해 일어나는 것이기 때문이다. 그래서 교사는 학생들에게 끊임없이 묻고, 그들의 이야기를 경청해야 한다. 어떤 언어로 어떻게 말하는지 듣고, 자신의 삶과 연결하도록 안내하고 북돋워야 한다.

(2) 나에게 묻다

감성(感省) 경제 수업을 하겠다던 나의 다짐은 지속적으로 '다름과 다양성을 가진 학생들과 어떻게 수업을 할 것인가?'를 질문하게 만들었고, 정해진 답이 없으므로 많은 고민을 해야 했다. 학생들을 직접 볼 수 없는 코로나 상황에서 수업을 진행하고 피드백을 하는 데 따르는 어려움도 만만치 않았다. 수업 내용이나 스킬을 넘어서 자기 주도적 학습 태도가 부족한 학생들은 원격 수업에서 상호작용을 하기가 더 어려웠고, 결국 학습 결손과 격차로 이어졌다. 이런 상황에서 배움을 학생들의 삶과 연결하는 융합 수업이나 학습 선택권을 주는 맞춤형 수업 설계를 한 것이 대단히 새롭거나 창의적인 시도라고는 생각하지 않는다. 다만, 학생들이 놓여 있는 현실을 이해하고, 그들의 성장을 바라는 간절함에서 비롯한 교사의 작은 도전이었을 뿐이다.

혹자는 포스트 코로나를 언급하며 미래 교육이 시작되었다고 말하기도 한다. 하지만 그동안 다양한 수업을 진행하면서 깨달은 것은 크게 달라진 건 없다는 사실이다. 시대나 상황이 변한다고 해도 학생들의 성장을 지원하는 교사로서의 본분은 달라질 게 없기 때문이다. 코로나19는 지난 교육에 대한 성찰과 우리 교육의 '오래된 미래'에 대한 열망을 일깨워주었다. 바로 학생의 성장을 지원하는 교사의 역할에 대한 깨달음이다. 나는 학생 개개인의 개별성과 다양성에 대한 존중을 통해 학생 주도 학습과 성장이 이루어진다는 것을 믿는다. 조금 일찍 찾아온 미래 앞에서 수업 방법과 피드백에 대한 고민은 교직에 몸을 담고 있는 한 계속될 것이며, 융합·맞춤형 수업에 대한 도전도 다양한 형태로 이어갈 계획이다. 그리고 끊임없이 학생들의 목소리가 들리는지, 내 수업이 아이들의 삶에 가닿고 있는지 스스로에게 물을 것이다.

(3) 교사들에게 묻다

때때로 이런 질문을 받는다. "이렇게 수업을 하면 진도는 언제 다 나가요?" 학생들의 성장을 중심에 두고 융합·맞춤형 수업을 진행하는 과정에서 교사로서 겪는 현실적인 고민은 역시 진도에 대한 부담이다. 학생들이 학습 내용을 고민하고 자신의 언어로 표현하기 위해 의견을 나누는 과정은 시간을 필요로 하기 때문에, 진도를 다 채우며 평가를 하려면 강약 조절이 중요해진다. 국가 교육과정의 성취 기준을 빠짐없이 가르치되 때로는 압축하기도 하고, 때로는 통합하거나 재조정하는 등 교육과정을 적극적으로 재구조화하는 이유도 이 때문이다.

수업 상황에서 마주하는 다양한 문제는 우리가 다시 기본으로 돌아가야 한다는 것을 일깨워준다. 국가 교육과정의 성취 기준을 확인하고, 이를 어떻게 학생들의 삶과 연결시킬 것인가를 고민하면서 학생들의 성장을 위한 수업을 계획하는 것 자체가 교사 교육과정이 아닐까 생각한다. 사실 전국의 많은 교사가 이미 교사 교육과정을 각자의 교실에서 다양하게 실천하고 있다. 최근 들어서야 교사 교육과정이라는 이름으로 불리며 교사들의 노력과 실천이 존중받고 있을 뿐이다. 김춘수의 〈꽃〉에 나오는 시구처럼 '교사 교육과정이라 불러주기 전에는 다만 하나의 몸짓에 지나지 않았던 것'일 뿐이다.

선생님 한 분 한 분의 이름을 건 교육과정, 우리는 서로의 이름을 불러주는 동료이자 멘토로서 교사 교육과정을 만드는 주인공들이다. 각자의 빛깔과 향기를 내며 꽃이 되는 교사 교육과정으로 학교와 교실이 채워진다면, 교사는 학생들에게, 학생들은 교사에게 잊혀지지 않는 무언가가 될 수 있을 것이라 믿는다.

파타고니아의 창립자 이본 쉬나드(Yvon Chouinard)는 '의미 있는 일이란 그 일을 좋아하는 것뿐만 아니라 그 일을 통해서 세상에 기여하는 것'이라고 말했다. 나는 아이들이 좋아서, 사회 과목이 좋아서 교사가 되었고, 아마 대부분의 선생님이 비슷할 것이다. 교사에게 의미 있는 일이란 학생들의 성장을 이끄는 것뿐만 아니라, 어려움을 겪는 학생들의 손을 잡고 함께 걸어가는 것이라고 생각한다. 의미 있는 교육을 위해 학생들의 삶에 가닿는 수업, 학생들의 목소리가 들리는 수업, 선생님 한 분 한 분의 이름을 건 교사 교육과정을 함께 만들어가 보자고 제안한다.

8장

교사 교육과정 이야기 : 역사

아이들이 따뜻한 시민으로 성장하기를

최윤정 / 수원 남수원중학교 교사

1. 다시 찾아온 교사의 사춘기

(1) 흔들리다

또다시 사춘기가 찾아왔나 보다. 교무실에서 일하거나 교실에서 수업을 할 때 규칙성 없이 희비가 엇갈리는 걸 보니 영락없는 청소년기의 어느 날 같았다. 안팎으로 여러 가지 문제에 직면해 있어서 나타나는 증세였다. 경기도로 전근을 와보니 혁신학교, 배움 중심 수업, 교육과정-수업-평가-기록의 일체화, 2015 개정 교육과정, 교사 교육과정이란 용어들이 릴레이하듯이 뒷통수를 잡아당겼다. 저게 다 뭐냐고 물어볼 만한 선생님도 없는 낯선 상황에서, 스스로에게 한심함을 느끼는 것을 넘어 심하게 삐뚤어질 것만 같았다. 물론 삐뚤어진다는 말에 담긴 부끄러운 내면을 알고는 있었다. 20대 교사 시절에도 그랬듯이, 그것은 포장된 오만함에 불과했으니까.

그 시절 아이들은 나를 '공실이 선생님'이라 불렀다. 공실이는 아기공

룡 둘리를 격하게 사랑하는 좌충우돌 캐릭터의 이름이다. 아이들은 그렇게 열정만 넘치는 나의 수업을 힘들어했다. "선생님의 역사 수업은 외어야 할 내용이 너무 많아서 토할 것 같아요. 진짜 열심히 가르쳐주신 건 잘 알지만요." 연말에 실시한 수업 평가에서 한 학생이 남긴 말에 교사로서 처음 흔들렸던 기억이 난다. 그래서 무던히도 각종 수업 방법을 익히고 적용하면서 자존감을 다시 찾기까지 꽤 시간이 걸렸다. '봐, 난 잘할 수 있다니까!'

하지만 교육의 패러다임이 학생 중심으로 바뀌어가는 학교 현장에서, 나는 여전히 어쩔 줄 모르고 괴로워하는 선생이었다. '어떻게 해야 하지? 그냥 이렇게 버텨볼까? 아이들은 여전히 잘 따라오는 것 같은데…'

(2) 사춘기는 아름답다

화단에서 꽃나무를 키우다 보면 유난히 손이 많이 가는 녀석들이 있다. 햇빛도 잘 봐야 하지만 물도 신경 써서 줘야 한다. 그러다 보면 어느새 수줍게 올라오는 꽃봉오리를 만날 수 있는데, 사춘기도 이와 비슷한 것 같다. 방황하는 그 시기를 잘 버티다 보면 제법 의젓해진 자신과 만나는 날이 온다. 그래서일까, 교사로서 사춘기와 같은 흔들림을 겪은 시간이 결코 부정적이지만은 않았다. 당장은 힘들어도 내면이 단단해져서 다시 학생들과 만났고, 성숙해진 눈으로 세상이 주는 의미들을 흡수할 수 있게 되었다. 생각해보면 이보다 값진 경험은 없을지도 모른다.

최근에 가장 신선한 충격적으로 다가온 것은 교사 교육과정이었다. 중앙집권적 교육과정 운영에 대한 비판과 성찰에 따라 교실에서 교사들이 실행하는 교육과정에 관심을 가지기 시작한 것이다. 주안점은 학생들의 참된 배움과 삶을 위한 배움을 위해 학교에서 무엇을 가르치고 평가할 것인지, 지역·학교·교사·학부모의 요구를 반영한 교과서 및 교육과정을 어떻게 재구성할 것인지에 있다.

과연 교사인 나는 학생들의 삶을 얼마나 참되게 바라볼 수 있을까? 과연 어디까지 분석하고 예측해서 크게는 교육과정을, 작게는 개별 수업을 디자인할 수 있을까? 스스로 질문을 던지고 벽에 부딪는 과정을 반복하다가, 교육과정을 설계하는 첫 단계부터 학생들의 배움에 대한 구체적인 요구를 반영해야겠다는 지점에 도달했다. 수업 목표-내용-평가와 관련한 구조적 측면을 디자인하되, 수업 방법과 평가 도구를 결정하는 데 학생들과 적극적으로 소통을 해야겠다는 결론을 얻은 것이다. 그 요구들을 반영해가는 식으로 접근하다 보면 길이 보일 거라고 확신했다. 결국 수업에서 배움을 얻기 위한 대상은 학생들인데, 그 배움에 일체감과 효능감을 높여주기 위해서는 교사가 무엇인들 못하랴 싶은 자신감도 생겼다.

이 과정에 경기중등역사교육연구회에서 만난 두 분의 선생님이 멘토가 되어주셨다. 내가 내린 어설픈 해답의 부족한 부분들을 지적해주시고, 나의 다양한 시도를 응원하고 지지해주신 이분들 덕분에 다행히 여기까지 해올 수 있었다.

2. '우리'를 차근차근 교육과정에 담아보다

(1) 혼자서 NO! 공동체 YES!

교무실에서 동료 교사들과 지내다 보면 얼굴에 '혼자서도 잘해요'라고 써 있는 것 같은 분들이 많다. 이런 분들은 담임 업무도 교과 업무도 독립적으로 잘 해내신다. 나도 그런 편이라고 생각하지만, 왠지 헛헛해지는 마음에 함께하고 싶어서 주위를 기웃거리게 된다. 괜히 말도 걸어보고 슬쩍 도와주기도 하면서 함께하는 수업을 꿈꿔본다.

실제로 한 학년에 해당 교과의 교사가 한 명일 때도 있지만, 두 명 이상인 경우도 많다. 특히 단위가 큰 교과는 학습 목표·내용·평가에 대한 협의를 바탕으로 여러 분이 함께 수업을 디자인하기도 한다. 그런데 자율적인 존재로서 교사들에게는 교육철학부터 수업 운영에 대한 방향, 세세한 스킬에 이르기까지 자신만의 스타일이 있어서, 이를 하나로 녹여내는 과정이 의외로 녹록지 않다. 특히 2월과 8월에 학기별 교과 평가 계획을 세울 때는 의견 충돌로 인해 서로 어색해지는 일이 생기기도 한다. 그럼에도 교사는 미래 세대인 학생들의 배움과 성장에 직접적인 영향을 미치는 어른들이기에, 그 다름을 이해하며 좋은 수업을 만들어가기 위해 협력해야 한다.

(2) 첫걸음은 '교육과정' 읽고, 해석하고, 적용하기

좋은 수업은 나의 수업이 아니라 우리의 수업이고, 교사와 학생 모두에게 행복한 배움이 일어나는 수업이어야 한다. 우리는 국가, 지역, 학교라는 공동체 안에서 그 공동체성을 기반으로 살아가고 있다. 교육과정도 마찬가지다. 교육과정을 재구성한다는 것은 결코 교사 개인의 교육과정을 의미하는 것이 아니다. 먼저 학교 교육과정이라는 학교 구성원들이 모여서 민주적·협력적 절차에 따라 세워놓은 그 학교의 비전, 교육 목표, 중점 노력 등이 담긴 공통의 방향성이 있어야 한다. 그리고 이를 토대로 교사가 다시 학년 교육과정의 위계성에 맞춰서 조합하고 재구성하는 것이 곧 교사 교육과정이다. 교사가 아무리 자신만의 신념과 철학으로 교과 전문성을 발휘한다고 해도, 그 바탕에 학교 구성원으로서의 공동체성이 담겨 있지 않다면 의미가 없다. 물론 학교 교육과정에 얼마나 공동체의 의견과 합의가 잘 담겨 있는가에 대한 의문을 제기하는 경우도 없지 않아서, 학교 구성원들의 치열하고 지속적인 성찰과 나눔은 꼭 필요하다. 어쨌든 학생들의 배움은 교실에서의 수업 이전에 학교에서 이루어지는 것이므로, 학교 교육과정과 연계해 교사 교육과정을 조망하는 일은 매우 중요하다.

(3) 중간 걸음은 교사인 '나' 반영하기

교사로서 나의 역사는 좌충우돌 생존기에 가깝다. 에너지가 넘치는 탓에 겁 없이 시도했다가 실패하는 경우도 많았고, 기대와 다른 학생들의 반응에 상처도 잘 받는 편이다. 그래서인지 '나는 좋은 교사인가?'를 수없이 자문해야 한다. 내가 어떤 교사인가를 묻는 일은 결국 교사로서 품고 있는 교육철학에 부합하는 삶을 살아가고 있는가, 하는 고민과도 맞닿아 있다.

첫 발령을 받은 학교에서는 세상에는 너무 큰 아픔과 어려움을 겪고 있는 가정의 아이들이 있다는 것을 알았고, 그 아이들 앞에서 몸을 낮추고, 시선을 맞추고, 그들의 이야기에 귀 기울이며 함께 시간을 버티는 법을 배웠다. 그때부터 내 눈앞에 있는 아이들이 삶을 포기하지 않고 씩씩하게 성장할 수 있도록 돕고 싶다는 생각, 학생들을 응원하며 함께 도전하는 역사 수업을 만들어보고 싶다는 생각을 하게 되었다.

역사는 과거를 통해서 현재를 바라보고, 현재의 눈으로 미래를 내다보는 과목이다. 학생들의 삶을 과거-현재-미래에 투영함으로써 어떻게 살아가야 하는가, 어떤 사람으로 성장하도록 도와야 하는가를 고민해서 그 역량을 키워나가도록 해주어야 한다. 역사 교사인 '나'는 내 눈앞에 있는 학생들이 '타인의 마음을 헤아릴 줄 아는 따뜻한 시민'으로 성장하기를 소망하며 역사 수업을 디자인하려고 한다.

(4) 마지막 걸음은 '학생들'과 함께하기

우리 딸아이는 엄마의 직업에 관심이 많다. 본인이 초등학교를 다니는 '어엿한 학생'이어서 그런지, 교사인 엄마의 고민에 나름 열심히 상담을 해준다. 딸과 이런 대화를 나눈 적이 있다.

나 : 윤서야, 학교에서 어떤 수업을 받고 싶어?

딸 : 재미있는 수업!

나 : 재미있기만 하면 되는 거야? 그래도 수업인데 배우는 것도 있어야 하지 않을까?

딸 : 재미있고 배우는 것도 있으면 되잖아. 어떻게 하면 되는지, 엄마 학교의 언니 오빠들한테 물어봐야지. 내가 재미있는 거랑 언니 오빠들이 재미있는 건 다를 것 같은데. 나는 수업 시간에 종이랑 연필만 쓰는 건 지루해서 별로야. 몸으로 배우는 게 좋아. 연필이랑 종이는 맨 마지막에만 쓰라고 하면 좋겠어.

딸아이의 말이 내게 긴 여운을 남겼다. 교실에서 만나는 학생들과도 대화를 할 필요가 있겠다는 생각이 들었다. 그것도 가능하다면 한 학기 이상의 교과 운영(진도, 수업, 평가 등)에 대한 기본 제안서를 보여주고, 수업 전반에 대한 의견과 예측되는 강점과 약점을 솔직하게 듣고 공유해야겠다고 결심했다. 이런 판단에 따라 3월 1주차, 7월 2주차, 9월 1주차, 12월 3주차에 학생들과 학기별 교과 교육과정 운영에 대한 의견을 나누었다.

이 과정을 거치면서 기존에 제안한 운영안에 새로운 수업 활동에 대한 아이디어가 더해졌고, 수행평가의 항목과 단계도 조정했다. 그리고 학생들에게 도전해볼 가치가 있는 협업 프로젝트를 제안하고 동의를 구했는데, 예를 들어 사회 참여 수업, 모의재판 연극 수업, 의회식 토론 수업처럼 시민으로서의 역량을 체득하기 위해 단계적으로 누적해가는 활동이었다. 중학생 대상의 프로젝트로서는 다소 낯선 내용이라서, 실제로 학생들은 뭔가 재미있어 보이기는 하는데 자신이 없다며 '우리가 과연 할 수 있을까요?'라는 반응을 보였다. 나는 환하게 웃으며 용기를 북돋아주었다. "괜찮아, 어렵지 않을 거야. 우리끼리 하는 건데 뭐 어때, 선생님이 열심히 도와줄게."

늘 만족스러운 수업을 할 수 있다면 좋겠지만 그게 뜻대로 되지는 않는다. 실패한 수업은 또 그대로 성장의 나이테처럼 자연스러운 것이라 여기기에, 중요한 것은 실패했을 때도 용기를 잃지 않는 것, 다시 시도하는 것이라고 생각한다. 나는 "얘들아, 같이 해보자!"를 반복하며 두려움을 이기려고 애쓴다.

3. 작은 것부터 하나씩 교육과정을 만들다

(1) 교육과정 개발을 위한 기초 자료

해마다 2월이면 학교는 교사들로 북적인다. 아직 겨울방학인데도 새 학년을 준비하는 교육과정 준비 기간에 돌입하기 때문이다. 이 기간에 전 교직원은 학교의 비전을 공유하고, 이를 실현하기 위한 한 해의 학년·교과 수준 교육과정을 마련하고, 교과마다 교육과정의 틀을 구안한다. 앞에서도 말했듯이 교사의 교과 교육과정은 학교 교육과정을 기반으로 하기에, 교사는 교육과정에 대한 전문성과 자율성 못지않게 학교 구성원으로서의 공동체성을 지녀야 한다. 학교 교육과정과 교과 교육과정을 해석하고, 반영할 요소(내용)들을 추출한 다음 학생, 교사, 교육 여건 등 기본 학습 요인을 분석한 내용을 교육과정 디자인의 기초 자료로 삼는다.

남수원중학교 교육과정

비전	교육 목표	노력 중점	교육과정 반영 내용
따뜻한 인성과 뛰어난 창의성으로 함께 성장하는 남수원 교육	세계인 실력인 도덕인 창조인 건강인	따뜻한 품성의 인성 교육 강화, 학습자 중심 교과 교육과정 운영	따뜻한 시민적 인성[1]을 키우는 남수원중학교 역사 교육과정

교과 교육과정에 시민적 인성 및 역량 요소 반영

구분	내용	교육과정 반영 내용
성격	– 과거와 현재, 우리나라와 세계의 역사를 연관하여 이해한다.	– 한국사와 세계사의 상호 영향 및 발전을 이해하여 세계시민적 역량 함양
역량	– 역사 사실 이해 – 역사 자료 분석과 해석 – 역사 정보 활용 및 의사소통 – 역사적 판단력과 문제 해결 능력 – 정체성과 상호 존중	– 역사 용어·개념 이해 – 역사 자료 비판 검토 및 역사 지식 구성 – 역사 정보 분석·토론·종합·평가
목표	– 우리나라와 세계 역사의 주요 사실과 개념을 이해하고 상호 연관성을 파악한다. – 주제를 중심으로 한국사와 세계사의 정치적 흐름을 이해한다. – 오늘날 사회가 직면한 문제의 역사적 배경과 상호 관련성을 파악하여 현대 세계와 우리나라에 대한 이해를 확대한다.	– 한국사와 세계사의 상호 연관성을 이해 – 역사적 문제에 대해 비판적 사고와 문제 해결 능력을 함양 – 세계시민으로서 서로의 문화를 존중하는 민주적·평화적 태도 육성

---

1 남수원중학교의 학교 비전·목표·노력 중점을 해석해보면 첫째, 따뜻한 인성이라는 상호 관계적 표현은 공존이라는 큰 가치를 내포하고 있다고 분석했다. 둘째, 뛰어난 창의성의 학습자 중심 교육은 시민으로서 삶의 문제 해결 역량을 함양하는 것이라 이해했다. 이를 결합하여 공동체적 삶(공존)으로 살아가고자 하는 '따뜻한 시민적 인성을 키우는 남수원중학교 역사 교육과정'으로 맥락을 잡았다. 도출 과정에는 평소 '더불어 살아가는 시민을 실천하는 역사 교실'을 꿈꾸는 교사의 교육철학이 깔려 있다.

목표	- 다양한 역사 자료를 비교, 분석하고 유추하여 역사적 사실을 종합적, 맥락적으로 이해하는 역사적 사고력을 기른다. - 스스로 문제의식을 가지고 다양한 역사 자료를 검토하는 비판적 사고와 문제 해결 능력을 기른다. - 시간과 공간 속에서 서로 다르게 나타나는 문화와 전통, 가치를 존중하고, 민주적이고 평화적인 가치를 존중하는 자세를 기른다.	

기본 학습 요인 분석

		분석 내용
학생	강점	- 안정된 가정환경(사회적·경제적 환경)을 배경으로 따뜻한 품성을 소유한 학생이 많다. - 자기 목소리를 잘 내고, 타인의 목소리에 귀 기울일 줄 아는 태도를 갖춘 학생이 많다. - 기본 학습 역량을 고르게 갖추고 있으며, 교실에서 학습 태도도 준수한 편이다.
	약점	- 배움에 대한 목표나 진로에 대한 자기 그림이 불명확한 학생이 많다. - 학교 수업과 학원 수업을 열심히 참고 버티느라 피곤해하는 학생이 많다. - 착한 어린이처럼 생각하고 행동하는 학생이 많다. 학업 성취도에 비해 시민적 행동의 성숙함은 부족한 편이다.
교사	강점	- 열정적이다. 매년 도전 정신을 발휘해 수업과 평가 계획을 재구성한다. 학교 밖 교과 관련 활동에도 열심히 참여한다. - 교사 및 학생들과의 소통에 적극적이다. 학교 안팎의 동 교과 교사 및 학생들에게 직접 의견을 들어 수업을 최종 디자인하는 데 반영한다.
	약점	- 때로 의욕이 지나쳐서 스스로에게도 학생들에게도 부담이 될 때가 있다. 목소리가 큰 편이라 학생들의 목소리가 묻히는 경우가 있어서 조율하기 위해 꾸준히 노력하고 있다. - 동료 교사와 협업하는 과정에서 혼자만의 속도를 낼 때가 있다. 상대의 의견을 경청하고 맞추어가는 태도를 길러야 한다.
교육 여건	강점	- 26년의 역사를 가진 학교로, 지역에서 이미지가 좋은 편이다. - 경력 10년 이상의 교사가 많고, 서로 편안한 관계를 맺고 있다. - 학교장의 '공존하는 배움과 설레는 가르침'이라는 운영 철학이 학교의 비전과 잘 어우러진다. - 학부모님들이 학교 운영에 호의적이고 적극적으로 참여한다.
	약점	- 학교 문제에 대한 교사들의 자치 활동이 더 활성화되어야 한다. 교직원 회의 때 활발한 토의와 토론이 이루어지지 않는 아쉬움이 있다. - 학교 교육과정에 대한 교육 공동체적 협업(공동 연구, 공동 실천)을 할 수 있도록 시간적 여유와 물리적 공간이 필요하다.

(2) 교육과정 계획 틀 만들기 : 2022년 3학년 1학기 역사

교육과정 계획의 틀이 있다는 것은 교육과정 개발에 대한 자기만의 방식이 있다는 것이다. 교실에서 실행하는 교사 교육과정은 학교 교육과정과 맥락을 같이 하되, 여기에 교사만의 전문성을 담아야 한다. '따뜻한 시민을 꿈꾸는' 남수원중학교 역사 수업 교육과정의 틀은 다음과 같다.

월	주	배움 주제	교육과정 성취 기준	시민적 인성	수업 방법	평가 방법
3	1	역사와 삶	역사 학습의 목적을 우리의 삶과 연계하여 이해할 수 있다.	**역사와 시민적 삶**	문답 활동 설문 조사	
	2	선사 문화와 고조선의 성장	[9역07-01] 만주와 한반도 지역의 선사 문화와 청동기 문화의 특징을 다른 지역과 비교하여 이해하고, 고조선의 사회 모습을 파악한다.	**삶의 공동체**	탐구 학습 하브루타	수행 ① 논술형 평가
	3					
	4					
4	5	여러나라의 성장	[9역07-02] 철기 문화를 바탕으로 만주와 한반도 지역에서 성립한 여러 나라의 생활 모습을 설명한다.			지필 평가
	6	삼국의 성립과 발전	[9역07-03] 삼국의 성장 과정을 파악하고, 삼국 통치 체제의 특징을 탐구한다.	**공동체와 역사 문제**	탐구 학습 하브루타 미디어 플랫폼 활용 사회 참여 프로젝트	수행 ② 프로젝트 평가 정의적 능력 평가 지필 평가
	7					
	8	삼국의 문화와 대외 교류	[9역07-04] 삼국 문화의 성격을 비교하고, 대외 교류의 양상과 그 영향을 파악한다.			

<table>
<tr><td>4</td><td>9</td><td>신라의 삼국 통일과 발해의 건국</td><td>[9역08-01] 삼국 통일의 과정과 의미를 동아시아의 관점에서 분석하고, 발해 성립의 역사적 의의를 파악한다.</td><td rowspan="5">통일과 평화

다양성 공존</td><td rowspan="5">탐구 학습 하브루타</td><td rowspan="5">수행 ③ 논술형 평가 지필 평가</td></tr>
<tr><td rowspan="5">5</td><td>10</td><td rowspan="2">남북국의 발전과 변화</td><td rowspan="2">[9역08-02] 남북국 시기 통일 신라와 발해의 통치 체제의 변화 양상을 파악한다.</td></tr>
<tr><td>11</td></tr>
<tr><td>12</td><td rowspan="2">남북국의 문화와 대외 관계</td><td rowspan="2">[9역08-03] 남북국 시기 문화 내용과 대외 교류 양상을 이해한다.</td></tr>
<tr><td>13</td></tr>
<tr><td>14</td><td rowspan="2">고려의 건국과 정치 변화</td><td rowspan="2">[9역09-01] 고려의 후삼국 통일과 체제 정비 과정을 통해 고려 지배 체제의 특징을 파악한다.</td><td rowspan="7">공동체의 위기와 개혁</td><td rowspan="6">탐구 학습 하브루타</td><td>수행④ 논술형 평가 지필 평가</td></tr>
<tr><td rowspan="3">6</td><td>15</td><td rowspan="5">지필 평가</td></tr>
<tr><td>16</td><td rowspan="2">고려의 대외 관계</td><td rowspan="2">[9역09-02] 고려와 송, 거란, 여진과의 관계를 중심으로 대외 관계를 이해한다.</td></tr>
<tr><td>17</td></tr>
<tr><td rowspan="4">7</td><td>18</td><td rowspan="2">몽골의 간섭과 고려의 개혁</td><td rowspan="2">[9역09-03] 원 간섭기 고려 사회의 변화를 파악하고, 개혁 정책의 특징과 신진 사대부의 성장을 이해한다.</td></tr>
<tr><td>19</td></tr>
<tr><td>20</td><td>고려의 생활과 문화</td><td>[9역09-04] 고려 시대 사회 모습과 문화의 특징을 유물, 유적, 사례들에 기초하여 추론한다.</td><td>공동체 작품 제작</td><td>정의적 능력 평가</td></tr>
<tr><td>21</td><td>성장 발표회</td><td>1학기 역사 배움 결과물 전시회</td><td>함께 성장</td><td>전시회</td><td></td></tr>
</table>

■ 배움 주제 정하기

일반적으로 교과 교육과정의 대주제 및 소주제를 활용하거나 성취 기준을 중심으로 주제를 통합해서 정한다.

■ 내용 및 수업 시수 확보하기

주제 및 성취 기준에 따라 주요 학습 내용을 배분하고, 그에 따라 영역을 확장해서 창의적 체험 활동 또는 타 교과와 융합을 시도한다. 수업 시수는 주당 수업 가능 시수를 확인하고, 주제별·성취 기준별 수업 기간을 예측한다.

■ 수업 방법 및 평가 방법

교사는 교육과정에 대한 이해와 학생들에게 유의미한 교육적 경험에 대한 고민을 통해 각 주제별·성취 기준별 수업 방법과 평가를 설계해야 한다. 이를 위해 새 학기 첫날 학생들에게 교육과정 계획의 틀을 안내하고, 앞으로의 수업 형태 및 방법에 대한 요구 사항을 설문 조사로 수렴했다. 또 월별, 학기별로 수업 운영에 대한 소감을 받아서 다음 학기의 교육과정에 반영해나갔다.

중학생을 대상으로 진행한 역사 수업 의견 수렴 문항

- 내가 경험한 역사 수업에서 재미있었던 수업 형태/방법은?
- 내가 경험한 역사 수업에서 어려웠던 수업 형태/방법은?
- 내가 역사 수업에서 도전하고 싶은 수업 형태/방법은?
- 내가 경험한 역사 수업에서 재미있었던 수행평가는?

- 내가 경험한 역사 수업에서 어려웠던 수행평가는?

- 내가 역사 수업에서 도전하고 싶은 수행평가는?

- 나는 역사 수업을 통해 무엇을 배우고 싶은가?

따뜻한 시민을 꿈꾸는 남수원중학교 역사수업

2022. 3학년 1학기 '우리 함께 만드는 역사수업' 사전 설문지

3학년 (9)반 ( )번 이름:

○ 내가 경험한 역사수업에서 재미있었던 수업형태/방법은?

수업을 하면서 사진, 영상, PPT 등 자료를 통해서 설명해주시는 수업 형태(방법)가 역사수업에서 재미있었던 수업형태/방법입니다.

○ 내가 경험한 역사수업에서 어려웠던 수업형태/방법은?

밑줄과 필기를 애매하게 수업하셨던 방법과, 밑줄과 필기를 안해주시는 수업 형태(방법)가 역사수업에서 어려웠던 수업형태/방법입니다.

○ 내가 역사수업에서 도전하고 싶은 수업형태/방법은?

활동하는 수업형태(방법)를 역사수업에서 도전하고 싶습니다.

↳ ex) 연극하기, 만들기 등 …

○ 내가 경험한 역사수업에서 재미있었던 수행평가는?

'역사 신문 만들기' 수행평가가 역사수업에서 재미있었던 수행평가입니다

'포트폴리오' 수행평가가 역사수업에서 재미있었던 수행평가입니다.

○ 내가 경험한 역사수업에서 어려웠던 수행평가는?

수행평가 범위가 명확하지 않았던 수행평가와 글자 수를 제한하는 수행평가가 역사수업에서 어려웠던 수행평가입니다.

○ 내가 역사수업에서 도전하고 싶은 수행평가는?

'발표' 수행평가와 '포트폴리오' 수행평가를 역사 수업에서 도전하고 싶은 수행평가입니다.

○ 나는 역사 수업을 통해 무엇을 배우고 싶은가요?(지식/능력/태도)

지식을 배우고 싶습니다.

역사에 대해 자세히, 제대로 배워서 역사 지식을 키우고 싶습니다.

따뜻한 시민을 꿈꾸는 남수원중학교 역사수업

2022. 3학년 1학기 '우리 함께 만드는 역사수업' 사전 설문지

3학년 (9)반 ( )번 이름:

○ 내가 경험한 역사수업에서 재미있었던 수업형태/방법은?

역사 교과서에 나와있는 어떤 사건이 일어나게 된 계기, 배경을 풍부하게 설명해줘 이해가 잘 되었던 수업

○ 내가 경험한 역사수업에서 어려웠던 수업형태/방법은?

친구들이 각자 교과서에 나와있는 사건에 (하나) 대해 조사하고 발표하는 것으로 해당 범위를 넘겼던 수업

○ 내가 역사수업에서 도전하고 싶은 수업형태/방법은?

모둠으로 모여 발표나 신문 같은 걸 만들어보는 방법,

역사 속 사건을 재판하는 수업

○ 내가 경험한 역사수업에서 재미있었던 수행평가는?

간단한 논술형 수행 평가

○ 내가 경험한 역사수업에서 어려웠던 수행평가는?

적은 시간 안에 다양한 요소를 포함시켜 만들어야 했던 역사 신문 수행 평가

○ 내가 역사수업에서 도전하고 싶은 수행평가는?

가이드 라인과 공지가 정확하게 나오는 수행 평가,

연극이나 재판 형식의 수행평가

○ 나는 역사 수업을 통해 무엇을 배우고 싶은가요?(지식/능력/태도)

역사에 대한 풍부한 지식과 역사에서 배운 것을 (내 삶에) 활용할 수 있는 능력

따뜻한 시민을 꿈꾸는 남수원중학교 역사수업

2022. 3학년 1학기 '우리 함께 만드는 역사수업' 사전 설문지

3학년 (7)반 ( )번 이름:

○ 내가 경험한 역사수업에서 재미있었던 수업형태/방법은?

역사 수업은 대개도 설명만 듣고 끝나는 형태로 들어서 재미있었던 형태는 없었습니다.

○ 내가 경험한 역사수업에서 어려웠던 수업형태/방법은?

무작정 많은 양을 듣고 한 번에 진도를 다 나간 수업입니다!!! ㅠㅠ

○ 내가 역사수업에서 도전하고 싶은 수업형태/방법은?

역사 속 한 사건을 가지고 토론을 하였으면 좋겠습니다.

○ 내가 경험한 역사수업에서 재미있었던 수행평가는?

수행평가도 형식적으로만 되어있어서 딱히 재미있었던 수행평가는 없었습니다

○ 내가 경험한 역사수업에서 어려웠던 수행평가는?

역사책 만들기, 논술 수행평가

○ 내가 역사수업에서 도전하고 싶은 수행평가는?

역사를 바탕으로 한 수행평가

○ 나는 역사 수업을 통해 무엇을 배우고 싶은가요?(지식/능력/태도)

우리나라 뿐만 아니라 세계의 역사를 알아서 훗날에 필요하는 일들을 더 잘 이해하고 싶습니다

따뜻한 시민을 꿈꾸는 남수원중학교 역사수업

2022. 3학년 1학기 '우리 함께 만드는 역사수업' 사전 설문지

3학년 (9)반 ( )번 이름:

○ 내가 경험한 역사수업에서 재미있었던 수업형태/방법은?

전 시간에 배운 수업을 복습하는 간단한 퀴즈

다양한 자료를 이용한 활발한 수업

○ 내가 경험한 역사수업에서 어려웠던 수업형태/방법은?

무작정 외워야 하는 수업

○ 내가 역사수업에서 도전하고 싶은 수업형태/방법은?

과거를 재현하는 수업

○ 내가 경험한 역사수업에서 재미있었던 수행평가는?

과거의 사건을 골라서 역사신문 만들기

○ 내가 경험한 역사수업에서 어려웠던 수행평가는?

각 나라 정책의 장점과 단점 서술하기

○ 내가 역사수업에서 도전하고 싶은 수행평가는?

가상의 시민으로써 생활 서술하기

○ 나는 역사 수업을 통해 무엇을 배우고 싶은가요?(지식/능력/태도)

넓은 역사지식

4. '따뜻한 시민으로 성장하기'를 꿈꾸는 역사 수업

(1) 따뜻한 수업, 따뜻한 교실, 따뜻한 시민

사람은 몸이 차가워지면 살 수 없는 것처럼, 나는 사람과 사람이 만나서 함께 살아가는 일도 따뜻해야 한다고 생각한다. 따뜻한 시민적 인성을 갖추는 것은 우리 사회를 건강하고 행복하게 만드는 자양분이기도 하다. 나는 또 학생들이 수업을 통해서 함께 살아가는 타인의 삶을 헤아릴 줄 아는 따뜻한 시민적 역량을 갖추기를 꿈꾼다.

역사는 시간과 공간을 축으로 인간의 삶이 역동적으로 이어지는 것을 공부하는 교과이다. 보다 나은 삶을 살고자, 보다 좋은 사회를 만들고자 애써온 과거의 사람들에게 공감하며, 지나온 현실을 비추는 거울을 통해 현재를 살고 미래를 내다보는 지혜를 얻어야 한다. 그렇게 역사의 배움을 엮어가다 보면 결국 행복한 삶을 살기 위해서는 참여와 연대가 중요하다는 것을 깨닫게 된다. '따뜻한 시민을 꿈꾸는' 남수원중학교의 역사 수업은 말 그대로 함께 살아가는 따뜻함을 깨우치기 위한 수업이었다.

첫 주에는 '역사를 왜 배워야 하는가?', '역사는 나와 우리의 삶에 어떤 의미가 있는가?'라는 질문에 대답하며, 편안하게 자신과 타인의 목소리에 귀를 기울여보는 시간을 가졌다. 역사 수업에 대한 의미와 가치를 찾기 위한 필수 관문에 해당하며, 특히 올해처럼 새 학교에서 새 학기를 맞이하는 3월에는 천천히 서로의 배움 호흡을 맞춰볼 필요가 있었다. 교사인 '나'와 학습자인 '학생들'의 배움을 하나로 엮으며, 어색한 분위기를 누그러뜨리고 한데 어우러지기 위한 과정이기도 했다. 서로에 대한 이해도를 높이고 배움을 행복하게 만들기 위한 수업에서, 나는 학생들에게 다음 두 가지 기억을 담아보도록 안내했다.

> 나의 기억에 담다 : 나에게 오늘 가장 흥미로웠던 내용은?
> 우리의 기억에 담다 : 우리(공동체)에게 오늘 의미가 있었던 내용은?

'학생들의 희망을 담은' 소확행 역사 수업 활동지(3월 호흡 맞추기)

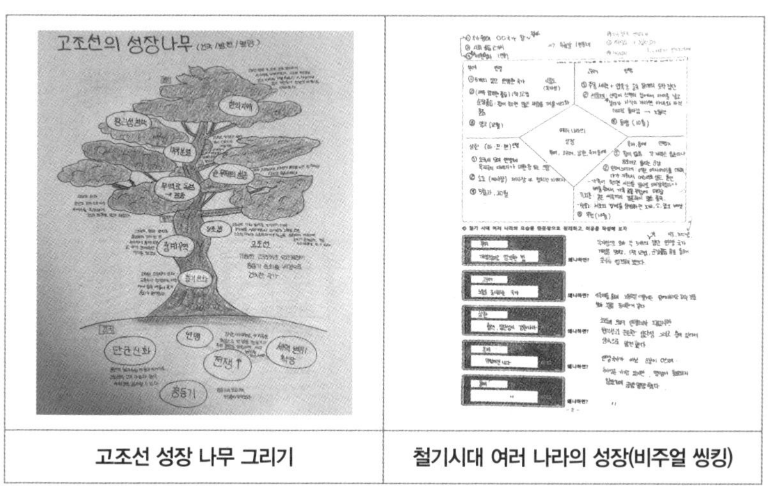

고조선 성장 나무 그리기	철기시대 여러 나라의 성장(비주얼 씽킹)

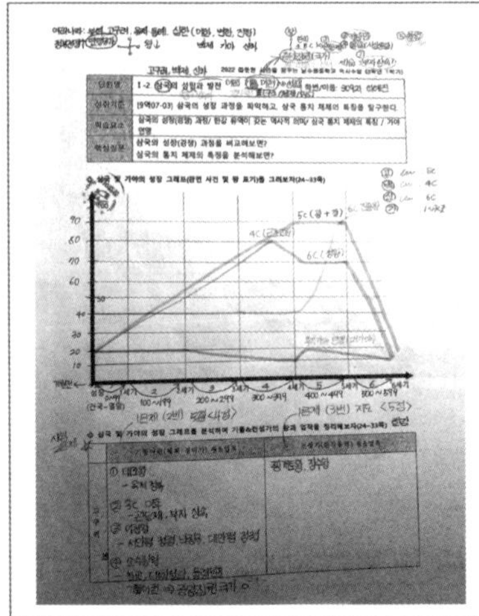

삼국 및 가야 성장 그래프 그리기

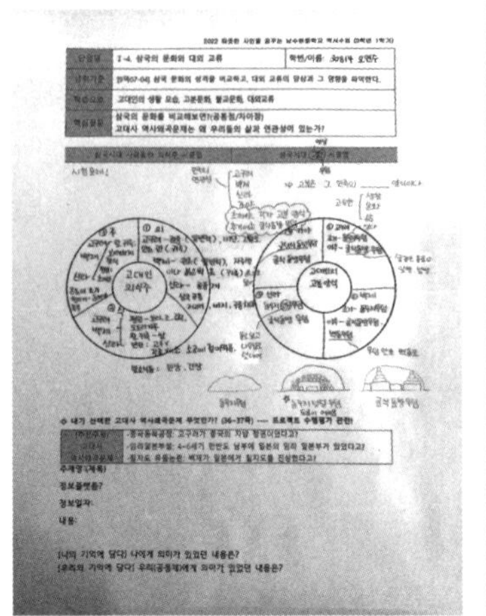

삼국의 문화(비주얼 씽킹)

역사교과소통방
(학급별 역사오픈채팅방 개설)

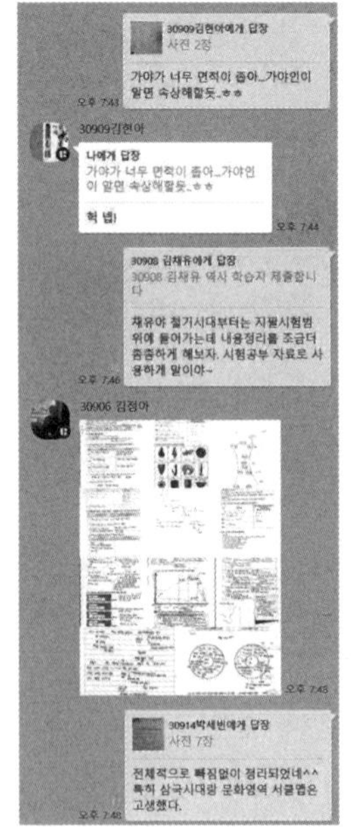

역사오픈채팅방에서
개별 활동지 피드백하기

(2) 우리 교실만의 수업 계획 틀 만들기

나만의 수업 계획 틀이 있으면 수업의 흐름을 쉽게 파악하고 준비할 수 있다. 또 학생의 앎과 성장이 이어질 수 있도록 교육과정-수업-평가-기록의 일체화를 기준으로 틀을 잡으면 맥락이 있는 수업을 진행할 수 있고, 그 과정을 성찰하는 데도 도움이 된다.

나는 역사 수업이 학생들을 따뜻한 시민으로 성장하도록 도와야 한다는 지향점을 가지고 있었기에, 교과 교육과정을 디자인하는 단계부터 배움 주제와 시민적 인성(역량)을 어떻게 연결할 것인지를 염두에 두었다. 아울러 이러한 배움을 어떻게 과정 중심 평가로 담아낼 것인지에 대한 고민도 컸다. 또 너무 어렵지도 너무 가볍지도 않은 평가 도구를 매개로 지속적인 피드백이 가능할 때 성장의 걸음이 멀리까지 갈 수 있다는 판단에 따라 전 과정을 디자인했다. 다음은 새 학기 첫 주에 학생들을 대상으로 실시한 설문 조사 결과를 토대로 역사 수업에 대한 희망 사항 일곱 가지를 정리하고, 이를 바탕으로 디자인한 '사회 참여 프로젝트' 활동을 포함한 교수·학습 운영 계획이다.

학생들의 역사 수업에 대한 7가지 희망 사항

- 역사적 사건 및 문제에 대해 토론하는 수업
- 과거의 진실을 찾는 수업, 새로운 역사를 찾는 수업
- 연극하기, 책자 만들기, 발표하기 등 몸으로 활동하는 수업
- 여러 가지 자료를 활용하여 역사를 이해하고 탐구하는 수업
- 우리의 삶이 과거의 어떤 희생으로 얻어졌는지 알아가는 수업
- 정답이 없는 나의 생각과 목소리를 글과 영상 등으로 표현하는

수업

- 현재와 미래를 올바르게 이해하여 삶의 문제에 더 좋은 선택을 할 수 있는 수업

■ 학생들의 수업에 대한 희망을 담은 '사회 참여 프로젝트'

역사 수업에 대한 학생들의 희망 사항은 진도 중심의 수업, 정답이 정해진 수업에 대한 불만에서 비롯했다. 나는 학생들의 이러한 반응을 바탕으로 교사로서 설계하고자 했던 수업의 형태 및 평가 중에서 가장 적합하다고 여기는 모델을 찾아나갔다. 그것은 과거에서 현재까지 이어지는 역사 문제를 우리의 삶으로 가져와서 사회 참여 활동으로 실천하는 것이었다. 학생들의 입장에서는 다소 낯선 시도일 수도 있었지만, 동료 교사와 함께 적정 수준을 논의하면서 수업을 하나하나 디자인하고 수정해나갔다.

중학교 3학년 역사 교과 총 6차시 교수·학습 운영 계획

단원	I. 선사 문화와 고대국가의 형성
수업 주제	고대사 관련 역사 왜곡 문제 함께 바로잡기
핵심 역량	- 역사 정보 활용 및 의사소통 능력 - 역사적 판단력과 문제 해결 능력 - 정체성과 상호 존중, 협업 능력
포괄적 핵심 질문	역사 문제를 해결하기 위해 시민으로서 무엇을 해야 할까?
시민적 인성 요소	존중, 배려, 소통, 연대, 공존, 협력, 창의

<table>
<tr><td rowspan="2">교육과정 재구성 / 성취 기준</td><td rowspan="2">역사 2</td><td rowspan="2">Ⅰ. 선사 문화와 고대국가의 형성</td><td>[9역07-03] 삼국의 성장 과정을 파악하고, 삼국 통치 체제의 특징을 탐구한다.</td></tr>
<tr><td>[9역07-04] 삼국 문화의 성격을 비교하고, 대외 교류의 양상과 그 영향을 파악한다.</td></tr>
<tr><td rowspan="5">배움 활동</td><td>차시</td><td>수업 및 평가</td><td>비고</td></tr>
<tr><td>1~3차시</td><td>삼국의 성장 과정·통치 체제·문화·대외 교류 탐구하기</td><td>– 탐구 학습
– 하브루타</td></tr>
<tr><td>4차시</td><td>– 미디어 플랫폼 활용 개별 자료 조사 활동
– 고대사 관련 역사 왜곡 문제 정보 탐색·평가·신뢰도 확인·통합</td><td rowspan="3">– 수행평가 활동
– 미디어 리터러시[2]
– 발표 학습</td></tr>
<tr><td>5차시</td><td>– 모둠 계획서 작성 : 개별 자료 조사 활동의 정보를 공유하고 소통하며 모둠 계획서를 완성한다.
– 개인 계획서 작성 : 모둠 계획서의 내용을 바탕으로 자신의 SNS를 활용한 사회 참여 활동 계획을 세운다(SNS별 언어적 특성 등을 고려하여 정보 공유를 위한 다양한 전략과 방법을 이용한다).</td></tr>
<tr><td>6차시</td><td>– 사회 참여 활동 결과물 발표하기(학급별 '역사오픈채팅방'에 사회 참여 활동 실천 결과물을 공유하고, 내용을 발표한다).
– 사회 참여 활동 프로젝트 소감 나누기</td></tr>
</table>

<table>
<tr><td rowspan="2">수업 흐름도</td><td>개념 학습</td><td>개별 자료 탐구</td><td>계획서 작성</td><td>내 삶과 연계</td></tr>
<tr><td>– 탐구 학습
– 하브루타
– 피드백하기</td><td>– 미디어 플랫폼 활용
– 정보 탐색·분석·통합
– 피드백하기</td><td>– 모둠 계획서 작성
– 개인 계획서 작성
– 피드백하기</td><td>– 사회 참여 활동 실천
– 소감 나누기
– 상호 평가 및 피드백하기</td></tr>
</table>

평가 영역	내용	– 인지적 영역 : 역사적 판단력과 문제 해결력, 정보 탐색·분석·통합·공유 – 정의적 영역 : 의사소통 능력, 협업 능력, 타인에 대한 배려와 존중
	방법	개별 자료 조사 평가, 계획서 평가, 발표 평가, 교사 관찰 평가

■ 프로젝트 수업의 의도 : 우리의 삶으로 역사적 문제를 바라보다

한국사와 세계사에는 아주 오래전부터 현재까지 이어져 있는 역사 문제가 산재한다. 역사 왜곡, 인종·성별·문화 차별, 난민, 국제 분쟁 등 다양한 공간에서 서로의 삶에 영향을 주고받는 문제들이다. 이런 주제를 학생들이 직접 찾아서 알아보도록 사회 참여 프로젝트로 설계하면, 과거의 일이 과거로 끝나지 않았다는 것, 다른 나라의 일이 우리 일이 될 수도 있다는 것을 깨닫게 하는 수업을 구성할 수 있다. 2015 개정 교육과정 중학교 3학년 1학기 역사 과목에는 고대사와 관련한 역사 왜곡 문제가 중국, 일본 등과 연관해서 등장하는데, 이를 주제로 여운이 남는 공동체적 사회 참여 수업을 기획해볼 수 있다.

■ 교육과정-수업-평가-기록의 일체화 : 미디어 리터러시에 기반한 사회 참여 프로젝트

교과서의 '7. 선사 문화와 고대국가의 형성'에서는 한국과 동아시

---

2 미디어 리터러시는 미디어 활용 능력과 더불어 사회적 실천이라는 함의를 지닌다. 따라서 개인 능력이 아닌 사회적 활동이다. 미디어 리터러시 교육은 1980년대 후반 영국과 캐나다에서 핵심 개념 중심의 교육과정 개발을 통해 체계화되었고, 현재는 유네스코나 유럽연합 등에서 미디어로 인해 발생하는 불평등을 해결하고, 미디어 환경에 적극적으로 참여할 수 있는 비판적 시민을 양성하기 위해 정책적으로 지원, 장려하고 있다(김아미, 미디어 리터러시 교육의 이해, 2015.).

아 지역이 상호 영향을 주고받으며 발전하고 충돌했음을 살펴볼 수 있다. 특히 고대사의 고구려사, 신라사, 발해사의 경우 중국 및 일본에 의한 역사 왜곡 문제가 지금까지 이어지고 있으며, 오늘날 외교·경제·사회 문제로까지 심화되는 것을 알 수 있다. 우리의 삶과 맞닿아 있는 역사 문제를 바로 알고 바로잡는 시민 역량을 함양하기 위한 교육과정-수업-평가-기록의 일체화 구상은 여기서 나왔다. 이 구상의 매개가 되어준 것은 학생들이 일상생활에서 매일 사용하는 디지털 기반의 미디어 플랫폼으로, 유튜브 등을 통해 관련 역사적 사실을 분석·비평하는 과정에 함께 참여하고, 이를 평가하고 피드백하는 것을 개요로 잡았다. 이 과정에서 학생들이 지식에 대한 주권자로서 공동체의 문제를 실천하는 시민으로서의 역량을 키울 수 있기를 기대했다.

■ 사회 참여 프로젝트의 실현 : 개별 조사→활동 계획서 작성→사회 참여 실천 및 발표

1단계 개별 조사는 미디어 플랫폼을 활용해서 중국 및 일본과 관련한 우리나라 고대사 역사 왜곡 문제를 탐색하고 분석하는 것이다. 이 과정에서 정보를 바로 읽고 통합하는 활동도 같이 했다. 2단계 계획서 작성은 앞으로 실천할 사회 참여를 위한 사전 활동으로, 개별 자료 조사를 통해 수집한 역사 왜곡 문제의 정보를 정리하는 것이다. 먼저 모둠원들이 고대사 역사 왜곡 문제의 세부 주제를 확정하고, 어떻게 알리고 바로잡을 것인지에 대한 정보를 공유했으며, 이를 토대로 개인의 견해를 덧댄 계획서를 작성하도록 했다. 3단계 사회 참여 활동 결과물 발표는 학생들에게 익숙한 개별 SNS를 통해 고대사 역사 왜곡 문제 바로

알리기를 실천하고, 그 장면을 캡처해서 결과물로 제출하도록 했다. 결과물은 3월에 개설한 학급별 '역사오픈채팅방'에도 올리도록 했으며, 모둠별로 발표도 진행했다. 마무리 활동으로 이루어진 프로젝트에 대한 소감문도 역시 역사오픈채팅방에 올려서 공유하도록 했다.

소통하고 공유하며 배우는 사회 참여 프로젝트 활동

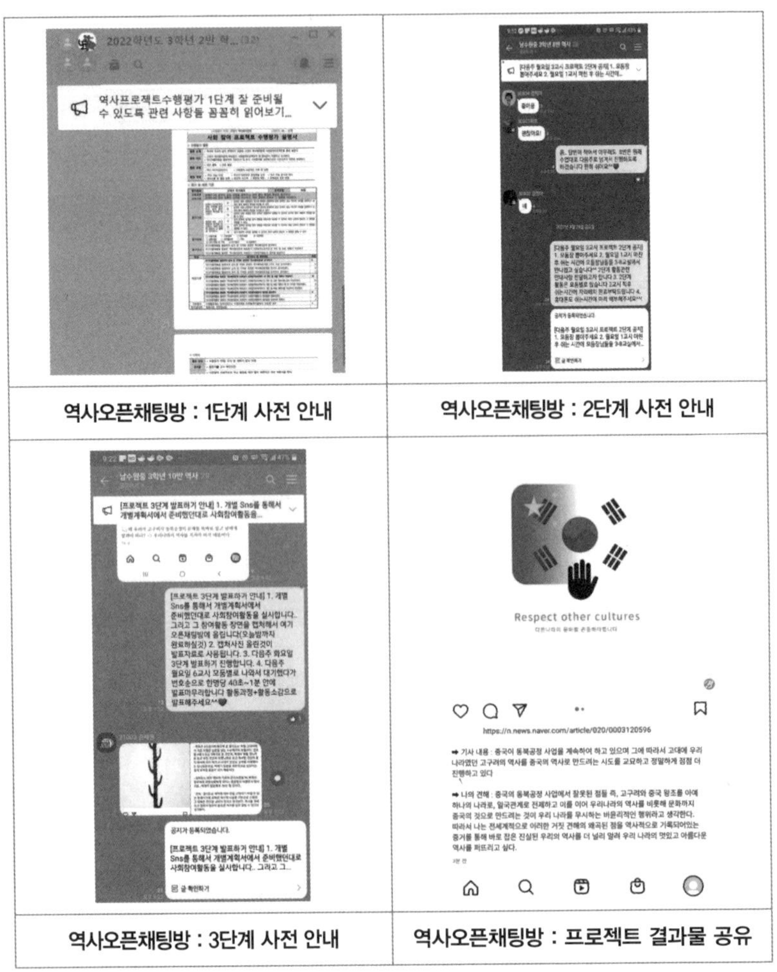

역사오픈채팅방 : 1단계 사전 안내

역사오픈채팅방 : 2단계 사전 안내

역사오픈채팅방 : 3단계 사전 안내

역사오픈채팅방 : 프로젝트 결과물 공유

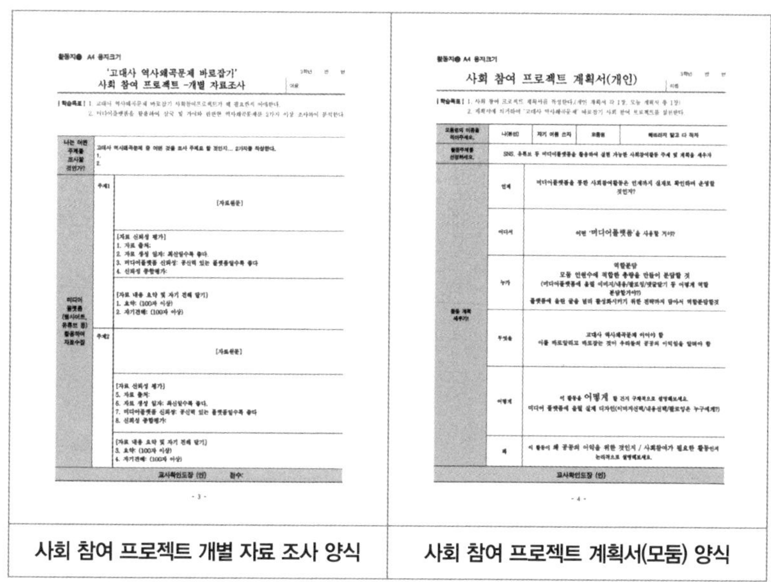

'고대사 역사왜곡문제 바로잡기'
사회 참여 프로젝트 -개별 자료조사

[자료원문]

[자료 신뢰성 평가]
1. 자료 출처:
2. 자료 생성 일자: 최신일수록 좋다.
3. 미디어플랫폼 신뢰성: 공신력 있는 플랫폼일수록 좋다
4. 신뢰성 종합평가:

[자료 내용 요약 및 자기 견해 밝기]
1. 요약: (100자 이상)
2. 자기견해: (100자 이상)

교사확인도장 (인) 점수:

- 3 -

사회 참여 프로젝트 계획서(개인)

역할분담
모둠 인원수에 적합한 총량을 만들어 분담할 것

어떤 '미디어플랫폼'을 사용할 거야?

이 활동을 어떻게 할 건지 구체적으로 설명해보세요.

교사확인도장 (인)

- 4 -

사회 참여 프로젝트 개별 자료 조사 양식	사회 참여 프로젝트 계획서(모둠) 양식

■ 과정 피드백[3]

개울을 잘 건너려면 징검다리가 필요한 것처럼, 과정 피드백은 배움의 처음-중간-끝까지 학생의 학습과 성장을 돕기 위한 디딤돌 역할을 한다. 다음은 배움 과정에 따른 피드백의 예시이다.

---

3 이 프로젝트 수업은 다양한 협업으로 진행했다. 역사적 사실을 기반으로 이루어지기 때문에 역사적 사실 이해에 어려움을 겪는 경우에는 다음 활동으로 연결하기가 어렵다. 이럴 때는 관찰 평가를 통해 학생들에게 사실에 대한 다양한 자료를 제시하며 피드백을 해주었다. 프로젝트 중간에는 동료 평가를 실시하여 서로의 배움과 성장을 돕도록 하여 결과물의 완성도를 높였다. 또 교사는 학생에 맞는 피드백을 통해 학업 성취감을 느끼도록 했고, 보완 의견을 통해 사고의 확장이 이루어지도록 했다.

과정	활동 내용	상황	피드백 예시
생각 만들기	삼국의 성장 과정·통치 체제·문화·대외 교류 탐구하기	잘함	삼국과 가야의 성장 과정을 자료를 찾아 분석하고 비교할 수 있도록 유도한다.
		미흡	삼국과 가야의 성장 과정과 통치 체제와 관련한 영상 및 사진 자료를 제시하고, 내용을 파악할 수 있도록 조력한다.
생각 나누기	미디어 탐구 활동	잘함	미디어 플랫폼을 통해 자신이 원하는 정보를 탐색·분석·통합할 수 있도록 유도한다.
		미흡	미디어 플랫폼을 활용하는 방법을 안내하고, 정보 탐색의 즐거움을 찾도록 독려한다.
사회 참여 실천	사회 참여 실천 계획 세우기	잘함	선택한 미디어 플랫폼의 특성에 따라 사회 참여 실천 계획을 세워, 보다 많은 사람의 참여를 이끌어낼 수 있도록 격려한다.
		미흡	사회 참여 활동에 용이한 미디어 플랫폼을 선택할 수 있도록 조력한다.
	사회 참여 실천하기 (결과물 발표하기)	잘함	역사 왜곡 문제를 바로잡기 위한 시민적 메시지를 공유하고, 이후 반응에 대한 성찰을 해볼 수 있도록 유도한다.
		미흡	모둠원과의 협업을 통해 역사 왜곡 문제를 바로잡기 위한 정보를 공유할 수 있도록 기회를 제공한다.

(3) 배움의 과정을 담아서 평가하기

이전 학교에서 있었던 일이다. 어느 날 눈가가 벌겋게 달아오른 ○○이가 교무실로 나를 찾아왔다. 3학년 6반의 회장이기도 한 ○○이는 공부도 열심히 하는 모범생이었는데, 평소와는 다른 기색에 깜짝 놀랄 수밖에 없었다. ○○이는 보조 의자에 앉자마자 "선생님, 왜 공부해야 해요?" 하고 묻더니, 너무 힘들고 공부하기 싫다면서 펑펑 울었다. 이야기를 들어보니, 평소에도 공부에 대한 스트레스를 많이 받고 있었는데 최근에 과목별로 쏟아져나온 수행평가 결과를 보고는 벽에 부딪힌 것처럼 눈앞이 캄캄해졌다는 것이다. 생각해보면 나도 그 나이 때는 공부가 즐겁지 않았고, 시험 결과에 따라 눈치를 보며 이리저리 치였던 것 같다. 열심히 공부하면 나중에 어른이 되어 잘 살 수 있을 거라고 생각했는데, 행복해질 수 있을 거라고 믿었는데, 지금 이 자리에 있는 나도 힘들기는 마찬가지였다.

학생들은 지금의 배움이 '인격적 존재로서 자신을 성장하게 한다'는 사실을 지속적으로 확인받아야만 공부에 대한 확신을 가질 수 있고, 평가에 대한 필요성을 인식할 수 있다. 따라서 교사는 학생들이 배움의 효용성을 느낄 수 있도록 그리고 물 흐르듯 자연스럽게 성장을 확인할 수 있도록, 어떻게 과정 중심의 평가를 할 것인지에 대해 끊임없이 고민해야 한다.

■ 2월, 평가 계획 세우기

올해부터 새로 근무하고 있는 학교에는 경력이 오래된 교사가 많다. 교사 경력 16년째인 나는 거의 막내급에 속해서, 이전 학교에서와 달리 내가 나서서 이끌어야 한다는 부담감은 줄어들었다. 그래서인지 1학기 동안 어떤 수업을 하고 싶은지, 어떻게 평가를 디자인하고 싶은지 편하게 나의 바람을 전했고, 동료 교사들의 의견을 들었다. 그런 다음 의견을 반영해서 평가 계획을 수정했다. 특히 교실 수업 활동과 평가를 일체화하기 위해 배움 활동지를 조율해서 공동으로 사용하기로 했으며, 수행평가를 위한 협업 과정에 대해서도 논의했다.

평가 종류	지필 평가	수행평가			
반영 비율	40%	60%			
영역	선택형	선사 문화와 고조선	고대사 역사 왜곡	삼국 통일과 발해	고려의 건국과 정치 변화
		논술형	프로젝트	논술형	논술형
영역 만점 (반영 비율)	100점 (40%)	10점 (10%)	20점 (20%)	15점 (15%)	15점 (15%)
논술형 평가 반영 비율	-	10%	-	15%	15%
평가 시기	7월 1주	3월 4주	4월 2주 ~ 4월 4주	5월 4주	6월 2주

■ 3월과 4월, 즐거운 평가 만들기

학생들은 3월 첫 주 역사 수업과 평가가 끝나자, 논술형 수행평가를 타 교과는 20% 반영 비율로 2회 실시하는 경우가 많은데, 왜 3회 실시하는지에 대해 두 가지 문제를 제기했다. 하나는 논술형 수행평가를 위해 별도의 준비를 하는 것이 힘들다는 점, 또 하나는 논술형 시험에 익숙지 않아서 부담스럽다는 것이었다.

나는 앞으로 수업에서 역사 논제에 대해 생각하고 표현할 수 있는 기회를 충분히 제공할 거라는 안내를 했다. 실제로 3월부터 다양한 탐구 활동으로 역사 문제를 분석했고, 이와 관련해서 자신의 생각을 작성하거나 2명 또는 4명이 서로 생각을 나누고 통합하는 과정을 반복했다.

그리고 학생들에게 논술은 삶의 주권자로서 생각하고 표현하는 역량을 키우는 매우 유용한 방식이므로 논술형 평가를 즐겨보자고 설득했다. 이것은 동료 교사와 논술형 평가를 2회로 할지, 3회로 할지 고민할 때 합의한 내용이기도 했다.

학생들은 자신들의 삶과 관련 있는 역사 문제를 조사하고, 토의·토론하고, 발표하는 평가를 원하기도 했는데, 이를 반영해서 진행하기에 가장 좋은 수업이자 평가가 곧 프로젝트 수행평가라고 판단했다. 실제로 프로젝트는 조사-계획-실천-발표로 이어지는 매 과정마다 학생들이 평가와 피드백을 받을 수가 있어서, 성취에 대한 지속적인 확인과 성찰이 가능한 활동이자 평가였다.

하지만 프로젝트 수업 및 평가에 대한 경험이 없는 일부 학생들은 낯섦에서 오는 불안감을 표현하기도 했다. 나는 학생들이 충분히 이해하고 기대감을 가질 수 있도록 '사회 참여 프로젝트 설명서'를 따로 제작해서 개별 안내 및 배부를 하고, 역사오픈채팅방을 통해서도 매 단계마다 격려하고 지원했다. 이러한 과정이 교사-학생 간 신뢰라는 튼튼한 울타리를 구축함으로써 안전하고 건강한 평가, 즐거운 평가를 만들어냈다고 생각한다.

학생들의 평가 결과물에 피드백으로 배움 더하기

2022학년도 1학기
역사 논술 수행평가 답안지

신석기 시대는 ... 청동기 시대는 비파형동검과 같은 동검이 발달하여 이를 관리하는 지배자가 생겼고 사유재산이 나타나며 계급이 발생했다.

2. 고조선의 8조법 중 (나)의 '남에게 상처를 입힌 자는 곡식으로 갚는다'에서 ... 알 수 있다. (다)의 '도둑질한 자는 노비로 삼는다. ... 받으려면 50만 전을 내야한다'에서 '노비'를 통해 계급사회임을, '50만 전'을 통해 화폐를 사용하였음을 알 수 있다.

3. 나는 고대사회의 엄격한 법이 사회질서 유지에 도움이 된다고 생각한다. ... 한 국가나 사회에서는 ... 기관이 되어 모두가 지킬 수 있는 규범이 있어야 한다고 본다.
그런데 만약 법이 약하다면 법의 필요성을 줄어들고 법의 본질적인 의미도 사라질 것이다. 또한 피해자의 보상과 가해자의 처벌이 제대로 이루어지지 않을 것이라고 생각한다.
그래서 법이 엄격하다면 그에 따른 처벌도 엄격할 것이기에 모두가 처벌을 피하기 위해서 법 준수를 위해 노력할 것이라 생각한다.
따라서, 고대사회의 엄격한 법은 사회질서 유지에 도움이 된다고 생각한다.

논술형 수행평가 피드백 1	논술형 수행평가 피드백 2

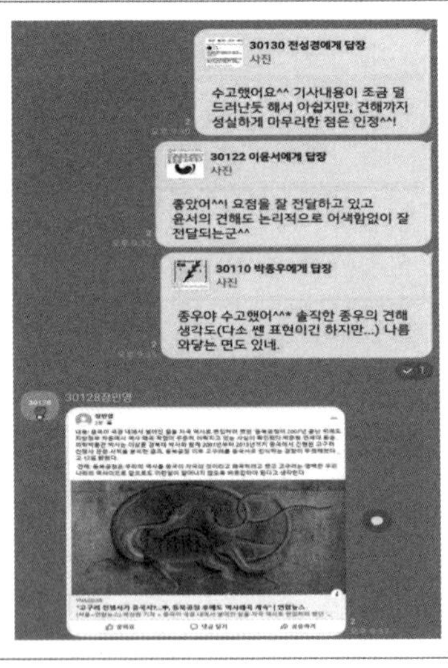

프로젝트 수행평가(발표 자료) 피드백 1	프로젝트 수행평가(발표 자료) 피드백 2

5. 마치며 : 건강한 다육이를 닮은 교사가 되고 싶다

이전에 근무한 중학교에는 다육이가 많았다. 코로나로 인해 일상이 엉켜버리자 학생들의 시간이 메말라가는 것을 안타깝게 여긴 미술 선생님이 교과 연계 활동으로 생명력이 강한 다육이를 심어서 키웠기 때문이다. 나도 학생들과 학교 화단과 교무실, 교실 등에 다육이를 심을 때마다 건강한 일상이 하루 빨리 돌아오기를, 학교에 다시 활발한 배움이 일어나기를 기도했다. 그리고 날이 갈수록, 별로 예쁘지도 않은 것 같은데 자꾸 봐달라는 듯 그 자리를 지키고 있는 다육이가 눈에 들어오기 시작했다.

그렇다, 나는 시행착오가 많은 교사이고 다듬어지지 않은 교사이다. 어디로 튈지 모르는 열정 때문에 늘 좌충우돌하면서 다양한 수업을 시도했다가 많이도 실패했다. 아무래도 나는 마르고 거친 다육이를 닮은 것 같다.

그런 내가 좌절하고 힘들어할 때마다 나를 일으켜 세워준 것은 동료 교사와 학생들이었다. 여기서 만족해야 하나, 주저앉고 싶을 때마다 따뜻하게 손 내밀어준 이도 동료 교사와 학생들이었다. 그 손은 내게 언제나 지팡이처럼 단단했다.

교사로서 건강하다는 것은 교수·학습 활동에 얼마나 전문적인가, 교육과정을 디자인하는 데 충분히 자율성을 발휘할 수 있는가, 학생들의 배움과 성장에 기꺼이 함께할 의지가 있는가를 의미한다고 생각한다. 교실에서 만나는 학생들의 현재 삶의 상태와 요구를 가장 잘 헤아리며, 그들의 배움과 성장에 대해 가장 잘 아는 사람도 늘 가까이에서 시간을 함께 보내는 교사일 것이다. 그러니 교사는 이 모든 것을 교육과정에 녹여내야 한다. 국가 수준 교육과정과 지역 수준 교육과정을 분석하고, 학교 교육과정을 반영해서 교사 교육과정을 실행해야 한다.

그런데 이 모든 것을 혼자 하기는 어렵고, 혼자 버텨내기는 더 힘들다. 동료 교사들과 함께 고민을 나누고 연구해야만 한다. 나는 어떤 상황에서도 제 빛깔을 잃지 않으며 생명력을 뽐내는 건강한 다육이 같은 교사가 되고 싶다. 그리고 그 길을 동료 교사들과 함께 가고 싶다.

김덕년 / 구리 인창고등학교 교장

교육계에서 풀어야 할 수많은 과제를 우리 아이들의 시각으로 해결하려고 한다. 현재 인창고등학교 교장이다. 연세대 교육대학원 국어교육과에서 국어를 공부하고, 온배움터(옛 녹색대) 생태교육과에서 생명이 중심이 되는 교육 생태계를 고민했다. 영원히 꿈꾸는 교사이고 싶은 교육 낭만주의자. 지은 책으로 《학교야, 훨훨 날자꾸나》, 《학교에는 꿈꾸는 아이들이 있네》, 《교육과정-수업-평가-기록 일체화》, 《과정중심평가》, 《포노사피엔스를 위한 진로교육》 등이 있다.

정윤리 / 수원 경기과학고등학교 교사

한국교원대학교에서 교육 혁신 전공으로 석사 학위를 취득했고, 현재 경희대학교 일반대학원 교육학과(교육과정) 박사 과정에 있다. 현직 교사로서 혁신학교를 경험했고, 지금은 경기과학고등학교에서 영재학교를 경험하고 있다. 교육 혁신, 학교 자치, 교사 교육과정에 관심이 많으며, 교육과정 자율화를 통해 학교와 교실에서 빛깔 있는 교육이 실현되기를 희망하고 있다.

최미현 / 수원 효원고등학교 교사

학생들이 역사를 얼마나 잘 아는지 확인하는 수업이 아니라, 사람과 사람이 살아가는 세상을 스스로 생각하고 익히고 함께 나누며 성장하기를 바라는 마음으로 교육과정-수업-평가-기록을 기획·실천하고 있다. 1년간의 수업과 평가가 학생들의 역사에 대한 생각을 변화시킬 수 있기를 희망하며, 학생들을 설득하는 과정을 중시하는 고등학교 교사이다.

김지연 / 수원 구운중학교 교사

영어 수업에서 가르쳐야 할 것과 학생들의 학습 수준 사이에서 균형을 잡기 위해 애쓰고 있다. b와 d가 헷갈리는 아이들부터 영어로 자신의 생각을 말하고 싶어 하는 아이들까지, 어떻게 교육과정을 수업에 담아야 할지 고민하지만, 아이들을 보며 늘 용기를 얻는다. 영어를 잘하고 싶은 내면을 숨기고 '포기했다'고 말하는 아이들의 마음을 들여다보며 같이 희망을 찾기 위해 6년째 교육과정-수업-평가-기록의 일체화를 실천하고 있다.

고승선 / 안양 대안중학교 교사

책 읽기와 글쓰기를 좋아하고 여전히 세상엔 배울 것들로 가득 차 있다는 사실에 설렘을 느끼는 중학교 국어 교사이다. 생각하는 대로 살지 않으면 사는 대로 생각하게 된다는 말을 새기며 착하고 떳떳하게 살고자 노력한다. 어른의 목소리를 가진 신뢰할 만한 사람이고 싶은 소망에 오늘도 부끄러운 성찰을 거듭한다.

이하영 / 안산 부곡고등학교 교사

고등학교에서 '감성(感省) 경제 수업'을 하며 학생들과 관계를 맺고, 학생들에 대해 알아가는 과정을 좋아하는 교사이다. 학생들에 대한 교육과정을 고민하고, 학생들의 삶을 담은 수업을 통해 학생들을 위한 평가를 하고자 노력하고 있다. 1년간의 수업을 마무리하면 학생들에게 경제를 바라보는 저마다의 관점이 생기고, 자신의 목소리를 낼 수 있도록 하는 것이 목표이자 바람이다.

최윤정 / 수원 남수원중학교 교사

첫 발령 학교에서의 경험과 기억이 지금까지 '교사로서 나'를 바로 세우는 데 중심을 잡아주고 있다. 내 눈앞에 있는 아이들이 자신의 삶을 포기하지 않고 타인의 마음을 헤아릴 줄 아는 따뜻한 사람으로 성장하기를 소망하며 교육과정을 연구·실천하고 있다. 언제나 교실에서 좌충우돌하지만 역사로 학생들과 만나기를 즐거워하는 중학교 교사이다.